동북아 지역질서의 형성과 전개

: 역사적 성찰과 정치·경제적 쟁점

아연동북아
총서 _04

동북아 지역질서의 형성과 전개

: 역사적 성찰과 정치 · 경제적 쟁점

| 이내영 · 이신화 엮음 |

아연출판부
고려대학교 아세아문제연구소

| 차례 |

아연동북아총서 발간에 부쳐

탈냉전 이후 동아시아의 역동적 발전은 역내의 정치-외교, 경제 질서뿐만 아니라 문화, 사상, 종교 등의 제 영역에서 새로운 변화를 추동하고 있다. 이런 변화는 일국적 차원의 고찰로는 해명될 수 없는 복잡하고도 민감한 초국가적(transnational) 현상을 낳고 있다. 특히 동북아시아는 지리적 인접성, 공통의 역사-문화적 경험, 협력과 공존의 필요성 등으로부터 연유하는 초국가적 사고와 움직임이 활성화되고 있다. 이런 동북아에 대한 이해를 심화 확대하고 새로운 해석과 전망을 제공하기 위해서는 국가별 연구나 학문 분과의 분절적 연구를 넘어 동북아시아를 분석의 단위로 삼는 다학문적·학제적 연구가 요청된다.

동북아시아 연구가 갖는 실천적 의미는 매우 중요하다. 주지하듯이 동북아시아는 세계의 어느 지역보다도 급속한 변화와 발전상을 보여 주고 있음에도 불구하고, 여전히 근대성의 문제와 냉전의 구도에 얽매여 있는 곳이다. 20세기 전반기의 제국주의 침략과 식민 경험은 오늘에도 국가적·민중적 기억을 지배하고 있다. 냉전의 산물인 남북 분단과 북한의 핵 위협은 동북아시아의 커다란 불안 요소가 되고 있다. 국가 간 역사 및 영토 분쟁 또한 동북아의 평화로운 발전에 장애로 남아 있다. 그러나 우리는 불편한 역사적 경험과 현재의 불안정이 다른 한편으로 동북아시아의 여러 구성 요소들을 상호 긴밀히 연결시키고, 그로부터 문제 해결을 위한 공통의 기반이 마련될 수 있음에 주목한다. 동북아시아는 대립과 갈등의 무대이기도 하지만, 평화와 공존의 모색을 위한 토대이기도 하다. 이제 동북아 연구는 동북아가 처한 현실을 객관적으로 진단하고, 평화로운 미래를 건설하는 시대의 요청에 부응하지 않으면 안 된다.

고려대학교 아세아문제연구소(이하 아연)는 대표적인 동북아시아 지역 종합연구소로서 학제 간 연구를 통한 동북아 지역 연구를 이끌어 왔다. 1957년 설립된 이래 아연은 구한국외교문서와 공산권연구총서 및 동아시아연구총서, 중국연구총서, 한일공동 연구총서, 민주주의총서 등 연구 성과의 체계적 집성을 통해 학문적 차원에서 현실을 진단하고 바람직한 미래의 방향을 전망하는 대학연구소의 역할을 충실히 수행해 왔다. 2008년부터는 한국연구재단의 인문한국(HK)사업 해외지역학 분야의 지원 기관으로 선정되어, '동북아시아의 초국가적 공간: 사상·사회문화·제도의 교류와 재구성'이라는 연구 어젠다를 중심으로 10년 기간의 대규모 프로젝트를 진행하고 있다. 이제 아연은 지난 50여 년 동안 축적된 연구 경험과 현재 진행 중인 인문한국사업의 성과, 각종 동북아 지역 연구 지원, 국내외 소장 학자 교류 지원 프로그램 등을 기반으로 하여 〈아연동북아총서〉를 발간한다. 이 총서의 성과가 동북아 공동의 문제를 해결하고 조율하며 바람직한 미래를 모색하는 장이 될 수 있기를 기대하면서, 관심 있는 분들의 격려와 질정을 바란다.

2010년 10월

아세아문제연구소장 이내영

총론

동북아 초국가 질서의 역사적 성찰과 제도적 접근

이내영, 이신화

오늘날 국제사회는 세계화의 심화와 정보 통신 기술의 혁명으로 국가를 포함한 국제사회의 구성원들 간 상호 교류나 네트워크가 확대·강화되고, 무역자유화와 활발한 문화 교류 및 인터넷과 모바일 기기 등의 보급 확산을 통해 세계 전역에서 실시간 의사소통이 가능해지는 등 초국가적 현상이 급증하고 있다. 이와 같은 현상은 역사적 불신과 정치적 불안정 문제, 근대와 탈근대, 냉전과 탈냉전 등의 속성이 복잡하게 얽혀 평화 체제가 형성되지 못하고 경쟁과 갈등 속에 머물러 있는 동북아시아에서도 나타나고 있다. 국가, 지역 연합체, 지방정부, 기업, NGO, 개인 등 많은 행위자에 의해 자본, 노동, 문화, 사상과 이념, 환경, 인권과 같은 다양한 영역에서 역내 교류가 증대되면서 동북아 지역에서도 '제도화된 공동 협력'(institutionalized collaboration)이 필요하다는 인식이 높아지기 시작했다.

동북아 지역에서는 지리적 근접성, 공통의 역사·문화적 체험, 공존의 필요성 등을 토대로 지역을 하나의 공동체(community)로 인식하고 교류·협력을 활성화해야 한다는 인식이 존재하는 동시에, 역사적 반목 및 냉전기 이념 분쟁에서 비롯된 국가 간 경쟁과 갈등이라는 상반된 현상이 공존하고 있다. 사회·경제적인 측면에서 보면, 역내 국가들 간에 민족국가라는 배타적 범주를 넘어 무역과 경제협력 및 민간 교류가 활성화되고 광범위한 영역에서 다양한 행위자들이 중층적 교류 협력 네트워크를 형성하면서 초국가적 사고와 움직임이 급증하고 있다.

그러나 외교 안보의 관점에서 볼 때 19세기 이후 동북아 국제관계는 정치적으로뿐만 아니라 경제적으로도 지배와 종속을 강요한 불균등한 질서였다. 역사적으로 중국을 중심으로 한 동북아 지배 질서가 붕괴된 이후 일본이 그 자리를 대신했는데, 일본은 동아신질서에서 대동아공영권 구상으로 이어지는 동북 지배 질서를 구상했다. 하지만 중국과 일본이 주도했던 지배 질서는 주변국에 대한 세력 강화와 침략으로 갈등을 초래해 왔고, 이것은 오늘날까지 이 지역의 상처로 남아 있어 동북아 평화 질서 구축과 협력의 걸림돌이 되고 있을 뿐 아니라 역내 갈등과 대립을 심화해 왔다. 더욱이 과거 식민 지배 경험과 전쟁에서 비롯된 민족주의적 불신과 긴장 및 냉전 시대의 정치·이념적 갈등이 지속되고 있고, 이에 더해 지난 수년 간 중국의 부상, 미국의 헤게모니 질서 유지, 일본의 보통국가화, 러시아의 재기 노력 등 세계 4대 강국의 복잡한 각축전이 벌어지고 있는 지역이기도 하다. 또한 북한 핵 문제, 일본과 인접 국가들 간 역사 및 영토 분쟁, 민족주의의 강화와 같은 여러 이유로 인해 역내 국가들 간 알력과 불안정성 및 불확실성이 상존하고 있다.

이와 같이 동북아는 사회·경제적 층위에서의 '상호 의존'이 외교·안보적 층위에서의 '상호 갈등'과 맞부딪치면서 평화 구조가 제도화되지도, 공동체가 확고하게 수립되지도 못했으며, 역내 각국 시민들 간에도 평화와 공존을 위한 상호 인식과 초국가적 정체성이 발전하지 못했다. 그러나 국가이익과 권력 추구의 시각에서 국제관계를 고찰하는 현실주의나, 역내 사회·경제협력의 확대가 정치나 다른 민감한 영역으로 확대될 수 있다고 보는 기능주의적 지역 통합 이론으로는 이런 동북아의 복잡한 지역 특성과 역학을 제대로 이해하고 분석하기 어렵다. 따라서 일국 차원의 고찰로는 설명될 수 없는 동북아라는 역동적이고 초국가적인 공간을 하나의 분석 단위로 상정하고, 복잡하게 얽힌 질서와 역학을 다양한 영역에서 이론적, 경험적으로 분석할 필요가 있다.

이런 인식하에, 대표적인 동아시아 지역 종합 연구소로 그동안 학제 간 연구를 통해 동북아 지역 연구를 선도해 온 고려대학교 아세아문제연구소는 2008년부터 한국연구재단의 인문한국(HK) 사업의 지원을 통해 "동북아시아의 초국가적 공간: 사상·사회 문화·제도의 교류와 재구성"이라는 연구 어젠다를 중심으로 10년 기간의 대규모 프로젝트를 수행하고 있다. 이 연구는 사상 분과, 사회 문화 분과, 제도 분과로 나뉘어 i) 동북아 초국가적 공간의 사상적 토대, ii) 동북아의 초국가적 이주, 네트워크, 다문화, 그리고 iii) 동북아 초국가적 질서의 역사적 성찰과 제도적 재구성 등 세 가지 연구 주제를 중심으로 진행된다.

이 책은 역사적 맥락과 현재의 지역 내 역학 관계를 통해 동북아 질서의 초국가적 양상을 분석하고 그 결과를 토대로 향후 평화와 공존을 위한 지역적 거버넌스 틀을 모색함으로써 지역 질서의 제도화 방향을 제시하는 것을 목적으로 하는, 제도 분과의 첫 번째 연구 성과물이다. 즉 역사, 경제, 정치·안보라는 세 가지 영역에서 동북아 질서를 탐구하고, 각 영역에 대한 역사적 형성, 현재적 동학, 미래 전망이라는 세 가지 단계로 점진적인 연구를 진행할 계획인데, 이 책은 이 중 첫 번째 단계인 동북아 초국가적 질서의 역사적 성찰에 초점을 두었다.

동북아 지역 질서의 역사적 맥락과 유산을 살펴보고 과거사에 대한 각국의 인식을 비교하는 연구는 현재와 미래의 초국가적 지역 질서 형성을 위한 제도화 방향을 잡아 나가는 데 매우 중요할 것이다. 왜냐하면 이런 역사적 경험은 과거사로 단절되는 것이 아니라 현재 진행 중인 초국가적 질서 형성에도 유기적이고 지속적인 영향을 주고 있기 때문이다. 또한 과거사를 둘러싼 국가 간 불신과 갈등, 그리고 주요 동북아 국가인 한·중·일의 역사 인식의 차이가 민족 감정을 일으키고 지역 협력을 어렵게 하는 중요한 원인이라는 점도 역사적 고찰을 필요로 하는 부분이다. 따라서 이 책은 정치·경제·사회적 문제의 기원과 쟁점 및 특징을 고찰함으로써 21세기 화해와 공존을 통한 평화 체제 및 안보 공동체 실현의 방향을 모색했다.

우선 제1부 역사적 관점에서는, 전통적인 동북아 지역 질서의 근대 조약 체제로의 전환을 중심으로 동북아 국제 질서가 어떻게 변화되었는지를 살펴보았다. 근대 이후 문호 개방이 이뤄지면서, 조공 체제를 비롯한 중국 중심의 동북아 지배 질서가 서구와 일본이 주도한 조약 체제로 대체되고, 20세기 들어 일본의 식민 지배가 나타났다. 이런 지역 지배 질서의 거대한 전환은 전쟁과 식민 지배라는 역내 국가 간 갈등으로 특징지어진다. 특히 일본이 주변 국가에 일으킨 침략 전쟁으로 동북아 국제관계는 요동을 치게 되었고, 만주사변, 중일전쟁, 태평양전쟁을 거치면서 지역 질서는 일본 주도의 대동아공영권론으로 구체화되었다.

1장 박정현의 "근대 개항장에서 나타난 조선인과 중국인의 갈등과 해결 방식"은 일본이 동북아 질서를 주도하기 이전, 19세기 후반 조공 체제부터 근대 조약 체제로 이행하는 과정까지 나타났던 조선과 청의 관계를 분석했다. 또한 근대 조약 체제하에서 조선에 진출한 중국인의 활동과, 이들과 조선인 간의 갈등 및 그 해결 방식을 통해 동북아 국제 질서가 새로이 형성되는 과정을 살펴보았다. 근대 이후 청은 이전의 형식적인 종주권에 만족하지 않고 조선과의 관계를 실질적인 종속 관계로 바꾸기 위해, 조선을 근대 조약 체제로 편입시키는 데 적극적이었다. 따라서 당시 중국의 조선 정책은 종주권 강화와 경제적 이권 획득으로 궁극적으로는 조선을 중국의 내지화(內地化) 하려는 식민주의적 성격을 띠었다. 요약하면 이 논문은 19세기 조공 질서를 대신해서 나타난 근대 조약 질서의 본질이 조공 관계의 실질적 강화를 통한 조선 속국화였으며, 그것이 형식적으로 경제적 예속 강화로 나타났다고 분석했다.

2장 임성모의 "대동아공영권 구상에서의 '지역'과 '세계'"와 3장 송규진의 "일제하 '선만 관계'와 '선만일여론'"은 근대 이후 중국을 대신해 동북아 질서의 중심축으로 등장한 일본이 동북아 국제 질서의 틀로 제시한 대동아공영권 구상을 분석하고 그 이념과 허구성을 지적했다. 대동아공영권은 서양 세력을 몰아내고 일본, 중국, 만주를 주축으로 동남아와 인도, 오스트레일리아, 뉴질랜드 등을 포함한 지역의 정치·경제적 공존과 공영을 도모하겠다는 정치 슬로건이었지만, 실제로는 일본이 피점령국의 자원과 노동력을 수탈하고 이들 국가들의 독립운동을 탄압하며 자국의 침략 전쟁을 정당화하려는 것으로 드러났고, 이것은 지금까지도 동북아 지역의 역사적 상처와 갈등으로 남아 있다.

일제 강점기 만주와 조선의 관계를 규정한 '선만일여론'(鮮滿一如論)은 태평양전쟁이 발발하면서 '대륙일여론'(大陸一如論)으로 확대되었는데, 이는 정치·군사면은 물론 산업·경제면에 있어서 일본-조선-만주국을 잇는 이른바 엔블록을 확대 재편하고 일본의 영향력을 확대하려는 목적이었다. 임성모는 '선만일여론'과 '대동아공영권론'이 이념적으로 미완성이었고, 실현되지 못한 구상이었다고 비판한 반면, 송규진은 허구성에도 불구하고 제한적으로 실현되었고, 일정 정도의 성과를 거두었다고 보았다. 즉 저자에 따르면 '선만일여론'이 단순한 구호나 구상에 그치지 않고 철도·항만 정비, 무역 활성화, 관세 철폐 등 실질적인 교류와 협력으로 이어졌다.

그럼에도 불구하고 당시 동북아 경제 네트워크의 형성은 대륙 침략 정책을 수행하기 위한 일본의 '불순한' 계획의 일환이었던 것은 분명하다. 특히 일본 주도의 동북아 국제 질서는 주변 국가에 대한 침략으로 이념적·실천적 한계를 드러냈다. 현재 대동아공영권의 이념을 재검토하고 있는 일본의 동아시아 공동체론, 경제협력 등 지역 통합 논의는 대동아공영론의 부활이라는 우려를 자아내고 있고, 다른 한편으로 동북아에서 중국의 부상과 영향력 강화는 이전 중화 질서로의 복귀가 아닌지 경계하는 움직임을 불러일으키고 있다. 이런 상황에서 한국, 중국, 일본을 비롯한 동북아 국가들은 역사적 교훈 속에서 어떤 해법이 침략과 반목을 반복하지 않고 평화와 교류의 관계로 나아갈 수 있는 길인지에 대해 진지하게 성찰하고 고민해야 할 것이다.

제2부는 경제와 정치·경제적 관점에서 동아시아 공간에 나타난 특징과 그 변화 과정을 검토했다. 특히 냉전기 한·중·일과 타이완을 중심으로 경제 제도·경제 교류 협력의 특성과 역사적 변천 과정 등을 살펴보았다. 비록 이 논문들이 오늘날 나타나는 특징의 근원을 정밀하게 규명했다고 하기는 어려우나, 그 역사적 성찰 과정을 검토하여 한국과 타이완 금융체제 특징의 제도적 원인을 도출하거나, 동아시아 경제공동체와 관련된 전개의 방향을 도출한다는 측면에서 의의를 둘 수 있다.

4장 변영학의 "전후 미국 헤게모니와 산업화 시기 한국과 타이완의 금융체제 연구"는 동아시아 지역 전체의 보편성과 개별 국가의 개체적 특성을 동시에 포착하면서 한국 및 타이완의 경제 발전 과정을 설명하는 중범위 이론을 채택했다. 주된 분석 대상은 한국과 타이완의 중앙은행과 금융 시스템이다. 이 두 국가는 산업화 시기, 지역 내 미국의 헤게모니 지배를 받았다는 점에서 유사하지만 중앙은행의 독립성에 있어서는 상이한 체제를 갖고 있다는 문제 제기에서 출발해, 역사적 관점에서 그 원인을 규명했다. 한국과 타이완이 수출지향적 산업화를 통해 경제성장을 해나갈 수 있었던 것은 냉전이라는 동북아 전략 환경 속에서 양국이 미국의 헤게모니 영향하에 있었던 것과 긴밀한 연관성이 있다. 이렇듯 두 나라는 산업화 과정에 있어 외부 조건은 동일했으나 내부 환경이나 조건이 상이해, 한국은 경제 안정 없는 불균등 성장 전략을, 타이완은 경제 안정을 중시한 균등 성장 전략을 채택했다. 즉 변영학은 두 국가가 서로 다른 발전주의적 경로를 거치면서 금융 시스템과 감독 면에서 이란성 쌍둥이가 되었음을 밝히고 있다.

5장 김현성의 "전후 일본의 동아시아경제공동체 구상의 전개와 동아시아 공간"은 전후 일본에서 논의된 1960년대 태평양자유무역지대안 구상에서부터 최근의 동아시아 경제공동체와 관련한 구상에 이르는 지역 경제협력 혹은 경제공동체 구상의 발전 과정을 고찰했다. 주된 분석 시점으로 각 구상들의 내면에서 동아시아라는 공간의 범위를 어떻게 인식해 왔으며, 그 변화의 방향은 어딘지 도출하고자 했다. 그리고 공동체 내 경제협력의 주된 교류 기제에서는 어떤 변화가 있었는가도 아울러 검토하고 있다. 일본의 구상에 있어 공동체 구성원의 범위가 태평양에서 동아시아 지역으로 좁혀져 왔는데, 이는 무역 및 금융 분야의 주된 지역의 변화와도 맥락을 같이 하는 것이다. 구체적으로 1990년대 중반까지 일본은 아시아는 물론 태평양 지역을 포괄한 지역을 경제협력 혹은 경제공동체의 범위로 인식했으나, 1990년대 후반 아시아 경제 위기라는 기폭제가 지역의 한정화 필요를 유인했다. 한편, 김현성은 1970년대까지는 경제 분야에 한정되었던 공동체 논의가 그 이후 사상과 문화 교류로 옮겨가고 있다고 주장하면서, 아무리 무역 창출 효과와 같은 경제적 이익의 관점이 중요하다 해도 공동체 의식이 높아지기 전에는 실질적인 공동체 창출이 어렵다는 점을 강조했다.

6장 정인교의 "한·중·일 경제통합(FTA) 논의의 역사적 고찰"은 그 논의 자체가 1997년 아세안(ASEAN) 회의에 삼국 정상이 참여해 경제협력의 필요성을 인식하면서 시작되었기 때문에 탈냉전기 상황을 다루고 있다. 1990년대 후반부터 현재까지 진행되어 온 경제통합 과정을 검토해 보면 한·중·일 3개국의 상호간 경제 비중의 증가라는 현실에도 불구하고 제도적으로는 이질적인 측면이 강했던 점이 통합의 저해 요인임을 알 수 있다. 반면 한·중·일은 FTA를 중심으로 한 경제협력과 그 제도화에 대한 논의를 활발하게 진행해 왔으며, 실질적으로도 3개국이 여러 국가들과 FTA를 체결하는 등 가시적인 결실을 맺고 있다. 정인교는 성공적인 지역 경제통합을 달성하기 위해서는 동아시아 전체를 아우르는 통합에 앞서 한·중·일 경제통합이 선결되어야 하며, 이를 위해 삼국의 FTA 체결이 촉매 역할을 할 것이고 그 과정에서 이질적인 제도와 정책을 가진 중국이 일방적인 조치를 취할 가능성을 줄일 수 있는 제도적 틀을 마련해야 한다고 주장했다.

제3부에서는 냉전 시기 동북아 지역의 평화와 갈등의 제도적인 특징을 분석함으로써, 탈냉전기 초국가적 정치 공간으로서의 동북아를 이해할 수 있는 역사적 배경과 특징을 살펴보았다. 이를 위해 동북아 지역에서 냉전체제의 형성과 국제관계의 동학을 고찰하고, 탈냉전기의 초국가적 정체성 형성 및 새로운 지역 질서를 이끌어낼 제도화의 길을 탐색했다. 일본의 패망과 한국전쟁 이후의 정치·안보 상황을 살펴보면 동북아 국제 질서의 주도권은 이 지역의 세력균형자 역할을 자임하는 미국에게 넘어갔고, 지역 질서는 미소로 양분된 냉전 전략 구도 속에 포함되었다. 냉전 시기 동북아 평화와 갈등의

제도화 특징에 대한 분석은 탈냉전기 동북아 평화의 제도화를 이끌어내는 데 있어 복잡한 상황을 만들어 낸 역사적 기초를 밝히는 데 초점을 맞추고 있다.

7장 김연철의 "1954년 제네바 회담과 동북아 냉전 질서"에서는 1954년 제네바 회담이 동북아에 냉전체제가 형성되는 전환점이라 주장했다. 그 이유는 전쟁 직후 적대감이 최고조에 달한 상황에서 회담의 성과를 만들기가 어려웠고, 국제적으로도 합의 구조를 만들거나 남북 간 대화를 이끌어내는 것이 거의 불가능했기 때문이다. 김연철에 의하면, 미국이 이 회담 이후 동남아에서는 동남아 조약기구를 통해 집단 안보 체제를 구축하고, 동북아에서는 미·일, 한·미 동맹을 통해 냉전 질서를 구축한 점에 주목했다. 또한 중·소 분쟁이 심화되면서 북·중·소 간 삼각 동맹은 와해되고 동북아 냉전 구조가 복잡해졌다고 지적했다. 특히 양자 동맹을 중심으로 한 미국의 지역전략 구도는 1972년 미국 닉슨 대통령의 중국 방문 이후 중국과 일본을 동시에 고려하는 삼각외교 구도로 변하기 시작했다. 한편, 한반도와 관련해 볼 때 제네바 회담은 한국전쟁 이후 구조화되고 있던 한반도의 도전적인 대립을 완화시키지는 못했다. 냉전기 균형자로서의 미국의 존재로 인해 구한말과 같은 중국과 일본 간 직접적인 무력 충돌이 발생할 가능성은 거의 없었는데, 이것은 지금도 지역 평화와 안전을 위한 미국의 역할이 여전히 중요함을 확인시켜 준다.

8장 이정남의 "냉전기 중국의 대북 정책과 북·중 동맹 관계의 동학"에서는 냉전기 북·중 동맹 관계가 하나의 고정된 형태로 존재한 것이 아니라, 시기별로 갈등·우호 관계를 오가면서 변화해 왔다고 주장했다. 이정남은 양국이 동맹을 강화한 시기는 중국이 미소 등 초강대국과의 관계가 변화하는 과정에서 북한의 지지가 필요했던 두 번의 경우뿐이었음을 강조했다. 즉 1961

년 북·중 동맹을 체결할 당시 소련과의 갈등으로 위협을 느꼈을 때와, 1970년대 초 소련의 위협에 공동 대응하고자 추진된 중·미 화해정책에 대해 사회주의국가들의 지지를 필요로 했을 때만 중국은 대북 관계 개선 정책을 펼쳤다. 중국에게 북한 지역의 전략적 이익은 행위자 수준의 문제가 아니라 지정학적인 구조의 문제이지만, 냉전기 동안 항상 북한과의 관계가 확고한 동맹 관계를 형성했던 것은 아님을 알 수 있다. 동맹 관계를 파기하지는 않았지만, 중국의 경쟁 국가와의 전략적 관계가 상대적으로 원만하고 위협을 느끼지 않을 때는 북한과의 관계를 중국 쪽으로 끌어들여 확고한 관계를 형성하려는 의지가 상대적으로 약했다는 것이다.

이런 역사적 사실에 대한 분석에 기초하여 현재적 함의를 도출하고 있다. 즉 미·중 관계와 남북 관계가 각각 우호적일 경우 북·중 관계는 강력한 동맹 관계가 아닌 일반적인 국가 간 관계를 유지할 확률이 높은 반면, 미·중 갈등과 남북 대립이 심화될 경우 북한과의 동맹을 강화하여 그 결과 한·미 동맹과 북·중 동맹이 대결 양상을 보일 가능성이 크다는 것이다. 이런 상황은 주변 강대국에 대한 남북한의 대외 의존성·심화를 초래해 정책적인 자립성을 상실하는 결과를 낳을 것이다. 또한 중국과 미국의 대립·갈등으로 한반도를 둘러싼 동북아는 더욱더 긴장과 균열이 강화되어 동북아 평화 정착에 최악의 상황이 초래될 것이다. 따라서 한국은 중·미가 최악의 대립 상황으로 가는 것을 막고, 남북한의 대화와 협력을 통하여 동북아의 평화적인 조건을 유지하면서 외교적 자립성을 높여갈 때, 최상의 안보 및 통일 환경이 조성될 수 있다고 주장한다.

9장 길버트 로즈만의 "동북아시아의 초국가적 정체성과 질서"에서는 동북아 지역에서 초국가적 정체성은 냉전 종식 이후 국가적 정체성을 강화하는 환경 때문에 정체되어 왔다고 주장했다. 더 나아가 러시아와 중국, 일본,

한국, 그리고 미국의 국가적 정체성이 동북아에서 벌어지고 있는 최근의 도전에 대응하는 방식을 분석하면서 앞으로의 새로운 동북아 지역 질서 구축 가능성을 평가했다. 앞서 경제적 관점의 연구에서 역내 국가들이 경제협력이 제도화된 지역 협력 공동체로 발전하기 위해서는 공동체 의식 제고가 선결 조건이라고 강조했는데, 같은 맥락으로 정치·안보관점에서 동북아의 초국가적 정체성과 질서에 관한 연구 결과를 이해할 수 있다. 로즈만은 탈냉전기 동북아 국가들 간에 민족주의 감정과 국가적 정체성을 강화하는 추세가 이어지면서 초국가적 지역 정체성을 형성하는 것이 힘든 상황임을 지적했다. 역사적으로 볼 때 동북아 지역에서 지역 정체성은 근대 이전에는 취약했고 일제 강점기 동안 왜곡 내지 손상되었으며, 냉전기 역시 이념 갈등으로 인해 지역 차원의 정체성이나 공동체 인식을 형성하는 것이 거의 불가능했다. 탈냉전기에 들어서 다양한 지역 구상들이 나타나면서 지역 정체성에 대한 필요성이 제기되기 시작했다. 어떤 형태의 지역 협력을 제도화하든 간에 각국 정체성 간의 차이를 줄이고 자국 중심의 역사 인식을 극복할 수 있는 의식의 전환이 필요할 것이다. 특히 정체성이나 역사 인식 등의 문제가 각국의 정치적 논리나 이해관계에 영향을 받거나, 대중적 인기에 영합하려는 포퓰리즘 지도자에 의해 악용되는 일이 없어야 할 것이다.

탈냉전기에 들어서도 동북아 전략 환경은 미국이 미·일 동맹을 주축으로 주도권을 행사해 왔다. 하지만 21세기 들어 중국이 급부상하고 2008년 미국발 금융 위기가 세계경제 위기로 확산되어 미국의 국력이 약화하는 양상을 띠면서 미·중 G2시대를 기반으로 했던 동북아 질서가 다시금 복잡한 역학관계를 보이고 있다. 요컨대, 중국의 영향력 확대에 따른 미·중 힘겨루기, 중·일의 전략적 협력과 긴장 관계, 한·미 동맹 강화와 이에 대한 중국의 경계, 북한 핵 문제 및 무력 도발과 중국의 '북한 감싸기' 등으로 '한·미·일' 대

(對) '북·중' 대결 구도가 형성되는 조짐이 나타나고 있다.

결론적으로 이런 복잡하고 불확실한 전략 환경 속에서 지역 다자협력을 증진하고 초국가적 질서를 형성하는 것은 지난한 일이지만 불가능한 것은 아니다. 역내 국가들이 동북아 국제 질서에 관한 역사적 성찰을 통해 지역 평화와 안정 및 번영이 자국의 평화로운 발전과 안보 이익에 부합한다는 인식하에 교류 협력 관계를 활성화하고, 이를 제도화하는 방향을 적극 모색해야 할 것이다. 이를 위해 역내 국가들의 정책 결정자 및 오피니언 리더들은 지역 공동의 비전과 목표 및 규범을 제시하고 리더십을 발휘하여 국가 간 다양한 이해관계를 적정하게 타협하는 전략적 소통과 협상의 기술을 제고할 필요가 있다. 이와 동시에 정부 간 협력 과정을 보완하는 민간 차원의 교류 및 협력이 보다 구체화, 체계화되어야 할 것이다.

이 책을 통해 동북아 초국가적 질서에 대한 보다 심도 깊은 논의가 이루어지기를 바라며, 이번 성과를 바탕으로 동북아 초국가적 질서의 제도화 가능성에 대한 후속 연구가 진행될 예정이다.

제1부

동북아 근대 질서의 형성과 변화

동북아시아의 개인, 사회, 지역, 국가는 서로 고립적으로 존재하는 것이 아니라 끊임없이 상호 작용을 하고 있다. 19세기 이후 동북아시아의 국제 질서는 정치·경제적으로 지배와 종속을 강요한 불균등한 질서였다. 이런 질서는 협력과 공존이 아니라 동북아시아의 갈등과 대립을 심화했다. 제1부에서는 동북아시아 국제 질서에 대한 역사적 고찰을 통해, 이 지역의 정치·경제·사회적 문제의 연원과 쟁점, 양상을 찾아보려 한다. 그래서 동북아 전통 지역 질서의 변화 과정을 순차적으로 살펴보았다.

먼저 근대 조약 체제로 전환하는 과정과 그 특징을 살펴보고, 일본의 '대동아공영권론'을 통해 동북아 국제 질서가 어떻게 변화되었는지를 세 편의 논문을 통해 알아본다.

박정현의 글은 19세기 후반 조공 체제에서 근대 조약 체제로 이행하는 과정에서 나타난 조선과 청의 관계를 분석했다. 또한 근대 조약 체제 아래서 조선에 진출한 중국인의 활동, 이들이 조선인과 일으키는 갈등, 이것의 해결방식을 통해 새로운 동북아 국제 질서가 형성되는 과정을 살펴보았다. 임성모와 송규진의 글은 근대 이후 중국을 대신해서 동북아 국제 질서의 중심축으로 등장한 일본이 동북아 국제 질서의 틀로 제시한 대동아공영권 구상의 이념과 허구성을 지적했다.

근대 이전 중국을 중심으로 한 조공 질서는 근대 이후 조약 체제로 대체되었다. 이와 함께 근대 이후 동북아 국제 질서는 중국을 대신해서 일본이 주도권을 행사했다. 하지만 일본 중심의 동북아 국제 질서는 주변 국가에 대한 침략으로 이념적, 실천적 한계를 드러냈다. 일본의 패전과 함께 그 주도권이 일본을 대신해 미국 손에 넘어갔고, 제2차 세계대전 이후에는 냉전 질서 속에서 포함되었다. 2000년 이후 동북아 국제 질서는 다시 요동쳤다. 중국의 부상으로 중국과 일본, 미국이 주도권을 놓고 서로 힘겨루기를 하고 있다. 이런 상황 속에 한국·중국·일본은 각기 자국의 입장에서 동북아 국제 질서에 대한 해법을 제시하고 있다. 동북아의 역사적 교훈 속에서 어떤 해법이 침략과 반목을 반복하지 않고 평화와 교류의 관계로 나갈 수 있을지 고민해 보아야 할 것이다.

1장

근대 개항장에서 나타난 조선인과 중국인의 갈등과 해결 방식

박정현

I. 서론

1870~80년대 청(淸)의 국력이 상대적으로 약한 상태에서 전통적 조청관계의 현상 유지는 이미 불가능해졌다. 근대 국제법적 입장에서 조선을 독립된 주권국가로 간주하려는 서구 열강과 일본의 국제적 압력에 대항하여 청은 조선이 자국의 속국임을 현실에서 입증하고 싶은 유혹을 떨칠 수 없게 되었다. 특히 일본이 유구(琉球)를 병합하고, 러시아가 남진하여 조선에 접근하자 청은 조선을 만주 방어를 위한 완충국으로 보전해야 한다는 전략적 판단에 근거하여 조선에 대한 종래의 형식적 종주권을 실질적 지배권으로 전환

• 이 글은 『중국근현대사연구』 45집(중국근현대사연구회, 2010)에 실린 글을 책의 구성에 맞게 수정 보완한 것이다.

하려 기도했다.

청은 조선에 대한 종주권을 확인하기 위해 조선의 내정과 외교에 적극 간섭함으로써 청 스스로 조선과 청의 전통적 조공·책봉관계를 파괴했으며 조선의 주권을 침해하고 이권을 획득했다. 조선의 내정과 외교에 대한 청의 적극적 개입과 간섭은 조선의 임오군란과 갑신정변에 적극 간여함으로써 본격화했다.

19세기 후반 한·중 관계에 대한 고찰은 조선에 가해진 외압의 본질과 조선의 자주적 근대화 가능성 여부를 검토할 수 있고, 조공 체제 와해 이후 한·중 관계의 변화를 살펴볼 수 있다는 점에서 중요하다. 한·중 관계에 대한 연구는 전통적인 조공 관계와 근대 이후의 변화를 중심으로 이뤄져 왔고, 상당히 많은 연구 성과가 축적되어 있다.[1] 근대 이후 한·중 관계는 국제법적 체제로 전환되었지만, 여전히 종속적 관계를 유지했다. 청의 정치적 압력 아래 조선에 중국 조계(租界)와 개시(開市)가 설치되었고, 이를 통해 청은 경제적 이익을 확대하면서 조선에 대한 종속 관계를 강화했다. 이 과정에서 중국 상인의 조선 이주가 이뤄졌고, 이들은 청의 비호 아래 세력을 급속히 확대했다. 청이 조선에서 종주권을 강화하기 위해 행한 정책에 대한 연구는 정치적 분석에서 경제적 분석으로 관점이 옮겨져, 개항기 중국의 조선 정책을 경제적으로 분석하는 연구가 많이 이뤄지고 있다.[2]

1_개항기 조선의 중국 화교에 대한 개괄적인 연구는 楊昭全·孫玉梅(1991)를 들 수 있다. 개항기 중국 화교와 화교의 상업 활동을 세밀히 분석한 논문으로는 譚永盛(1976)이 있고, 화교의 사회적 의미에 대한 논문은 高承濟(1972)가 있다. 정혜중(2007)은 개항기 인천 화상의 이주와 이들의 활동을 다루었다. 연구 논문은 아니지만 한국 화교 진유광(秦裕光)이 『中央日報』(1979년 9~12월)에 연재했던 "화교"도 개항기 화교를 이해할 수 있는 자료다. 李炳天(1995), 李鉉淙(1967)은 내용 속에 중국 화교 문제를 다루었다.

개항기 조선에 대한 청의 개입을 경제적 관점에서 분석하는 것은 화상(華商), 화상 네트워크와 같은 개별 연구 차원에서는 의미가 있다. 하지만 이 시기 청의 조선 정책에서 정치적 측면보다 경제적 측면을 지나치게 강조하는 것은 본질적인 접근 방식이 아니라고 생각한다. 개항기 청의 조선 정책은 종주권을 강화하기 위한 정책의 연장선상에서 경제적 이익을 추구한 것으로 보는 것이 더 타당할 것이다. 본 연구는 최근 공개된 자료인 대만중앙연구원 근대사연구소(臺灣中央硏究院近代史硏究所) 소장 『청계주조선사관당』(淸季駐朝鮮使館檔, 1882~1943)을 이용하여 근대 이후 중국인의 조선 진출 과정을 살펴보고, 여기에서 조선인과 중국인이 어떤 갈등을 일으켰고 이를 어떻게 해결했는지 알아봄으로써 근대 조약 체제가 갖는 의미를 밝혀보려고 한다.

근대 이후 한·중 관계는 상업과 인적 교류로 그 중심이 옮겨졌다. 하지만 한·중 관계를 이해하는 핵심은 여전히 정치적 관계다. 본고에서는 상업적 관계의 고찰을 통해 여기에 투영된 정치적 의도와의 연관 관계를 살펴볼 것이다. 본고에서 다루는 시기는 1882년 임오군란 이후부터 1894년 청일전쟁 이전까지이다. 이 시기는 청이 기존의 방임적인 태도를 버리고 조선의 외교와 내정에 적극적으로 관여한 때로, 한·중 관계의 변화를 가장 잘 알 수 있는 시기이다.

2_구선희(1999)는 개항기 한·중 관계도 제국주의 질서에 포함되어 제국주의와 식민지 관계로 전환되었다고 보았다. Larsen(2008)은 청의 조선 정책을 비공식적 제국주의로 파악하고, 청 제국의 새로운 형태는 동아시아와 서양 상업주의 제도의 혼종이라고 주장했다. 최근 일본을 중심으로 동아시아 경제 네트워크 연구가 활발해지면서 조선 화상의 역할을 아시아 경제 네트워크 속에서 분석하는 연구가 활발히 진행되고 있다. 대표적인 연구로는 古田和子(2000); 石川亮太(2008); 강진아(2007); 강진아(2008)의 연구가 있다.

II. 본론

1. 청의 조선 정책과 중국인의 조선 진출

19세기 말 조선에 대한 청의 정책은 일본의 조선 침략을 어떻게 저지하고 청의 조선에 대한 종주권을 어떻게 유지할 것인가 하는 입장에서 출발했다. 조선의 전략적 중요성이 강조되면서 청은 이전까지 관심의 대상 밖이었던 조선에 대해 다시 관심을 가지기 시작했다.

이홍장(李鴻章)의 조선 정책은 열강의 견제를 이용하여 전통의 종번 관계(宗藩關係)를 유지하려는 것이었다. 19세기 말 중국 대외 정책 결정에 적지 않은 영향을 미친 일본 주재 청국공사 하여장(何如璋)은 베트남이나 미얀마와 달리 조선은 중국의 왼쪽 어깨에 해당하는 지역으로 청의 군현(郡縣)과 같다고 보았다.[3] 그래서 조선을 청의 군현으로 귀속시켜 직접 통치하는 것이 가장 좋은 방책이라고 주장했다.[4] 오장경(吳長慶) 군대의 막료로서 청군의 정치적 주책(籌策)을 주도한 바 있는 장건(張謇)도 1882년 초안한 『조선선후육책』(朝鮮善后六策)에서 "조선 문제에 대해서는 한(漢)의 현토(玄兎)[원문에는 玄을 元으로 오기(誤記)], 낙랑군(樂浪郡)의 예를 원용하여 국가를 폐지하여 군현으로 만들고 주(周)의 예를 원용하여 감국(監國)을 두자"[5]고 이홍장에게 건

3_溫廷敬 輯錄. 1910(宣統 2年). 『茶陽三家文鈔』 卷1. "何少詹文鈔." 上 – 〈主持朝鮮外交議〉. 石印本(中國). 補讀書廬 12.

4_溫廷敬 輯錄. 1910(宣統 2年). 『茶陽三家文鈔』 卷1. "淸詹事府少詹何公傳." 石印本(中國). 補讀書廬 3.

5_"爲東三省事復韓子石函." 『張季子九錄』(『政問錄』 卷3) 36 (1991. 『民國叢書』 第3編 94. 上

의했다.

1870년대 이후 조선 상황에 영향을 미친 국가는 일본·러시아·미국·영국과 중국이었다. 당시 중·일·영 각국은 러시아의 조선 침략을 모두 두려워했다. 이런 상황에서 영국과 일본은 중국이 조선에 대한 통제를 강화하는 것을 적극 지지했다. 한편 러시아도 중국이 조선을 군현으로 바꾸든지 아니면 대원(大員) 감국을 파견하는 일에 대해서 긍정하지 않았지만 현상 유지에는 찬성했다. 결국 중국이 조선에 감국을 설치하거나 군현으로 병합하는 것은 열강의 반대로 이뤄지지 못했지만, 청은 열강의 묵인 아래 조선에 영향력을 강화하는 정책을 실시했다. 그래서 이홍장과 원세개(袁世凱)가 내외에 서로 호응하여 조선의 내정·외교에 간섭을 강화하는 정책을 취했다(林明德 1984, 94-97). 이런 정책에 따라 근대 조약 체제 아래서도 조선과 청은 여전히 조공사절을 받아들이고 조선에 사신을 파견해 전례를 지켰다.[6] 조선이 서구 열강에 개국한 뒤 만국공법 체제에 진입했음에도 불구하고, 한편으로는 청과의 종속 관계가 존속되던 상황을 유길준은 '양절체제'(兩截體制)라고 비판했다(金世民 2002, 38).

海書店). "조선선후육책"은 원문이 없어져, 이 내용은 장건이 1911년 동산 성(東三省) 교섭사(交涉使) 한국균(韓國鈞)에게 보낸 편지에서 개략적인 내용을 기억해 옮겨 놓은 것이다(劉垣 1975, 28-29).

6_청사고(淸史稿)에는 1882, 84, 86, 87, 89, 92, 94년 파견한 것으로 기록이 나오지만(『淸史稿』 4. 紀. 877-909), 조선왕조실록(朝鮮王朝實錄)에는 1893년까지 매년 동지사(冬至使)를 파견한 것으로 나와 있다. 이것으로 볼 때 청사고에는 누락되어 있지만 1882년 〈조청상민수륙무역장정〉(朝淸商民水陸貿易章程)이 체결된 뒤에도 1893년까지 매년 조공 사신을 파견한 것으로 보인다. 동지사는 보통 11월에 파견되어 4월에 귀국했다. 따라서 청사고의 기록에는 입공(入貢)한 연도에 오차가 있을 수 있다. 예로 1894년 동지사는 1893년 11월 파견되어 1894년 4월 돌아왔다.

당시 북방의 러시아는 남하의 기회를 계속 엿보고 있었지만 조선에 대한 영향력은 영국의 견제로 크게 감소했고, 미국의 개방정책은 아직 어떤 변화도 가져오지 않았다. 하지만 일본의 대륙 정책은 여전히 위협이 되었다. 따라서 이홍장의 대조선 정책 중점은 조선에 대한 야욕이 있는 일본과의 외교에 있었다(林明德 1984, 85). 이홍장은 현실적으로 지배하고 있는 조선에서 일본 세력을 약화시키기 위해 화상을 통한 경제적 지배력을 강화하는 데 초점을 두었다.

청은 전통적인 중농경상(重農輕商) 관념 아래에서도 정치·외교적 영향력을 확대하려는 목적으로 조선에 청국(淸國) 상인의 진출을 장려하고, 중국 화교를 적극적으로 보호했다. 청이 조선에서 이런 정책을 실시한 것은 당시 중국의 대외 정책에서 예외에 속하는 것이었다. 명대부터 19세기 중엽 이전까지 중국인의 해외 도항(渡航) 이주는 금지되었다. 이후 중국은 1860년 중국인의 해외 도항을 처음 승인하고, 1909년에는 중국인 국적법을 공포하여 외국에서 출생한 화교를 중국인으로 인정하면서 화교 교육과 화교 보호 정책을 점차 추진했다(南洋協會編 1940, 148). 하지만 청대 화교의 주류를 이루었던 남양 화교의 경우 청이 원칙적으로 화교의 해외 이주를 금지했고 항상 그들을 천시해서 화교들도 청조에 반대, 반청 혁명에 동조하여 청의 화교에 대한 정책은 실질적으로 이뤄지지 못했다(濱田恒一·岡田宗司 1942, 246). 사실상 청 말 화교 정책은 방임되었고, 화교 보호 정책은 남경 국민정부 수립 이후 본격적으로 실시되었다. 그런 의미에서 조선에서 실시한 화교 보호 정책은 청의 정책적 측면에서 이해하는 것이 타당하다.

청은 조선에서 서구 열강을 견제하기 위해서는 상공업을 통한 경제적 지배가 중요하다는 것을 체감하고 화상을 지원하여 조선에서 경제 세력을 확대했다. 청의 간섭 정책은 조선에서 화상의 발전을 통해 경제 세력을 확대하여 종주권을 강화하려는 기도였다고 할 수 있다. 그 결과 종전의 의례적인 종주권 대신 실질적 종주권을 합리화시키고 동시에 경제적인 이익을 제3국에 독점당할 필요가 없다고 판단해, 그들도 무역장정 체결을 서둘러 이권 경쟁의 낙오자가 되지 않으려 했다(孫禎睦 1994, 132-134). 이에 1882년 8월 23일 조선과 〈조청상민수륙무역장정〉을 체결했다. 장정에는 조선은 오랫동안 중국의 번봉(藩封)이었다는 것을 강조하고 장정을 제정한 목적은 중국이 속방(屬邦)을 우대하는 것이며, 각국과 이익을 균점하는 데 있지 않다는 점을 강조했다.[7]

〈조청상민수륙무역장정〉 체결 뒤, 이홍장은 총판조선상무위원(總辦朝鮮商務委員)으로 진수당(陳樹棠)을 파견했다. 진수당이 조선에 와서 해야 할 선결 문제는 조선에서 상무를 개척하는 것이었고, 이를 위해 조계지를 설정하는 것이었다. 그 결과 1884년 〈인천구화상지계장정〉(仁川口華商地界章程)을 맺고 인천에 조계가 설정되었고, 이어서 1887년 부산에, 1889년 원산에 중국 조계가 설치되었다(秦裕光 1979/09/24; 1979/09/25). 청은 인천·부산·원산의 각 개항장에 그들의 전관조계(專管租界)를 갖게 되었고, 한성(漢城)에서도 다른 나라보다 먼저 상민들이 거주·통상하게 되었다. 그 뒤 조선이 계속 목포, 진남포, 군산, 청진, 대구, 신의주를 개항하자 화교 거주지도 확대되었다. 마지막으로 조선 내지(內地)도 화교 무역과 거주를 허락하면서 화교 거주지는 조선 전체로 확대되었다(楊昭全·孫玉梅 1991, 128).

한성에는 조계나 외국인 거류지역이 설정되지 않았지만, 청에서 임오군란 진압을 이유로 군대를 파견했고, 이때 군대와 같이 들어온 청의 군역 상인

7_『조선왕조실록』 "고종실록", 고종 19권. 19년(1882) 10월 17일 기사.

40여 명이 한성에 거주했다. 이를 빌미로 각국에서 균등한 혜택을 요구하면서 다른 나라 외국인도 한성에 거주하게 되었다. 한성에 거주했던 외국인은 중국인과 일본인이 압도적으로 많았다. 중국인은 한성 거류 초기부터 한성에 주둔하고 있던 2,000명이 넘는 청군의 보호 아래 거주·영업 등에 별로 구속받지 않고 조선인과 다름없는 자유를 누릴 수 있었다(孫禎睦 1980, 29-31; 孫禎睦 1994, 202-204). 이후 상인들이 점차 증가하여 1883년에는 마포까지 포함해서 99명에 불과했던 인구가 1885년에는 285명, 1893년에는 1,254명으로 크게 늘어났다.[8] 이들 화상은 수표교 일대와 남대문 일대에 집중 거주했다.

진수당의 뒤를 이어 총리조선통상교섭상무(總理朝鮮通商交涉商務) 직위로 부임한 원세개는 상무 발전에 매우 적극적이어서, 한성·인천의 상무 확장에 모든 노력을 집중했다. 그래서 화상회관(華商會館)을 증축하고, 조계를 확충했고, 화상의 초빙에 진력했다. 이에 따라 조선에서 화상의 상업은 급속히 발전을 하여 인천·원산·용산 심지어 한성까지 중·일 간에 상업 주도권 경쟁이 벌어졌다. 이에 따라 일본이 독점하고 있었던 부산항의 무역도 점점 화상의 영향을 받았고, 일본의 무역액이 체감하는 상황까지 이르렀다(林明德 1984, 191). 청은 화상의 상업 활동을 원조하기 위해 군함이나 상선을 동원했을 뿐만 아니라 상하이(上海)에서 산둥성 웨이하이(威海)를 경유하여 인천에 이르는 정기 항로를 개설해 조선에서 활동하고 있던 화상의 운송비를 상당히 절감시켜 주었다(楊昭全·孫玉梅 1991, 107).

청의 세력 범위는 한성과 세 곳의 개항장에 머무르지 않고 내지로 확대되

8_楊昭全·孫玉梅(1991, 128) 표. 1885년 숫자는 대만중앙연구원 근대사연구소 소장, 『清季駐朝鮮使館檔』, 袁世凱: 商務, "華商人數清冊" 14. 1893년 조선 전체 화교 수는 2,182명이었다.

었다. 〈조청상민수륙무역장정〉 제4조에는 청상(淸商)이 조선 지방관의 허락을 받는 경우 내지영업을 할 수 있다고 규정되어 있었다.[9] 조선 측에서는 화상의 내지영업 폐지를 강력히 주장했지만 청의 반대에 부딪혀 지방관의 허가를 받아 존속할 수 있도록 타협했다(高承濟 1972, 141). 이후 화상은 조선 내지 각처로 가서 토산품을 구매하고 밀무역을 자행했다. 총리아문에서 화상에게 정식으로 발급했던 호조(護照)를 보면 1884~85년 사이 화상은 경기·황해 지방을 중심으로 그 밖의 지방까지 왕래를 확대했다. 이들은 주단(綢緞), 포필(布疋), 석유, 약재, 양포(洋布), 면화, 안료(顔料) 등을 팔고, 조선의 우피(牛皮), 황두(黃豆), 사금(沙金)을 구매했다(譚永盛 1976, 54-55).

청은 조선을 압박하여 영사재판권, 조계 설정, 한성 개잔(開棧), 내지 채판(內地 採辦) 등의 권리를 획득했다. 청국 상인들은 이를 이용해 청 정부의 지원 아래 조선에서 경제력을 확대했다(譚永盛 1976, 18). 이를 통해 청은 일본의 조선 진출을 저지할 수 있었고, 조선 내에서 여타 국가에 비해 우위를 차지할 수 있는 기초를 마련했다. 화교는 조선인과 갈등을 겪으면서도 비약적으로 세력이 확장되었다. 1885년 청 상인은 개항지 무역액의 18%를 차지하는 데 지나지 않았지만, 1892년에는 45%로 급증했다. 10년 안팎의 짧은 기간에 화교들이 조선에서 상권을 장악할 수 있었던 이유는 청 정부의 영향이 가장 컸다. 그러나 일본 식민 지배 시기에도 화교 세력이 계속 확장되었던 것을 보면 화교의 개인적, 집단적 능력을 평가하지 않을 수 없다(秦裕光 1979/09/27).

초기 화상 가운데 비교적 큰 상점은 본국 또는 일본 등지의 본점, 지점의

9_『조선왕조실록』 "고종실록", 고종 19권. 19년(1882) 10월 17일 기사.

재정 뒷받침을 받고 있었다(秦裕光 1979/09/28). 이들을 제외하고 개항기 조선으로 이주해 온 화교들은 거의 빈털터리로 출발했다. 화교의 성공은 대부분 비슷한 과정을 거쳤다. 동남아에서도 화교는 처음에는 대부분 빈손으로 와서 몇 년 동안 각고의 세월을 보내야 했다. 즉 노동자 → 행상 → 소매상 → 대상점이라는 형태로 3~4단계를 거쳤다(田村壽 1942, 240). 조선 화교의 대부분은 산둥·허베이 성 등지에서 농촌인구 과잉으로 인한 생활고와 어지러운 정세를 피해 고향을 등진 이른바 난민들이었다. 이들은 고생을 각오하고 거의 홀몸으로 조선으로 건너왔다(秦裕光 1979/10/01). 처음에는 골목 한 구석의 비좁은 가게에서 거의 맨주먹으로 가게를 시작한 화상이 어느 사이에 돈을 벌어 대로변에 버젓이 중국 고유 양식의 점포를 짓는 경우가 많았다. 예를 들어 공성화(公盛和)의 주인 공연덕(鞏連德)의 경우 1883년 10월 겨우 60량 어치 잡화로 한성에 가게를 연 뒤, 불과 1개월 반 만에 40량의 이익을 올려 장통방(長通坊)에 13.5간의 건물을 사들이고 점원 1명을 고용했으며, 대상점에 화물을 외상으로 주고 무역에 종사했다. 또 시장 장터를 떠돌던 행상이 어느 틈에 그 지역 읍내 중심가에 가게를 차리는 것도 볼 수 있었다(譚永盛 1976, 65).

한성과 인천을 중심으로 화상의 활동이 활발해지고 숫자도 크게 늘자 상무공서 등의 행정관서에도 화교 민간단체의 필요성이 절실했다. 이에 한성 화교들은 1884년 상인들의 모임인 중화회관(中華會館)을 설립했다. 이후 한성에는 화상들의 동향 단체인 북방회관(北幫會館: 산둥성을 중심으로 화북 출신 모임), 남방회관(南幫會館: 광둥 이외 남방 출신 모임), 광동회관(廣東會館: 광둥 출신 모임)이 잇따라 설립되었고, 이들은 모두 출신 지역별로 모였다(譚永盛 1976, 56-58). 또한 조선의 화교들은 화교 교육을 통해 한자를 교육하고 중국 문화를 계승·보전함으로써 동족 의식을 강화했다. 이들은 다른 지역 화교와 마찬가지로 본국의 정치 상황에도 민감한 반응을 보여 조선에서 민족적 일체감을 유지했다(楊昭全·孫玉梅 1991, 98-99).

2. 중국인과 조선인의 상호 인식과 갈등의 배경

19세기 중국인의 조선 인식은 '중국식 근대'의 기준에서 인식하는 경향이 강했다. 중국이 조선의 전근대성을 묘사할 때 자주 동원했던 개념은 쇄국정치와 비위생적 생활과 환경, 가난함, 게으름이었다. 조선에 온 중국인들은 이미 중국에서 이런 인식을 학습하고, 조선에 와서 자신이 학습했던 인식을 재확인시키고 재생산했다. 하지만 중국인들이 인식했던 근대 세계는 양무운동을 경험하면서 체득한 군비 확장, 상업 진흥, 외국과의 교섭 정도였다. 아직까지 이들은 정치제도의 개혁이나 자본주의와 같은 서구의 제도에 대해서는 이해하지 못했고, 어떤 경우에는 지나친 서구화를 경계하기도 했다. 중국에서 실행되었던 양무운동이 청일전쟁에서 한계를 드러낸 것처럼 19세기 후반 중국인의 근대화 인식은 명확한 한계를 가지고 있었다(朴元熇·權仁溶·洪性鳩·朴正鉉 2005, 166). 중국 지식인들의 불완전한 근대화 인식은 조선에 대한 인식에서도 중화 의식과 편견으로 한계가 그대로 드러났다. 이런 인식은 청의 위세에 의지하여 조선에 진출했던 중국 상인들도 마찬가지였다. 중국 관료와 중국 상인들의 조선 인식은 조선인의 반청의식을 자극했고, 중국인과 조선인의 갈등을 증폭시키는 역할을 했다.

한편 조선에 진출한 중국인에 대해 조선인들은 어떤 인식을 하고 있었을까? 개항기 조선인의 중국인에 대한 인식을 살펴볼 수 있는 자료는 거의 없다.[10] 근대 이후 조선인의 중국인에 대한 인식은 개화파 지식인들 사이에 조선의 근대화를 둘러싼 의견 대립의 과정에서 나타났다. 조선 지배 계층의 중국 인식은 복잡했다. 고종은 친청적(親淸的)이었지만, 청에 대해 독립적인 태도를 유지하려고 노력하여 러시아에도 접근했다. 관료 가운데 보수파는 여전히 변화하는 사회 현실을 제대로 이해하지 못하고 사대적(事大的)인 관념에서 크게 벗어나지 못했던 것으로 보인다. 미국과의 조약이 체결된 뒤 신헌(申櫶)은 마건충(馬建忠)을 자신의 집으로 초대했다. 신헌은 산책을 하면서 손자를 대동했는데 손자가 중국의 통감이나 천자문을 알고 있다는 것을 자랑하려고 애썼다(馬建忠 1999, 261). 이것은 조선 지배층의 중국에 대한 종속성을 알 수 있는 사례이다.

개화파의 입장은 온건·급진 양파로 나뉘어 의견이 일치하지 않았다. 김윤식과 같은 온건파는 믿을 수 있는 외세의 후원을 확보하기 위해 전통적인 사대 외교를 긍정하고 종번 관계를 대외 관계의 안전판으로 여겼다. 또한 청의 자강 운동을 긍정적으로 여기고 문화적 동질성을 가지는 중국을 근대화 모델로 선택했다. 하지만 급진파는 종번 관계를 망국의 원인으로 규정하고, 청이 예전부터 우리나라를 속국으로 삼아 왔는데 이는 참을 수 없는 수치이며 국가 발전의 장애물이라고 인식했다(叢成義 2000, 176-179). 윤치호는 청이 지저분하고 허풍스럽고 눈앞의 이익만 좇는다고 비판했다. 그래서 청나라 사람들을 돈미(豚尾)로 비하했고 돼지 냄새가 코를 찌른다고 했다. 이런 사람들의 속방이 되어 머리를 숙이는 조선인은 돼지 꼬리만도 못하다고 보았다. 반면 일본이나 영국·미국 등 서양에 대해서는 새로운 문명의 학습 대상으로 극

10_조선인의 중국인 인식에 대한 자료는 청일전쟁 이후 구체적으로 등장하기 시작했다.

찬했다. 윤치호는 청의 속국이 될 바에 차라리 러시아나 영국의 속국이 되는 편이 낫다고 생각했다(송병기 2001, 239, 263, 539). 윤치호의 반청 사상과 친서방 사상은 극단적이기는 했지만, 당시 급진 개화파 인사들이 청에 대한 거부감과 서양 문화에 대한 경외심이 대단했다는 것을 알 수 있다.

개화파 가운데 온건파는 청국을 개화의 본보기, 역량 있는 후견인, 나아가 믿을 수 있는 보호자로 인식한 반면 급진파는 개화의 장애물, 독립의 침해자, 가장 현실적인 적으로 규정했다. 조선 지식인의 청국관은 이렇듯 여러 갈래로 분기했다. 물론 이런 분기가 일반인들에게도 똑같이 적용되기는 어렵다. 일반 민중들의 청에 대한 인식도 다변적이었다. 초기 중국인에 대한 호감은 점차 나쁜 감정으로 바뀌었다. 처음에는 대인(大人)으로 인식하여 중국인에 대해 긍정적이었지만, 청상인의 횡포와 조선 상권에 대한 독점으로 점차 부정적으로 바뀌었다. 특히 청의 쿨리들이 대거 조선에 들어오면서 중국인에 대한 인식은 더럽고, 욕심 많은 이방인으로 바뀌었다(전우용 2003, 398). 더욱이 이들이 조선에서 고압적 자세를 취함으로써 조선인들은 중국인에 대해 침략자의 이미지를 가지고 반청 감정을 가지게 되었다. 이전 선진 문화의 중심지였던 중국은 더는 모방의 대상이 아니었다. 따라서 중국인에 대한 인식도 점차 이방인에서 크게 벗어나지 못했다. 그런 가운데 중국인의 횡포는 조선인에게 분노의 대상이 되었고, 중국 상인의 부는 질시의 대상이 되었다. 조선인들은 중국인에 대해 적대감과 열등감을 동시에 가지고 있었다. 즉 관료들도 어쩌지 못할 정도의 무력함과 동시에 이방인의 횡포에 대한 강한 적대감을 가졌다. 하지만 이들은 강력한 상업 세력이었으므로 이들의 횡포에 조선인들은 거의 무방비 상태였다.

상호 인식의 차이와 이해관계의 충돌로 조선인과 중국인 사이에 갈등이 나타났다. 특히 조선에서 화교의 세력이 확장되면서 마찰이 일어났다. 화상과 조선 관민 사이에 분규와 마찰은 불가피한 것이었다. 당시 조선 상인들은 자신의 상권을 잠식해 오는 청 상인들에게 반발이 심했다. 일부 화상의 빗나간 행위와 이에 대한 과민한 반응은 분규를 더욱 부채질했다. 또한 중국인과 조선인들의 상이한 상거래 방법도 마찰의 한 요인이 되었다(秦裕光 1979/09/26).

경제적으로 상권을 잠식해 오는 화상에 대한 조선인의 반발은 그들의 행패에 의해 더욱 격화되었다. 외국 상인의 한성 개잔은 조선에서 가장 유력한 위치에 있었던 한성 상인의 상업 활동을 궁지에 몰아넣을 정도로 조선 상인의 상황을 악화시켰다. 중국 상인과 일본 상인의 대두로 시전 등 조선 상인들이 불황 상태에 빠지게 되자, 조선 정부도 시전 상인들의 국역(國役) 부담을 확보하기 위해 개잔 철폐를 청·일에 요구했지만 성공하지 못했다(韓祐劤 2003, 135-141). 조선인과 화상 사이의 다툼과 분쟁은 경기·충청·황해도 등에서 주로 많이 일어났으며, 국경을 접한 평안·함경도까지 미쳤다. 특히 한성 내 화상 점포의 화재, 절도 사건은 화상을 한성 시내에 집거(集居)하게 만들었다. 이런 상황은 원세개의 정치적 간여 아래 확대되어 가는 화상의 경제적 침투에 대한 관·민의 반발심이 음양으로 깃들어 있었던 것으로 보인다(韓祐劤 2003, 116).

3. 조선인과 중국인 사이의 갈등과 해결 방식

조선인과 중국인의 갈등은 개인적인 차원에서 국가 간 외교적 문제까지 복잡하게 얽혀 있었지만, 이것을 해결하는 방법은 청의 종주권 강화라는 범주를 벗어나지 못했다. 당시 조선도 근대 조약 체제로의 이행에 소극적이었다. 조선은 청의 종주권에 대해 한편으로는 거부감을 보이면서도, 다른 한편으로는 청과 다른 열강을 구별하는 데 동의했다.[11] 중국인과 조선인의 갈등은 중국인이 조선 내에 깊숙이 진출함으로써 다양한 방식으로 나타났다. 개항장이나 미개항지(未開港地)에서는 물론 내지의 장시(場市)에서도 화상이나 중국인 유용(遊勇, 실직한 병사)들의 행패를 도처에서 볼 수 있었다. 또한 조선의 상민(商民)이 중국인에게 구타·살상당하는 경우도 많이 나타났다. 이런 상황은 주로 양쪽의 경제적 이해관계가 서로 충돌하면서 비롯되었다. 중국 상민(商民)에 대한 조선인의 반발은 대체로 절도·방화 등으로 나타났다(韓沽劤 2003, 112-113).

화상의 횡포는 조선 관원에게도 이뤄졌다. 1899년 5월 청주통어사(清州統御使)는 "화상 4~5명이 장시에 출몰하여 행인을 구타하고 관인(官人)을 모욕하며 관령(官令)을 준수하지 않아 주민들이 어쩔 줄 모른다"고 보고했다. 또한 유용이 경기·충청·강원·황해도 지방에 몰래 들어가 사단을 일으키고 조선 통리교섭통상사무아문에서 발급하는 호조를 위조하여 지방 관인을 속이고 지방민을 상대로 소동을 부려도 제어하지 못했다(高承濟 1972, 144).

이런 갈등은 대부분 중국인들에게 유리한 방식으로 결론이 났다. 하지만 중국인의 절도 피해에 대해서는 조선의 대응이 미온적이어서 청의 불만을 초래했다. 중국인과 조선인 사이에 문제가 발생하면, 먼저 주찰조선총서(駐紮朝鮮總署)의 총리조선통상교섭상무(總理朝鮮通商交涉商務)나 조선 외서(外

11_고종은 톈진조약(天津條約)에 의해 철병이 진행된 후인 1885년 9월 27일 특별관리 김가진(金嘉鎭)을 청에 보내 광서제(光緖帝)에게 청군을 파병하여 자신이 백성들을 진무(鎭撫)하게 해달라는 주(奏)를 비밀리에 올렸다. 『清季駐朝鮮使館檔』, 陳樹棠: 中韓交涉, "朝鮮國王奏請派兵鎭撫密案(1885년 10월)."

署)의 조선독판교섭통상사무(朝鮮督辦交涉通商事務)에게 고소했다. 분쟁은 양쪽의 의견을 두 부서가 서로 조회(照會)하고, 형식적으로는 순리적으로 해결할 것을 요청했지만, 실질적으로는 힘의 논리에 의해 조선 측이 양보하고 중국 측에 유리하게 결론 나는 것이 대부분이었다. 이 과정에서 청은 각 지역의 분쟁을 각지 상무위원이 접수한 뒤, 총리조선통상교섭상무 원세개에게 보고하고 원세개는 청 외교를 총괄하고 있던 북양대신(北洋大臣) 이홍장에게 수시로 보고하고 지시를 받았다. 즉 중국인과 조선인의 분쟁은 단순히 양측의 개인적인 민사, 형사 문제에서 끝나지 않고 양국 간의 외교 문제로 비화되었다.

중국인은 청의 지원에 힘입어 조선에서 상권을 확대하고 조선인에게 군림했다. 이는 1885년 톈진조약으로 청 군대가 조선에서 철수하기 전에 아주 심했다. 가장 대표적인 사건이 1883년 '한성순보(漢城旬報) 사건'과 1884년 5월 중화회관 부지 매입을 둘러싸고 일어난 이범진(李範晋) 사건이었다. 1883년 청 군역 상인 한 사람이 한성 무교동의 조선인 한약재상에 인삼을 사달라며 돈을 맡겼다. 며칠 뒤 인삼을 찾으러 갔더니 약재상 주인은 인삼을 구해놓기는커녕 언제 돈을 맡겼냐고 시치미를 뗴었다. 이에 청상은 홧김에 청군 10여 명을 불러와 상점의 진열장과 집기 등을 모두 부숴 버렸다. 이 사건이 터지자 당시 친일적인 한성순보에서 이를 대대적으로 보도하여 청군이 계획적으로 조선인 상점을 부순 것처럼 보도했다. 그러자 보도에 불만을 품은 청군 수십 명이 한성순보사에 몰려가 시위를 벌였다(秦裕光 1979/09/26; 譚永盛 1976, 70-71).

이범진 사건의 주역인 중화회관 동사(董事) 웅정한(熊廷漢) 구타 사건도 이즈음 일어났다. 웅정한이 어느 날 고궁에 놀러 갔다가 출입구에서 거드름을 피운다고 조선인들에게 뭇매를 맞았다. 이는 일부 오만한 화상에 대한 조선인들의 반발을 보여 주는 것이다. 원래 낙동(駱洞) 중화회관 부지 일대는 조선인 이범진 삼형제의 집 네 채가 있던 곳이었다.[12] 이 집들은 형제끼리 왕래를 편하게 하기 위해 쪽문으로 연결되어 있었다. 화상이 회관을 짓기 위해 네 채를 모두 사기로 하고 동생 범조(範祖), 범대(範大) 형제의 집은 매입했다. 하지만 가운데 집 두 채를 소유하고 있던 맏형 이범진은 거래 중간에 화상과 분쟁이 일어나 팔기를 거절하고 외부인의 출입을 막기 위해 쪽문을 폐쇄했다. 화상 측에서 보면 범진의 집 때문에 땅이 두 쪽으로 갈라졌고, 왕래할 수도 없었기 때문에 아무 쓸모가 없게 되었다. 이에 중화회관 동사 웅정한은 화상 수십 명을 동원해 범진을 납치하여 상무공서로 끌고 가 뭇매를 때리며 길을 터주겠다는 자인서를 강요했다.[13] 한성을 떠들썩하게 했던 이 사건은 결국 상무위원 진수당이 사과하고 웅정한을 파면함으로써 일단락됐지만, 당시 청의 세력을 등에 업은 화상들의 기세가 어떠했는지를 짐작케 하는 사건이었다. 일국의 고위 관료가 외국 상인에게 끌려가 수모를 당한 이 사건은 조선으로서도 체면이 손상되는 일이었다. 그래서 이범진도 중국 상인에게 끌려가 각서까지 써서 나라의 체모를 손상시키고 조정에 수치를 끼쳤다고 하여 관직을 박탈당했다. 더욱이 화상이 조선의 고관을 납치하여 협박하는데 형조 정랑과 좌·우변포도청 종사관이 참석하여 같이 신문(訊問)했다.[14] 화상이 조선에서 위세를 부리는 데는 조선 관리들의 방관과 무책임도 한 몫 했다는 것을 보여 준다.

12_이범진은 전임 병조판서 이경하(李景夏)의 아들이었으며, 이조참판을 지냈고 나중에는 주미·주불·주러 공사를 지냈다.

13_170. "商會館道路로 因한 李範晋과의 訴訟"; 171. "同上件의 李範晋逢辱에 對한 抗議"; 172. "同上件에 對한 再抗議"(高麗大學校亞細亞問題硏究所 1967, 111-113).

14_『조선왕조실록』 "고종실록", 고종 21권, 21년(1884) 윤 5월 1일 기사.

조선인과 중국인 사이에 분쟁이 발생했을 때, 청은 자신들에게 유리한 상황이면 공세적으로 대처했고, 불리한 상황에는 미온적인 태도로 일관하여 항상 자신들에게 유리한 방식으로 결론을 이끌어 내서 종주권을 과시했다. 하지만 중국인과 일본인 등 다른 외국인과의 문제는 상호 타협에 의해 해결하거나 조선에 문제를 전가했다. 1893년 부산상무서(釜山商務署)의 순포(巡捕)가 일본인에 의해 바다에 빠진 사건이 있었는데, 일본 영사(日本領事)와 적절히 협상하여 변제를 받고 원만하게 끝냈다.[15] 하지만 또 다른 사건인 덕흥호(德興號) 폐점 문제는 해결 방식이 달랐다. 1883년 10월 광동인(廣東人) 정익지(鄭翼之), 정위생(鄭渭生)이 고베에서 장사하다가 조선에서 장사하기 위해 영국인을 통해 부산의 일본 조계 내의 점포를 얻어 덕흥호를 개점했다. 그런데 일본 이사관(理事官)이 일본이 임차한 땅이라며 강제로 상점을 봉쇄하자 덕흥호에서 진수당에게 상고(上告)했다. 이에 진수당은 조선 해관 책임자 묄렌도르프(Möllendorf, 穆麟德)와 조선의 통상교섭사무 민영목(閔泳穆) 등에게 후속 조치를 촉구했다. 청과 일본의 신경전 속에서 입장이 곤란해진 민영목은 덕흥호에 별도의 조계에서 상점을 열 수 있도록 하겠다는 타협안을 제시하여 사태를 무마하려 했다.[16] 하지만 덕흥호의 상점 폐쇄에 따른 손해를 청, 일 양국이 상대에게 전가시키다가, 원인 제공과 처리 미숙이라는 미명으로 피해액의 배상은 결국 조선 측이 지는 것으로 결정되었다.[17] 이는 청일 양국의 대립으로 당사국도 아닌 조선이 희생된 것이다.

하지만 민사 문제는 양쪽의 타협을 유도했다. 중국 상인들이 조선에 진출

15_『淸季駐朝鮮使館檔』, 袁世凱: 人事, "派署釜山委員各稟件"(1892년 12월~94년 4월).

16_『淸季駐朝鮮使館檔』, 陳樹棠: 訴訟, "釜山華商德興號控日本官(1)"(1883년 10~12월).

17_『淸季駐朝鮮使館檔』, 陳樹棠: 訴訟, "釜山華商德興號控日本官(2)"(1884년 1~6월).

할 때 조선인 소유의 상관(商館)을 빌리는 경우, 대여금인 방조(房租) 외에 상품 매매가의 일부를 상세(商稅) 형식으로 건물주에게 제공하는 조선의 관례 등을 둘러싸고 적지 않은 분쟁이 일어났다. 한성의 조선인 김진길(金進吉)은 상관을 빌려 주고 대여금인 방조와 상품 매매가의 1/100을 받는 상세를 받아 생계를 이어 왔다. 그런데 청국 상인 임교송(林喬松) 등이 1883년 7월 상관을 임대한 이후 6개월 동안 방조와 상세를 내지 않자 김진길은 진수당에게 이를 고소했다. 이후 림교송 등이 생각을 바꾸어 방조 400여 량(餘兩)을 내기로 했으나, 처음 약정(約定) 때 상세 건(件)은 포함되지 않았다며 상세 납부를 거부했다. 그러자 김진길은 상품 매매가의 1/100세(稅)를 상관 주인에게 납부하는 것은 구전(口錢)이라 하여 조선의 관례에 해당한다며, 상세 미납금(未納金)을 돌려 달라는 고소장을 다시 제출했다. 이 사건에 대해 진수당은 거간인 이건혁(李建爀)으로 하여금 조정토록 지시하고 사건을 마무리했다.[18] 당시 민사 분쟁에서 총판상무위원(總辦商務委員) 진수당은 즉각적인 판결보다 중개인 등의 조정을 통해 양측의 합의하에 문제를 푸는 해결 방식을 취했다.

조선의 상업 관행을 청이 인정하지 않는 경우도 있었다. 산동(山東) 감생(監生) 마종요(馬宗耀)가 1883년 11월 4일 조선인 최치기(崔致基)에게 원보은(元寶銀) 8정(錠)을 4,000량으로 계산하여 넘겨주고 기표(期票)를 작성하여 대금을 받기로 했지만, 최씨(崔氏)집 가족이 모두 도망가 버리고 말았다. 양국인 사이에 벌어진 사기 사건의 경우 청국의 총판상무위원과 조선의 독판(督辦)이 함께 직접 사건 관련자를 심문했다. 이 사건은 청의 진수당과 조선의 독판서리(署理) 김병시(金炳始)가 직접 신문하여 피고가 대금을 갚았다.

18_『淸季駐朝鮮使館檔』, 陳樹棠: 訴訟, "朝鮮人控林喬松欠房租卷"(1884년 1~4월).

이런 분쟁의 경우 총액의 10%를 서리의 수수료로 할당하는 것이 조선의 관례였는데, 청은 이를 인정하지 않았다. 조선 측 서리는 시간을 끌면서 수수료 액수를 감해서 받으려고 했지만 이마저도 거부당했다.[19]

화상의 활동이 조선 내지까지 확대되면서, 내지 상업을 둘러싸고 조선과 청의 신경전이 계속되었다. 청은 호조 발급을 통해 청 상인에게 조선 내지 통상을 허락했다. 하지만 조선은 여러 가지 명목으로 이를 저지하려 했다. 1889년 황해도 황주(黃州) 지방에서는 주찰조선총서(駐札朝鮮總署)에서 발급한 호조의 진위 여부를 의심하여 조선통상아문에서 발급한 별도의 호조를 요구했다. 또한 황주 시강원(侍講院)의 최경일(崔景一)이 해주총영(海州總營) 제관(提官)과 결탁해서 액외(額外)의 토세(土稅)를 수취하려고 중국 상인의 화물 통행을 막고 수출을 불허하는 사건이 발생했다. 이에 대해 원세개는 조선 외서에 조회했고, 조선 외서에서는 규정을 어기고 법령을 준수하지 않았던 해당 지방관 및 최경일 등 관련 인물에 대해 엄중히 조사하고, 상무가 지체되어 발생한 상민의 손실을 배상해 주라고 지시했다.[20] 청은 조선과 마찰을 줄이기 위해 호조를 발급하면서 해당 호조를 신청한 상인이 속한 회관에서 책임지게 했다. 또한 밀수를 금지하고 향민에게 소란을 피우지 말도록 상인들에게 주의를 환기시켰다.[21]

조선인과 중국인의 분쟁은 절도, 사기, 중국인의 횡포, 상거래 관행 등 다양한 방면에 걸쳐 발생했다. 하지만 가장 빈도가 높았던 것은 상업 거래와 관련된 것이었다. 중국인의 상업 활동이 활발해지면서 조선인과 충돌이 그만

19_『淸季駐朝鮮使館檔』, 陳樹棠: 訴訟, "馬宗耀稟控朝人崔致等誆財"(1884년 2~12월).

20_『淸季駐朝鮮使館檔』, 袁世凱: 護照執照, "發護照與商民卷"(1888년 6월~90년 2월).

21_『淸季駐朝鮮使館檔』, 袁世凱: 護照執照, "商民買貨請發護照卷"(1886년 7월~88년 5월).

큼 많이 발생했다는 사실을 알 수 있다. 1883년 7월부터 1884년 9월까지 한성 화교와 조선 상민 사이의 채권 분규는 모두 15건, 금액은 3만 687량이었다. 15건의 채권자는 모두 화상이었다. 이들은 돈을 받아내기 위해 소송을 제기했으나 채무자들이 가옥을 저당하거나 감옥에 가는 것을 택했기 때문에 대부분 배상받지 못했다. 이 밖에도 당시 화상들의 상점에는 유달리 도난 사건이 많았다. 화흥순(和興順)은 1884년 6월과 7월 잇따라 현금·상품을 도난당했고, 1884년 한 해 동안 일곱 군데의 화상이 도둑을 맞았다.[22] 연이어 발생한 절도와 강도 사건에 대한 호소문을 받은 진수당은 조선의 통리아문에 범인 체포에 적극 나서줄 것을 요청했고, 조선의 독포(督捕) 한규직(韓圭稷)은 범인을 체포하겠다고 답변했다. 그러나 범인의 종적이 묘연하자 해당 청국 상인들이 두 차례에 걸쳐 한규직의 집에 가서 소란을 피웠다. 당시 한성은 강·절도 사건이 이어지는 등 치안 문제가 심각했다. 하지만 청국의 상인들이 조선 독포 한규직의 집에까지 가서 소란을 피울 정도로 방약무인적인 태도를 보인 반면, 조선 측에서는 이를 단속하는 통제력을 사실상 상실한 상태였다.[23]

1885년 천풍호(天豊號)에 도둑이 들어 총을 쏘아 퇴치했는데, 천풍호 주인 노춘생(盧春生)이 청원을 올려 절도범이 체포를 거부하면 중국 법률에 근거하여 때려 죽여도 무방하며, 무기를 지니지 않았으면 체포하여 상무총서에 보내 조선 해당 관청의 법률에 따라 치죄하는 것과 별개로 처리하게 해줄

22_譚永盛(1976, 67-69). 조선인과 중국 상인의 상거래 분쟁에 대한 자세한 내용은 石田亮太(2007)의 연구 참조. 이 논문은 1883, 1888~92년 사이 조선인과 중국 상인의 상거래 분쟁 42건을 분석했다.

23_『清季駐朝鮮使館檔』, 陳樹棠: 訴訟, "辦理生盛號被竊永來盛號被盜兩案卷"(1884년 4~5월).

것을 요청했다. 이것을 조선 정부에서 받아들이지는 않았지만 도둑의 피해를 빌미로 중국인들은 조선에서 치외법권의 혜택을 누리려 기도했다.[24] 강도와 방화 사건은 이 뒤에도 끊이지 않았다. 1887년에는 삼화흥(三和興) 상점에 강도가 들어 화재가 발생하여 세 명이 죽는 사건이 발생한 뒤, 1888년 5월에는 덕흥호에서도 강도가 든 뒤 화재가 발생하는 사건이 일어났다. 이 사건 이후 원세개는 조선의 치안을 불신하여 순사청(巡查廳)을 설치하고 자체 순찰을 통해 화상을 보호했다.[25]

청은 자국에 불리한 경우에는 최대한 사건의 진상 파악을 늦추고 미온적인 처리로 일관했다. 1884년 1월 2일 밤 2경이 지나 한성 대석(大席) 통교(通橋)의 동쪽 끝에 위치한 최택영(崔宅英) 소유 약국에서 중국 군인 세 명이 청심환을 사러 왔다가 분쟁이 발생했다. 이 사건으로 최택영의 아들 기일(奇一)이 칼에 찔려 살해되고, 택영도 부상을 당했다. 이 사건에 대해 한성순보는 중국 군인의 소행으로 보고 비판적으로 보도했다.[26] 하지만 조선 정부에서는 이를 오히려 껄끄럽게 생각하여 가급적 조용히 일을 처리하려는 소극적인 자세를 취하고 있었다. 진수당은 이미 이 사건의 전모를 어느 정도 파악하고 방군통령(防軍統領) 오조유(吳兆有) 및 방영(防營) 원세개 등과 수시로 회동해 협의했다. 진수당은 청군에 대해 비판적인 한성순보의 내용에 불만을 표시했지만, 사건을 무마하기는 어려워 결국 청군 살해범 세 명을 붙잡아 참수했다.[27]

24_『淸季駐朝鮮使館檔』, 陳樹棠: 訴訟, "華商天豐號被竊卷"(1884년 8월~85년 3월).
25_『朝鮮檔』 p.102, "李鴻章致總署函"(光緒 13年 6月 初6日, 初9日, 光緒 15年 7月 初4日).
26_『漢城旬報』(1884/01/30 東方미디어), "中國 軍人의 범죄."
27_『漢城旬報』(1884/02/07 東方미디어), "中國 軍人을 징계하다."

청은 조선 국내 문제에 대해서는 형식적으로 조선의 자주권을 인정하고 내정 간섭을 회피했지만, 자국의 이해관계가 걸린 문제는 적극적으로 개입했고, 서구 열강과 관련된 문제는 아주 민감하게 반응했다. 청은 조선 내에서 일어난 일에 대해서는 관여하지 않았다. 1889년 범죄 용의자 승려 담진(曇振)이 일본 조선 영사관에서 절도 혐의로 조선에 압송 도중 경기 과천 지방에서 중국에서 받은 도첩 한 장을 가지고 몰래 도주했다. 이에 대해 조선 측은 지방관과 삼항양관(三港兩關)의 감리(監理)에게 신속히 조사할 것을 지시했다. 또한 담진이 중국에서 발급한 도첩을 가지고 있는 만큼 중국으로 들어갔을 가능성을 감안하여 원세개에게 지린성·펑톈성(현 랴오닝성)·톈진 등 중국의 각 해관에서도 담진의 체포에 협조해 주도록 요청했다. 하지만 원세개는 범인이 조선 내에서 도주했고, 아직 조선 내에 남아 있을 가능성이 크다고 판단하여 간여를 거부했다. 다만 조선의 각 항구에 주재하는 중국의 상무위원들에게 범인의 체포에 협조하라는 지시를 내렸다.[28]

근대 초기 조선에서는 외국인에 대한 적대감이 컸다. 1885년 조선에서 영아가 실종되자 외국인이 영아를 유괴하여 잡아먹었다는 유언비어가 돌 정도였다. 이에 조선의 외서는 치안 안정을 위해 원세개에게 포고문을 내려 달라고 요청했지만 원세개는 중대한 일도 아닌데 조선 내정에 간섭하는 것으로 비춰지는 것을 꺼려하여 이를 거절했다. 이를 통해 원세개가 당시 조선의 내정과 외교에 깊숙이 관여하고 있었고, 조선의 외서 독판이 중요한 정책에 대해 일일이 자문을 구했다는 것을 알 수 있다. 원세개는 형식적으로는 조선과 청이 긴밀한 관계이지만 독립국가라는 것을 강조하면서도 곤란한 일에 대해

28_『淸季駐朝鮮使館檔』, 袁世凱: 中韓交涉, "韓外署照請轉咨緝拿韓僧犯案"(1889년 7~9월).

서는 조선에서 직접 처리하도록 했다. 하지만 영아 유괴 문제로 자국인의 안전을 위해 서구 열강이 군대를 파견하자, 서구 열강의 군대 출병 승인 여부를 둘러싸고 조선이 사전에 통고하지 않은 사실을 힐문함으로써 사실상 조선 내정에 대한 노골적인 간섭을 했다.[29]

이것은 조선에 대한 종주권 문제에서 보다 분명하게 드러났다. 1889년 조선 남도의 재해에 대해 미국 공사가 한성에 거주하는 각 공사에게 연락하여 조선 남도 백성의 구휼에 동참할 것을 청하자, 원세개가 이에 발끈하며 미국 공사의 계획을 반박했다. 원세개는 조선 백성이 여러 차례 기황(饑荒)을 겪고 재난을 당했을 때, 조선의 고종이 중국 황제에게 주접(奏摺)을 올려 구휼을 청했고, 중국 정부는 속히 방법을 강구하여 사정에 따라 구휼을 베풀어 왔다고 언급했다. 그래서 조선 남도 백성의 재난에도 원세개가 이미 품문(稟文)을 올려 중국 정부에게 알렸다고 말했다. 그러면서 미국 대사와 한성에 거주하는 각국 공사관 직원이 구휼 계획을 돕는다면 중국 정부와 원세개, 조선 백성들이 모두 감사할 것이라고 말했다. 그러나 일의 형세가 서로 다르므로 미국 공사의 뜻을 따를 수 없다고 하며 거절했다.[30] 청은 "강희(康熙) 이후 기근이 들면 해운으로 조량을 보내 진휼"(魏源 1999, 61)하여 종주국의 역할을 해왔다. 이런 조치는 조선에 대한 청의 전통적인 종주권을 서구 열강에게 확인시키는 것이었다.

이와 함께 청은 조선에 대해 종주국으로서의 대우와 예절을 강요했다. 중국인들은 서양인에 대해서는 관대했지만 조선에 대해서는 사대의 예를 철저

29_『淸季駐朝鮮使館檔』, 袁世凱: 禁令, "謠傳外國人烹食朝鮮嬰兒朝外署出示禁止"(1885년 5월~86년 6월).

30_『淸季駐朝鮮使館檔』, 袁世凱: 各國交涉, "朝鮮南道災荒駁美使擬請籌恤卷"(1889년 1월).

히 갖추도록 요구했다(崇禮 1999, 238). 1890년 조대비(趙大妃)가 사망했을 때 조선에서는 중국에 사신을 보내 기근과 국가 재정의 곤란을 들어 검소한 장례를 지내겠다고 알리고 중국에서 조문 사절을 보내지 말 것을 요청했다(崇禮 1999, 231). 그러나 광서제(光緖帝)는 조선이 중국의 동번(東藩)으로 중국이 조문 사절을 파견하여 번속을 진휼하는 것은 정해진 제도이고 쉽게 바꿀 수 없다고 해 번속에 대한 전통적인 입장을 고집했다. 그리고 조선에 도착한 뒤 모든 예의를 행하고 생략하지 말라고 하여 중국 황제의 번속에 대한 위엄과 은혜를 강조했다.[31] 또한 중국의 사절들은 조선이 다른 마음을 품지 않도록 대신(大臣)들에게 국왕을 대신해서 삼궤구고례(三跪九叩禮)를 갖추도록 했다(馬建忠 1999, 256-257). 다른 나라와의 관계에서는 사라진 삼궤구고례를 조선에만 강요함으로써 중국은 조선과 청의 관계를 철저히 종주국과 속국의 관계로 인식하고 있었다.

III. 결론

전통적인 조공 체제에서 근대 조약 체제로 이행은 외세에 의해 강제되었고, 그 상징이 개항장과 조계였다. 청은 이전의 형식적인 종주권을 실질적인

31_崇禮(1999, 232-233). 그런데 이 내용은 커즌의 책에서 그대로 반복되고 있다. 숭례의 글이 쓰인 것이 1890년이고 커즌의 여행은 1887~88년과 1892~93년 두 차례 이뤄졌으므로 커즌이 숭례의 글의 참고했거나 아니면 이런 이야기를 전해 듣고 기술했을 가능성이 있다(커즌 1996, 159-160).

종속 관계로 바꾸기 위해 조선을 근대 조약 체제로 편입시키는 데 적극적이었다. 청이 조선을 군현으로 병합하거나 조선에 감국을 설치하는 것은 열강의 반대로 이뤄지지 못했지만, 청은 열강의 묵인 아래 조선에 영향력을 강화하는 정책을 실시하게 되었다. 그래서 이홍장과 원세개가 내외에서 서로 호응하여 조선의 내정·외교에 간섭을 강화하는 정책을 취했다. 1882년 임오군란을 계기로 청은 종전까지의 방관적, 소극적 태도를 버리고 적극적인 대조선 정책을 실시했다. 그 결과 종전의 의례적인 종주권을 버리고, 종주권을 합리화시키기 위한 목적으로 조선과 〈조청상민수륙무역장정〉을 체결했다. 〈장정〉의 규정에 의거하여 청은 인천·부산·원산의 각 개항장에 그들의 전관조계를 갖게 되었고, 한성에서도 다른 나라보다 먼저 상민들이 거주, 통상하게 되었다. 조선이 근대 조약 체제로 이행하면서 생겨난 조계와 개항장은 전통적인 종속·불평등 관계의 일부로 기능하여 청의 조선에 대한 종주권을 확대시키는 데 기여했다.

청의 적극적인 지원 아래 화상은 조선으로 이주하여 조선인과 통상했다. 화상은 조계를 중심으로 조선 내지까지 세력을 확대했다. 이들은 동향 조직과 상업 연결망을 통해 집단의식을 형성했고, 화교 교육을 통해 중국 문화를 계승·보전함으로써 동족 의식을 강화했다. 이들의 다른 지역 화교와 마찬가지로 본국의 정치 상황에 민감한 반응을 보였고, 고향에 대한 귀소(歸巢) 의식은 조선에서 민족적 일체감을 유지하게 했다. 조선에서 이들은 민족적 우월감을 바탕으로 세력을 확대하여 조선인과 갈등을 일으켰다. 따라서 화상과 조선 관·민 사이에 분규와 마찰은 불가피한 것이었다.

청 상인들은 조선인들과 상권을 둘러싸고 갈등을 일으켰고, 일부 화상들의 불법행위로 인해 갈등은 더욱 깊어졌다. 중국인과 조선인의 분쟁은 단순히 양측의 개인적인 문제에서 끝나지 않고 양국 간의 외교 문제로 비화되었다. 중국인과 조선인 사이에 문제가 발생하면, 힘의 논리에 의해 조선 측이 양보하고 중국 측에 유리하게 결론 나는 것이 대부분이었다.

조선인과 중국인 사이에 분쟁이 발생했을 때, 청은 자신들에게 유리한 상황이면 공세적으로 대처했고, 불리한 상황에는 미온적인 태도로 일관하여 항상 자신들에게 유리한 방식으로 결론을 이끌어 내서 종주권을 과시했다. 하지만 중국인과 일본인 등 다른 외국인과의 문제는 상호 타협에 의해 해결하거나 조선에 문제를 전가했다. 청은 조선 국내 문제에 대해서는 형식적으로 조선의 자주권을 인정하고 내정 간섭을 회피했지만, 자국의 이해관계가 걸린 문제는 적극적으로 개입했고, 서구 열강과 관련된 문제는 아주 민감하게 반응했다.

개항기 중국인의 조선 이주·정착 과정에는 근대 이후 청과 조선의 관계가 그대로 투영되어 있다. 청은 조선에 대해 형식적으로 정치적 독립국임을 강조하고 동맹 관계를 표방했지만 실제로는 조선에 대한 간섭과 통제를 강화하고 조선의 자주(自主)를 견제했다. 19세기 후반 서양은 중국을 서양과 구별되는 비문명적인 '타자'로 인식했다. 그러나 동아시아 내에서 중국은 전통적인 '화이관'(華夷觀)과 서양의 근대적 의식을 혼합하여 조선을 자신의 '타자'로 구별했다. 중국의 조선 정책은 종주권 강화와 경제적 이권 획득을 통해 나타났지만, 궁극적으로는 조선을 중국의 내지화(內地化)하려는 식민주의적 성격을 띠었다. 조공 질서를 대신해 나타난 근대 조약 질서라는 것이 본질은 조공 관계의 실질적 강화를 통한 속국화였고, 형식적으로는 경제적 예속 강화로 나타났다. 이런 청의 정책으로 경제적인 왕래가 활발했지만, 경제적인 문제는 청에게 이차적인 관심이었다. 개항 이후부터 청일전쟁 이전까지 조·청관계는 종속적 관계의 연장이며, 변형된 형태라는 것을 알 수 있다.

2장

대동아공영권 구상에서의 '지역'과 '세계'

임성모

중일전쟁기의 동아신질서와 아시아태평양전쟁기의 대동아공영권 구상 사이에는 연속과 단절이 병존한다. 연속면은 로야마 마사미치(蠟山政道)의 개발론과 미키 기요시(三木淸)의 문화주의에서, 단절면은 오자키 호쓰미(尾崎秀實)의 혁명론에서 찾을 수 있다. 대동아공영권 구상은 민족 이론과 지정학에 입각한 지역 통합, 그리고 유럽적 근대를 '초극'할 현대의 '세계사적 세계' 건설을 표방했다. 그러나 흥아단체 회합이나 대동아회의에서 불거진 불협화음은 교토 학파(京都學派) 등이 표방했던 공영권 구상의 취약성을 드러냈을 뿐이다. 오늘날의 동아시아론은 동아신질서와 대동아공영권의 교체기에 명멸한 빛과 그림자의 재조명을 요구한다.

• 이 글은 『세계정치』 26-2호(서울대학교 국제문제연구소, 2005)의 특집 "세계 정치와 동아시아 공간"에 실린 졸고를 일부 수정한 것이다.

I. 머리말

'대동아공영권'은 우리에게 두 가지 의미에서 망령이다. 우선 그것은 동아시아의 지역 통합이 거론될 때마다 논의의 주위를 배회하는 역사적 기억으로서의 망령이다. 예컨대 패전 후의 고도성장기 이래 일본 경제의 아시아 '진출'에 대해서, 또 일본 논단에서 최근 대두하고 있는 동아시아 경제통합론에 대해서 '신판 대동아공영권'이라는 꼬리표가 곧잘 붙여져 왔고 붙여지고 있다. 물론 그런 꼬리표에는 1945년 이전과 이후의 일본을 연속적으로 바라보는 아시아 주변국들의 비판적인 시선이 오롯이 담겨 있다.

그런데 대동아공영권이 망령인 또 다른 이유는, 꼬리표의 범람과는 극히 대조적으로 그 구상의 얼개와 구체적 양상에 대해서는 명확한 이미지를 떠올리기 힘들다는 점이다. 대동아공영권에 대한 사전적 의미 자체부터가 '문제'일 수도 있다. 대동아공영권은 보통 "태평양전쟁 당시, 아시아 지역에 구미의 식민지 지배 대신 공존공영(共存共榮)의 신질서를 수립한다고 하며 전쟁을 정당화하려 했던 일본의 슬로건" 정도로 기술된다(高柳光壽·竹內理三 1974, 580). '슬로건'으로서의 허구성이 부각되는 결과, 심도 깊은 분석 자체가 불필요한 대상으로 치부되기 쉬운 것이다.

실제로 종래 대동아공영권에 대한 국내학계의 연구는 그 사안의 중요성에 비해 턱없이 부족하다. 대동아공영권의 '전사'(前史)에 해당하는 동아신질서(東亞新秩序) 논의의 경우에도 상황은 마찬가지다.[1] 대동아공영권이란 일제

1_대동아공영권에 대한 연구는 김정현(1994); 한석정(1999); 김경일(1999); 김경일(2005) 등이 있을 뿐이다. 윤건차(2003)는 대동아공영권 구상에 이르는 민족정책 논의를 추적하고 있다. 동아신질서론과 관련해서는 함동주(1996); 함동주(2000); 임성모(2005); 문명기(2000);

가 내건 기만적 슬로건에 불과하므로 거기서 의미 있는 논점을 찾을 수 없다고 하는 암묵적인 예단이 개입하고, 그로 말미암아 학문적인 접근의 시도 자체가 도외시되는 결과를 빚지 않았나 하는 것이 필자의 판단이다.[2]

하지만 이런 연구 상황은 현실적인 동아시아 논의에도 적지 않은 장애를 초래하게 된다. 무엇보다도 대동아공영권의 '실태'에 대한 나름의 역사상(歷史像)도 없이 '신판 대동아공영권'이라는 이미지만 유통되는 상황을 만들어내기 쉽다. 대동아공영권의 '이념'에 대해서는 문제가 더 커져서, 예컨대 도쿠가와(德川) 말기 이래의 팽창주의를 1940년대의 대동아공영권 구상과 직결시켜 파악함으로써, 후자에 동원된 정당화 논리의 '근대적' 측면을 경시하는 경향을 낳기도 한다. 그리고 이런 경향 때문에, 대동아공영권을 연상시키는 지역 통합 논의가 왜 '신판'인지에 대한 역사적이고 논리적인 근거를 결여한 대응을 재생산하는 결과가 초래되는 것이다. 그런 의미에서 대동아공영권의 실태와 이념에 관한 연구는 향후 심화될 필요가 있다.

이 글에서는 대동아공영권의 이념을 검토하기 위한 작업의 일환으로서 그 지역 통합론과 세계관을 분석해 보고자 한다. 이 때 대동아공영권과 동아신질서 구상 사이의 연속과 단절에도 주목할 것이다. 그리고 대동아공영권 구상의 '지역'론과 '세계'론에 대해 식민지 지식인들이 어떤 반응을 보였는지,

---

배경한(2004) 등이 있다.

2_덧붙이자면, 대동아공영권의 실태에 관한 연구가 연구자에게 일국사적(一國史的) 틀을 뛰어넘는 총체적 시각을 요구한다는 점도 연구를 어렵게 만든 요인일 것이다. 최근 일제 말기의 '총동원체제'에 관한 실태 분석이 다양하게 제출되고 있지만, 전반적으로 한국사의 틀을 뛰어넘지 못하고 있다. 또 동북아 삼국의 역사를 관통하는 당시의 실태에 접근한다 하더라도, 대동아공영권의 경우 핵심적인 위치를 점하는 동남아시아에 대한 분석에 있어서 결정적 한계에 봉착한다. 대동아공영권하의 동남아에 관한 연구는 아직 초보적인 수준에 머물러 있다. 김성원 외(1995) 등 참조.

그 단면을 1943년에 개최된 두 개의 중요한 회의를 소재로 일별할 것이다. 이를 통해 오늘날의 동아시아 논의에 유용한 역사적 자원을 찾아보려는 것이 이 글의 일차적인 목적이다.

II. 동아신질서에서 대동아공영권으로

1938년의 우한(武漢) 점령 이후 중일전쟁의 장기 지구전화가 분명해진 시점에서, 일본 정부는 난국을 타개하기 위해 두 차례의 성명, 즉 제2차 및 제3차 고노에(近衛) 성명을 잇달아 발표했다. 제2차 고노에 성명(동아신질서 성명)은 중일전쟁 해결의 근본 목적이 "동아의 영원한 안정을 확보할 신질서를 건설"하려는 데 있다고 전제한 뒤, 신질서 건설의 방안으로서 "일만지(日滿支) 3국의 상호 제휴, 정치·경제·문화 각 방면의 호조연환(互助連環) 관계 수립을 근간으로 동아에서 국제 정의의 확립, 공동방공(共同防共)의 달성, 신문화의 창조, 경제 결합의 실현을 추구"한다고 주장하여 종래의 강경 방침을 극적으로 전환시켰다. 그 연장선상에서 "선린우호(善隣友好), 공동방공(共同防共), 경제제휴"라는 대원칙을 제시한 것이 제3차 고노에 성명(3원칙 성명)이었다.[3]

'3원칙'의 '선린우호'나 '제휴'라는 표현에서 알 수 있듯이, 두 차례의 성명에는 기본적으로 중일전쟁이라는 지구전의 조속한 종식과 동아시아 지역 질

3_양 성명의 전문은 日本外務省(1965a, 401, 407) 참조.

서의 '평화적' 재편이라는 지향성이 드러나고 있는데, 이를 집약한 슬로건이 곧 '동아신질서'였다. 그러나 일본이 지정학적 패권주의를 노골화하며 영미와의 전쟁으로 돌입하는 1940년경이 되면 이 동아신질서는 소위 '대동아공영권'이라는 표어로 환골탈태하기에 이른다.

동아신질서에서 대동아공영권으로의 이행을 어떻게 볼 것인가, 즉 필연적이고 연속적이라 볼 것인가의 여부에 대해서는 견해차가 있을 수 있다. 필자는 불연속적 측면, 바꿔 말해서 사상적 모색의 지층이 존재했다는 입장에 서 있다. 동아신질서 논의의 다양한 스펙트럼들 가운데 '동아연맹론'(東亞聯盟論)과 '동아협동체론'(東亞協同體論)의 경우가 일종의 '단층'에 해당한다는 것이 필자의 판단이다. 이들 논리는 '스메라아시아(すめら·アジア)론' 등의 보수적 신질서론과는 일정하게 거리가 있는 '혁신적' 신질서론이라 보기 때문이다.[4]

1933년 만주국협화회(滿洲國協和會)에 의해 최초로 표명된 동아연맹론은 만주국의 지배 원리인 민족협화(民族協和)를 동아시아 전역으로 확대하는 것으로 상정되었다. 만주사변의 주도자 이시하라 간지(石原莞爾)의 군사적 비전에 입각한 이 구상은 그의 브레인 미야자키 마사요시(宮崎正義)에 의해서 체계화된다. "통일을 방해하는 외력(外力)의 중압으로부터 동아를 해방"하는 것을 표방한 동아연맹은, 일본·만주국·중국을 중심으로 여타 동아 국가를 그 외곽으로 상정한 범위로 결성되는데, '왕도'(王道)를 지도 원리로 하여 "국방의 공동, 경제의 일체화, 정치의 독립"이 결성의 조건으로 내세워졌다. 여기서 '정치의 독립'이란 "연맹 헌장 또는 연맹 국가 간 협정이 지시하는 범위

4_이하 제2장의 서술은 앞의 글 임성모(2005)의 일부를 재구성한 것이다.

내에서 연맹의 구성국들이 독립적으로 자국 주권을 행사하는 것"으로 규정되었으며, 가맹뿐 아니라 '자유로운 의지에 입각한' 탈퇴의 권리도 보장하고 있다(宮崎正義 1938, 151-168). 협정의 규정 범위 내에서, 또 '연맹 전체의 이익을 위해 필요한 범위 내에서' 라는 제한이 엄존함에도 불구하고, '정치의 독립'이라는 원칙이 왕징웨이(汪精衛) 정권 등 식민지 지식인들에게 상당한 호소력을 지녔음은 기존 연구에서 지적되고 있는 바와 같다. 그러나 동아연맹론에는 '안보 체제'를 전면에 내세우는 군사적 성격이 강했기 때문에 비판을 받았다.[5]

한편 수상 고노에 후미마로(近衛文麿)의 싱크탱크 '쇼와연구회'(昭和硏究會)를 거점으로 활성화된 동아협동체론에 대해서는 몇 가지 공통점들이 지적되고 있다. 즉, ①'일본주의', '황도(皇道)주의'에 의한 아시아 통일의 관념성과 편향성을 비판하고, 아시아 연대의 원리로서 아시아 나라들에 공통되는 보편적 정치 이념을 추구한 점, ②'경제블록'적 사고방식을 부정하고, 그 바탕에 깔린 자본주의 이념의 극복을 국내 정치와 대륙 정책 양면에 걸쳐 추구한 점, ③아시아에서 연대 이념의 형성이 아시아의 새로운 국가연합을 가능하게 할 뿐만 아니라 '세계사의 새로운 단계에서 세계적 원리'를 창조하는 것으로 이어지리라는 비전을 품고 있었던 점, ④그런 이념의 형성을 필연적

5_예컨대 오자키 호쓰미는 동아연맹론의 특징이 "연맹의 정치조직과 경제기구, 특히 후자에 대해 상세한 안을 제시하고 있는" 것이지만, "이들 계획은 모두 현재의 사정을 기초로 하여 그 발전과 확충을 지향한 것이지, 연맹 구성 과정에서 구조적 변화를 이끌어 낼 방법은 마련되어 있지 않다. 동아연맹론을 동아협동체론과 비교할 때 그 냄새와 감촉이 전혀 다른 바가 있음을 느낀다. 동아연맹론도 직접적으로는 일지사변(日支事變)을 계기로 전개된 것이지만, 후자가 이 대이변(大異變)에 의해 새롭게 생겨난 것인 반면, 이 경우는 처음부터 준비되어 있던 대륙정책의 어떤 플랜이 발동한 듯한 느낌"이라고 지적한다(尾崎秀實 1977, 353).

으로 만든 현실적 계기로서 중국 민족주의에 대한 공감 내지 긍정의 자세가 엿보인다는 점 등이다(橋川文三 1970, 362). 요컨대 중국 민족주의에 대한 공감에 입각한 아시아 연대, 그리고 블록경제론과 같은 자본주의를 극복할 보편적인 '세계사적 사상'의 모색이 그 특징이라 하겠다. 이 특징은 후술할 교토 학파 등의 '근대의 초극(超克)'과 '세계사의 철학'을 연상시키게 하는 점들인데, 실제로 미키 기요시 등은 '근대초극론'의 흐름과 연관성을 맺고 있었다.

동아협동체론 내부의 다양한 스펙트럼과 그 다면성에 대해서는 앞으로 좀 더 포괄적인 연구가 필요하겠지만,[6] 필자는 일단 이를 ① 경제주의적 개발론, ② 문화주의적 혁신론, ③ 사회주의적 혁명론의 세 가지 지향성으로 구분해서 볼 수 있다고 생각한다. 이 가운데 대동아공영권 구상과의 연속면은 ①과 ②에서 찾을 수 있고 ③의 지향은 역사의 무대에서 추방됨으로써 단절되었다고 할 수 있다.

첫 번째로 경제주의적 개발론의 대표적 논자는 로야마 마사미치와 가다 데쓰지(加田哲二)다. 도쿄제국대학 정치학과 교수 로야마는 '동아협동체'라는 용어를 가장 먼저 사용한 인물이기도 하다. 그는 일본의 '대륙 경영'의 궁극적 목적이 '민족협화를 내포한 지역적 개발 계획'에 있다고 명시함으로써 '개발'을 키워드로 한 신질서를 구상했다. 동아협동체는 "한 민족 또는 한 국가가 다른 민족이나 다른 국가를 정복하는 영토적 제국주의가 아니라, 민족의 공존·협력을 가능케 하는 지역적 운명 협동체"라 규정하며 그 인센티브를 민족 간의 '상호 이익'에서 찾으려 했다. 로야마에게 운명 협동체는 '복지'의 지역화에 의해서만 가능한 것이었다(蠟山政道 1941b). 게이오(慶應)대학 경제

6_최근 일본에서 '동아협동체'론을 공동 테마로 한 본격적인 연구가 처음 간행되었으나, 아직 심화 연구의 필요성이 많다. 石井知章·小林英夫·米谷匡史 編(2010) 참조.

학과 교수 가다 데쓰지도 제국주의적 착취의 대안으로서 '호혜적이고 쌍무적인 개발'을 일본의 대륙정책에 요구했다. 그는 서구 자본주의의 식민지 획득 방법이 '차별적이고 일방적인 착취'에 있다고 비판하면서 세계공황하의 변종인 블록경제와 질적으로 다른 '경제 협동체'로서 동아경제협동체를 내세웠다(加田哲二 1939). 그러나 후술하듯이 이런 주장은 '일만지경제블록론'과의 접근성이 강한 논리였다.

두 번째로 문화주의적 혁신론의 대표자는 철학자 미키 기요시였다. 그는 쇼와연구회 문화부의 책임자로서 동아협동체론의 사상적 기초를 구축했다. 연구회의 강령적 문건인 "신일본의 사상 원리" 등에서 미키는 중일전쟁의 해결이 지니는 세계사적 의미를 논하면서 '새로운 문화'의 건설을 강조한다. 즉 중일전쟁의 역사적 의미는 "시간적으로는 자본주의 문제의 해결, 공간적으로는 동아 통일의 실현"에 있는데, 동아 통일의 전제는 중국의 근대화이지만 중국은 근대화되는 동시에 근대 자본주의의 폐해를 탈피할 '새로운 문화'로 전진하지 않으면 안 된다. 그리고 새로운 문화로의 전진은 자본주의 선진국이되 아직 봉건적 성격을 청산하지 못한 일본의 경우에도 마찬가지로 필요한 과제다(三木清 1968b; 三木清 1968d). 요컨대 미키에게 있어서 동아시아의 자기 혁신이란 근대화와 탈근대화가 동시에 진행되는 이중적 혁신이며, 그것은 궁극적으로 '문화로서의 (근대) 서양'으로부터의 탈피를 뜻하게 된다.

미키의 서양 근대 비판은 서양 근대의 강력한 작동 기제 중 하나인 내셔널리즘에 대한 비판으로 이어졌다. 그는 일본이 종래의 편협한 '일본주의'를 버리고 새로운 일본 문화를 창출해야 하며, 중국 문화의 독자성을 인정하면서도 이를 포용할 수 있는 보편적이고 차원 높은 문화로 고양시켜야 한다고 주장한다(三木清 1968e). 여기서 '일본주의'란 곧 일본 민족주의의 별칭이다. 미키는 1930년대 중반 이래 '국체명징운동'(國體明徵運動) 등을 통해서 고양되고 있던 '일본주의'가 "일본 민족의 우수성만을 자각시키려 한 결과, 다른 민족을 존중하는 사고를 상실하게 하는 동시에 국민으로 하여금 자기비판을 망각하게 하여 독선적으로 만들었다"고 비판했다(三木淸 1968a, 410). 그가 보기에 신질서의 문화 프로젝트는 "민족을 넘어서는 어떤 전체(全體)"를 요구하는데 그것이 바로 동아협동체였다(三木淸 1968b, 517). 이런 미키의 보편론적 주장에 대해서는 '스메라아시아'론과 같은 '일본주의'로부터의 비판은 말할 것도 없고, 동아협동체론 내부의 경제주의적 개발론자들로부터도 그 추상성에 대한 비판이 이어졌다.[7]

미키의 주장에서 주목할 부분은 경제주의적 개발론과 비교할 때 일본의 '자기 혁신'에 대한 요구를 전면에 내세웠다는 점일 것이다. 아울러 '동아 통일'의 전제로서 '자본주의의 극복'을 내걸었던 만큼, 그 원칙론적 구상이 사회주의적 변혁을 연상시키는 측면도 존재했다. 그러나 미키는 거기까지는 이르지 못했고, 결정적으로 식민지·민족문제에 대한 사고에 있어서 맹점을 드러냈다. 대표적인 사례로 왕징웨이에 대한 미키의 공개 서신을 들 수 있다. 미키는 이 글에서 "중국은 독립, 자유를 요구하는 데 급급한 나머지, 동아협동체의 건설이야말로 중국의 독립, 자유를 확보하는 길임을 깨닫지 못하고 있다"고 비판해 버리고 말았던 것이다(三木淸 1968c, 392-393). 결국 동아협동체론의 아킬레스건은 식민지·민족문제에 대한 인식의 깊이에 있었다.

세 번째로 오자키 호쓰미로 대표되는 사회주의적 혁명론은 식민지·민족문제에 대해 가장 민감했던 흐름이었지만, 동아협동체론을 비판적으로 지지

7_예컨대 가다 데쓰지는 다음과 같이 우회적으로 비판했다. "동아협동체의 근거로서 사상의 세계성을 추상적으로 주장하기보다는, 지역성에 의한 협동체의 필연적 구성을 주장하는 쪽이, 현실적인 문제로서는 이론으로서의 가치가 있다고 생각한다"(加田哲二 1939, 5).

하는 입장에서 '유라시아 블록' 구상만을 남긴 채 조르게(Richard Sorge) 사건의 소용돌이 속으로 사라져 버렸다.[8]

이처럼 동아신질서론(특히 동아협동체론)과 대동아공영권 구상 사이에는 단절면과 연속면이 뒤얽혀 있었다. 오자키 호쓰미의 혁신 구상은 일찌감치 제거되었으며, 이시하라 간지 등의 동아연맹론도 중국 점령지에서만 명맥을 유지하는 형태로 단절되었다. 반면에 미키 기요시의 문화주의적 혁신론은 아시아태평양전쟁 발발을 전후해 논단을 석권한 교토 학파의 '세계사의 철학'으로, 로야마 마사미치나 가다 데쓰지의 경제주의적 개발론은 지정학적 운명공동체론으로 흘러들어가게 된다. 그리고 대동아공영권 구상 속으로 녹아든 이 두 흐름의 공통된 키워드는 바로 '도의'(道義)였다.[9]

8_오자키의 행적과 주장에 대해서는 앞의 졸고, "동아협동체론과 '신질서'의 임계"를 참조. 특히 중국 인식에 대해서는 이수열(2010)을 참조.

9_'도의'라는 '제국의 레토릭'[Spurr(1993)에서의 표현을 사용함]은 일본의 아시아주의가 일반적으로 채용했던 '아시아적' 외피와 부합되는 용어다. 1930년대 이후에만 국한해서 보더라도, 예컨대 만주국의 건국이념인 '민족협화'(民族協和)나 '왕도낙토'(王道樂土)에서 '협화'나 '왕도'는 모두 유교 경전에서 따온 용어들이었다. 미키 기요시가 동아협동체를 주장하며 강조했던 '겸양'(謙讓)이라는 용어(三木淸 1941)도 '동양적 예의'를 표방한 같은 계열의 레토릭에 해당한다. 이처럼 대동아공영권의 레토릭이 지닌 '동양성'은 두드러지지만, 그럼에도 불구하고 이들 레토릭에 내포된 '(탈)근대적' 지향성을 놓쳐서는 안 된다. 후술하듯이, 교토 학파 등이 표방한 '도의'에는 '경제윤리'(ethos)나 '지도자 원리' 등 '(탈)근대적' 함의가 강했기 때문이다.

III. 지역 통합과 민족·개발·지정학

대동아공영권 구상이 국책으로 확립된 것은 1940년 7월 제2차 고노에(近衛) 내각의 각의(閣議)가 결정한 〈기본국책요강〉(基本國策要綱)부터였다. 그런데 이 요강은 "황국(皇國)의 국책(國策)은 팔굉(八紘)을 일우(一宇)로 삼는 조국(肇國)의 대정신(大精神)에 기초하여 세계 평화의 확립을 이루는 것을 근본으로 삼고 우선 황국을 핵으로, 일만지(日滿支)의 강고한 결합을 근간(根幹)으로 한 대동아(大東亞)의 신질서를 건설하는 데 있다"(日本外務省 1965a, 466)고만 되어 있을 뿐 '대동아공영권'이라는 표현 자체는 사용되지 않았다. 중일전쟁 이후 제기된 기존의 '동아신질서'에 '대'자만 덧붙인 요강에서의 이 표현이 '대동아공영권'이란 용어로 공식화되는 것은, 각의 직후인 8월 초 이 요강을 설명한 외무대신 마쓰오카 요스케(松岡洋右)의 언론 담화에서였다. 국제연맹 탈퇴 당시의 주인공이자 '만몽생명선'(滿蒙生命線)이라는 절묘한 조어의 장본인이기도 했던 마쓰오카는 "황도(皇道)의 대정신에 따라 우선 일만지를 일환으로 한 대동아공영권의 확립"을 통해 '세계 평화의 수립'에 공헌할 것임을 천명함으로써 '대동아공영권'이란 용어의 공인 전도사가 되었다(安部博純 1996, 382-383).

기존 연구에서 밝혀진 바와 같이, '대동아공영권'이란 용어 자체는 1938년 육군성과 참모본부가 비밀리에 작성한 '국방국책안'(國防國策案)에서 이미 제시되었다. 이 문건의 내용을 살펴보면, 대동아공영권의 구조를 '자존권', '방위권', '경제권'으로 나누어 계층화, 계열화하고 있다. 여기서 '자존권'은 일본열도와 만주, 북부 중국, 몽골을 포함하는 '야마토(大和) 민족의 생존 지역'을 가리킨다. '방위권'은 시베리아, 중남부 중국, 버마 동부의 동남아시아, 그리고 자바, 수마트라 및 북태평양 해역 도서를 포괄하는 지역이다. '경제권'

은 '방위권' 외곽의 자원 공급 지역으로서 인도와 오스트레일리아를 포괄하는 광범위한 지역으로 구성되었다(安部博純 1996, 362). 이와 같은 동심원적 계층 질서로서의 '공영권' 구상은 위의 〈기본국책요강〉에도 그대로 반영되어, 일본은 '핵', 일본·만주국·중국은 '근간', 그 외곽은 '지엽'(枝葉)이라는 식의 동심원적 구성을 보이고 있다. 여기서 '지엽'이 '방위권'과 '경제권'으로서의 '남방'(南方)으로 확대되어 간 추세는 '남진'(南進)론에 입각한 대동아공영권의 동심원적 확대와도 부합되는 것이었다. 아시아태평양전쟁 이후 이런 대동아공영권의 구조를 도식화한 대표적 문건이 1942년 9월 해군성의 문서 '대동아신질서의 내부적 정치 구도'이다(〈그림 1〉 참조).

이 해군성 문서는 대동아공영권을 "역사적 사정과 민도(民度)에 따라" 다섯 가지 범주, 즉 '지도국' '독립국' '독립 보호국' '직할령' '권내(圈內) 외국령'으로 분류한 뒤에 이를 입체도와 평면도의 형태로 예시하고 있다. 여기서 대동아공영권의 '지도국' 일본은 공영권의 안보와 각국 간 매개의 중심으로서 정치, 경제, 문화 방면의 건설과 운영을 지도하는 존재로 자리매김한다. '독립국'이란 만주국, 중화민국, 타이인데, 지도국과 형식적인 외교나 조약 관계로 결합되지만 '내면 지도'를 받는다는 점에서 절대적 주권국가 원리는 부정되고 있다. '독립 보호국'은 버마, 필리핀, 자바 등으로 지도국의 종주권을 인정하여 군사와 외교를 위임하여 파견된 고등판무관 등의 지도(보호)를 받는 나라들이다. '직할령'은 지도국이 총독 등에 의해 직접 통치하는 지역으로서 "대동아 방위의 주요 전략 거점과 그 배후지"에 조성된다. 마지막으로 '권내 외국령'이란 인도차이나, 티모르, 마카오 등 아직 서구 열강의 식민지 상태인 '이질적' 지역으로서 장차 제국의 지도 아래 공영권의 '동질적' 구성 요소가 되어야 할 지역을 가리킨다.[10]

이와 같이 대동아공영권의 지역 질서는 만주사변과 중일전쟁에 의해 가동

그림 1 | 대동아공영권의 구조

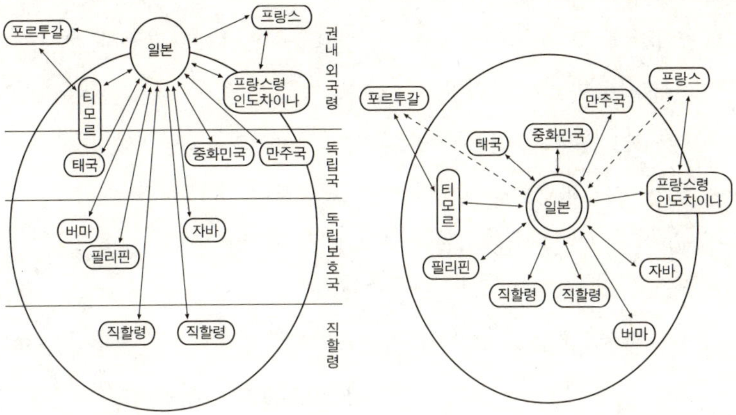

되고 있던 기존의 동북아 세력권에 '남양'(南洋)을 근거지로 확대된 동남아 세력권을 추가하면서, 일본열도를 중심으로 한 동심원적 계열화에 의해 구상되고 있어, 후술하듯이 나치 지정학의 '생존권'론을 연상시키는 나름의 질서를 갖추고는 있었다. 하지만, 이런 대동아공영권 구상에서 지역에 대한 논의를 확실히 파악하는 데에는 한 가지 난점이 존재한다. '대동아'라는 지역의 범주 자체가 극히 애매하고 유동적이었다는 점이 바로 그것이다. 왜냐하면 '대동아'의 범주가 아시아태평양전쟁이라는 침략 전쟁의 확대에 따라 그때그때 편의적으로 규정되었기 때문이다. 예컨대 "현 단계에서 대동아공영권의 범위는 일본이 대동아전쟁에서 필승의 태세를 확보할 수 있는 범위이며 그

10_大久保達正 外(1992, 27-28). 〈그림 1〉의 오른쪽은 평면도, 왼쪽은 입체도이다.

것은 전쟁 목적을 완수할 수 있을 때에 확정된다"(田中直吉 1943, 393)는 식의 주장이 많았던 것이다.

대동아공영권의 범주가 이렇듯 유동적인 것이었음에도 불구하고 한 가지 분명한 사실은, 이 가상의 역내를 관통하는 '공통의 역사 경험'이 반복적으로 강조되었다는 점이다. 즉, 아시아가 구미 제국주의의 침략을 받았다는 점, 다시 말해 '구질서'의 피해자라는 점을 공통분모로서 거듭 부각시켰던 것이다. 1930년대부터 동원되기 시작한 소위 'ABCD 포위망'이나 이에 맞선 '아시아 먼로주의'와 '자존자위'(自存自衛)라는 레토릭은, 대동아전쟁이 자존자위의 전쟁이자 동아 제 민족의 해방전쟁임을 주장하는 강변에서도 되풀이되었다.

서구를 겨냥한 아시아의 '공통의 역사 경험'에 대한 강조는, 결국 일본이 '탈아입구'(脫亞入歐)를 통해 서구의 구질서에 기생한 하위 제국주의였음을 은폐하기 때문에 전도된 오리엔탈리즘이자 하위 인종주의에 불과했지만, 이런 주장은 신구(新舊)의 잡다한 지역 통합 원리들이 동원되는 가운데 그 강도를 더해 갔다. 전형적인 구원리로는 중국의 조공·책봉 질서를 변형시킨 '일본형 화이(華夷) 질서'나 불교의 화엄(華嚴) 사상과 같은 것들을 들 수 있겠으나,[11] 대동아공영권 구상이 대두한 시기에는 '새로운' 지역 통합 원리로서 민족 이론, 개발주의, 그리고 지정학 등이 복합적으로 동원되었다.

먼저 민족 이론의 대표적인 논리로는 저명한 사회학자 다카다 야스마(高田保馬)의 '동아민족주의' 혹은 '광민족주의'(廣民族主義)론을 들 수 있다. 교토(京都)제국대학 퇴임 후인 1943년 국책 기구 민족연구소의 초대 소장을 맡

11_1940년대의 '일본형 화이 질서'에 관해서는 저널리스트 무토 데이이치(武藤貞一)의 경우를 분석한 아베 히로즈미의 연구가 있다. 安部博純(1996, 443-446) 참조. 화엄 사상의 경우는 石井公成(2000); 石井公成(2002) 참조.

기도 했던 다카다는, 동아의 제 민족(국민)은 각각 하나의 민족을 이루는 동시에 광의(廣義)의 한 민족, 즉 '동아민족'이라는 '광(廣)민족' 혹은 '초(超)민족'을 구성해야 한다고 주장했다. 그가 보기에 제1차 세계대전 이후의 민족자결주의에 입각한 약소국의 난립은 오히려 약소국 자신에게 불행을 초래할 뿐이다. 역사적으로 '삼동'(三同), 즉 동종(同種)·동문(同文)·동역(同域)의 유대를 맺고 있는 동아시아의 제 민족은 민족자결주의의 미몽에서 벗어나 초민족적인 '동아민족'을 자신의 프로젝트로서 실현시켜야 한다.[12] 그리고 '동아민족'이라는 이 초민족 구성체 속에서, 구래의 민족주의를 폐기한 일본 민족이야말로 유대의 중심이 된다는 것이 그의 주장이었다(高田保馬 1939; 高田保馬 1942).

'광민족주의'의 이론적 기초는 민족주의·자본주의와 제국주의의 관계를 설정하는 방식에 있었다. 기능면에서 통합적인 민족주의와 확산적인 자본주의는 제국주의와 각각 원리적·수단적 관계를 형성하면서 상호작용하는 가운데 공간적 확대를 초래한다. 여기서 민족주의와 제국주의가 '원리적' 관계라는 것은, 민족주의가 국가를 통해 작동하는 한 그것은 항상 잠재적으로 제국주의가 될 수밖에 없음을 의미한다. 이처럼 상호작용하는 민족주의와 자본주의의 팽창에서 그 확대의 수단은 무력적 팽창과 평화적 융합 두 가지가 있는데 독일이 전자라면 일본의 대동아공영권은 후자에 속한다는 것이 다카

12_민족자결주의에 대한 비판은 같은 시기의 해군성 문서에서도 찾아볼 수 있다. 이 문건에서는 민족적 '자주' 없이는 제민족의 협력을 얻어 대동아공영권을 건설할 수 없으므로, 일본의 민족정책은 각 지역의 민족적 통일을 지도하는 것이라고 하면서, 지도의 진정한 목적은 "개별 민족의 이기적 입장을 초극해서 자신을 둘러싼 대동아공영권 전체의 입장으로 귀일"하게 하는 데 있음을 강조했다. 결국 민족자결주의와 같은 '데모크라시적 국제 질서 사상'은 철저히 배격해야 할 대상으로서 자리매김하고 있다(海軍省調査課 1992, 8-10).

다의 지론이었다.

다카다는 '광민족주의'의 전개 과정을 교통의 발달 → 접촉의 확대 → 문화의 교류와 이해의 연접(連接) → 약소국 민족의 강국 민족으로의 의존 → 동류의식에 의한 결합이라고 하는 연쇄 관계로 파악하여 '평화적 융합'에 의한 '동아민족'의 형성을 필연적인 추세로 전망했다. 그리고 자신의 독특한 '민족주류론'(民族周流論)에 의거하여 '강국을 형성하고 있는 민족'인 일본이 '동아민족'의 형성을 요구한다는 점이 강조되었다. 그의 '민족주류론'은 파레토(Vilfredo Pareto)의 엘리트 순환 명제를 민족 이론에 도입한 것으로서, 민족의 흥망을 생활수준의 고수준화 → 개인주의 경향의 신장 → 이익사회화 → 민족적 단결의 쇠퇴라는 인과관계에 의해 설명하는 방식이다. 결국 다카다는 일본의 민족적 쇠퇴를 억지하기 위한 전략으로서 '동아민족' 형성의 필요성을 강조했던 것이다(北島滋 2002, 59-70).

이 시기에는 다카다의 '동아민족주의' 외에도, 다카다와 쌍벽을 이루었던 신메이 마사미치(新明正道)의 '민족사회학'이나, 대표적인 전향(轉向) 마르크스주의자 히라노 요시타로(平野義太郎)의 '민족정치학' 등 '민족'을 내세운 지역 통합 이론이 전면적으로 '개화'하여, 가히 민족 이론의 전성기를 구가했다.[13] 특히 국책 기구 태평양협회의 현지 조사를 주도했던 히라노 요시타로 등의 사회과학자들은 대동아공영권의 확대와 발맞추어 '남방' 민족에 대한 인류학적 연구를 본격화했다. 이들 작업의 공통적인 특징은 '광민족주의'와 같은 다민족주의(소위 '복합민족론')를 지역 통합의 원리로 제시하면서 역내의 민족별 중층구조를 결합시키는 논리를 전개했다는 점이다.

13_新明正道(1942); 平野義太郎(1943) 등 참조.

이처럼 민족 이론을 근거로 한 지역 통합 전략은 '복지' 등 경제적 인센티브를 강조한 개발주의와 지정학적 사명론에 의해서 보완되기에 이른다. 이들 논리는 서로 분리되기보다 상호 결합하는 형태로 전개되는 양상을 보였다.

앞서 살펴본 바와 같이, 로야마 마사미치는 일본의 '대륙 경영'의 궁극적 목적이 '민족협화를 내포한 지역적 개발 계획'에 있다고 명시함으로써 '개발'을 핵심으로 한 신질서를 구상했었다. 로야마는 동아협동체를 지향하는 일본의 행위가 '영토적 제국주의'와는 다르다고 본다. 그리고 '운명 협동체' 형성의 인센티브를 민족 간의 '상호 이익'에서 찾는다. 민족 간 상호 이익에 입각한 '지역개발' 전략으로서 동아협동체를 부각시켰던 것이다. 그가 일본의 '화북분리공작'(華北分離工作)에 대해 군사적 강압 대신 '문화적 기초' — 그는 이를 '도의'라고 불렀다 — 가 필요함을 강조하면서 '민생'(民生)을 중시했던 것도 그 연장선상에 서있다. 로야마에게 운명 협동체는 민생, 즉 '복지'의 지역화에 의해서 비로소 가능한 것이었다(蠟山政道 1941). 가다 데쓰지 역시 제국주의적 착취의 대안으로서 '호혜적이고 쌍무적인 개발'을 일본의 대륙 정책에 대해 요구했다. 로야마와 마찬가지로 그는 서구 자본주의의 식민지 획득 방식이 '차별적이고 일방적인 착취'에 있다고 비판하면서 세계공황하의 변종인 블록경제와는 질적으로 다른 '경제 협동체'를 내세웠다. 종래의 제국주의 정책을 대신할 새로운 '식민·민족정책'이 '동아경제협동체론'라는 주장이었다(加田哲二 1939).

로야마와 가타의 공통점은 '앵글로 색슨' 자본주의를 영토적, 일방적 제국주의로 규정함으로써 일본 자본주의와 구별하고, 서구적 자본주의 원리 자체를 벗어날 새로운 도의적 경제 관계를 매개로 한 동아시아의 운명 공동체에 대한 비전을 제시했다는 점이다. 따라서 서구 블록경제와 동아협동체를 차별화시키는 작업이 논리 구성상 필수 불가결했다. 그들의 주장에 따르면, 블록경제는 세계공황의 파고에 직면한 자본주의 제국이 일정한 경제권을 방파제로 삼으려는 '소극적'인 방어기제로서, 세계 질서 자체에 대한 변혁을 의미하지 않는 '현상 유지' 전략이다. 반면 협동체론은 자본주의적·제국주의적 세계 질서 자체에 대한 '적극적'이고 '공세적'인 '현상 타파' 전략으로 자리매김한다. 예컨대 로야마는 "소위 동아 블록경제의 본질에는 정치적 동기가 특징을 이루며 동아의 민족문제나 지역 상황이 중대한 요소를 점하고 있다. 그것은 (서양식) 블록경제의 관념을 가지고 설명할 수 없는 신체제의 건설을 요청한다"고 주장한다(蠟山政道 1941b, 182). 그러나 '일만지 경제블록' 등 블록경제론과의 차별성을 강조하는 이런 주장이 과연 설득력을 가질 수 있었는지는 의문이다. 때문에 이들의 지역주의 논리, 특히 로야마의 주장 속에 "개발독재에 의한 근대화론"의 모습을 찾는 주장도 나오게 된다(酒井哲哉 1999).

주목할 점은 아시아태평양전쟁의 전개 과정 속에서 로야마와 가다가 기존의 동아협동체론을 '회수'하면서 당시 일본의 주류적 담론으로 부상한 지정학의 논리에 편승한다는 것이다. 대동아공영권 구상의 형성 과정에서 '신시대'의 '새로운' 원리로서 각광을 받았던 것이 나치 독일로부터 절대적 영향을 받은 지정학 이론이었다. 그리고 이 지정학이야말로 대동아공영권이라는 패권적 질서를 정당화하는 데 가장 강력한 무기가 되었다. 1938년의 '국방국책안'에서 사용된 자존권, 방위권, 경제권이란 용어 자체만 하더라도 독일 지정학 이론의 모방임을 어렵지 않게 간파해 낼 수가 있다.

잘 알려져 있듯이, 하우스호퍼(Karl Haushofer)로 대표되는 독일의 지정학(Geopolitik)은, 스웨덴의 정치학자 첼렌(Rudolf Kjellen)이 국가학을 체계화하면서 도입한 지리학적 분석 방법이 베르사유 체제하의 바이마르 독일에 수입되면서 획기적인 발전을 거둔 것이다. 이는 1924년 하우스호퍼가 주재한

『지정학 잡지』(*Zeitshrift fur Geopolitik*)의 창간으로 표면화했다.[14] 하우스호퍼에게 지정학이란 "자연적 생활공간에서의 정치적 생활 형태를 그 지리적 구속성과 역사적 운동에 의한 제한이란 점에서 이해하려고 하는 과학"이었다(ハウスホ-ファ- 1941, 27). 그것은 베르사유 체제라는 미명 아래 민족 분포의 실태를 무시한 채 자의적으로 국경 분할을 한 영미에 대한 문제 제기이기도 했다. 요컨대 지정학은 "지표상에서의 생활공간을 공평하게 분할하려는 노력"을 목표로 한 '투쟁의 수단'으로서 자리매김했다(ハウスホ-ファ- 1941, 67, 71).

하우스호퍼 지정학의 핵심 개념인 '생존권'(Lebensraum)은 "어떤 국민이 현재 생존하고 있는 공간이 아니라 장래 그 속으로 연장·확대돼야 할 공간"으로 이해되었다(佐藤莊一郞 1944, 59). 생존권론은 나치의 '1민족 1국가'론, '광역경제권'(Grossraum)론, '자급자족권'(Autarkie)론과 밀접하게 결합되면서 '동방(東方) 정책'을 비롯한 제국주의적 팽창에 '과학적' 근거를 부여하게 되었다. 워싱턴 체제로부터의 결정적 이탈을 지향하고 있던 일본에게 이런 하우스호퍼 지정학은 직수입이 가능한 것이었다. 실제로 일본에서 하우스호퍼의 저작은 1940년부터 수년간 국책 기구 태평양협회(太平洋協會)에 의해 집중적으로 번역되었다.[15] 거기에는 나치 독일이 이른바 전격전(電擊戰)의 성공에 의해 유럽 전역에서 승승장구하고 있던 상황도 큰 요인으로 작용했을 것이다.

14_맥킨더(Halford Mackinder)에서 시작되는 지정학의 계보와 특히 하우스호퍼의 지정학에 대해서는 曾村保信(1984, 25-138) 참조.

15_1938년 '학술 단체'를 표방하며 창립된 태평양협회는 전향 마르크스주의자 히라노 요시타로(平野義太郎) 등을 중심으로 '남양'에 대한 민족학적 조사 작업을 진행하는 한편, 하우스호퍼의 주요저작을 편역해 냈다. 주독 일본대사가 번역권 취득을 직접 알선했던 ハウスホ-ファ-(1942)가 그 대표적 성과였다.

이렇게 나치 지정학의 생존권, 광역권론이 논단의 헤게모니를 장악해 나가는 가운데 이전의 동아협동체론자들 중에서도 새로운 '주류 담론'인 지정학의 논리에 편승하는 움직임이 대두하기 시작했다. 이 움직임은 동아협동체론 가운데서 경제주의적 개발론의 흐름을 대표했던 로야마 마사미치와 가다 데쓰지에게서 가장 명료한 형태로 나타나고 있다. 앞서 언급한 바와 같이, 도의로서의 민생을 강조한 개발론의 시각 자체에 블록경제론적 편향이 있었고 경제개발을 실현할 무대로서 '지역적 운명 협동체'가 상정되고 있었던 만큼, 개발론은 지정학에서의 '생존권' 논의와 연동될 소지가 농후했기 때문이다.

로야마 마사미치는 당시 일본에서 지정학을 가장 잘 이해하고 있던 인물 중 하나로 알려져 있다.[16] 그는 이미 1920년대에 맥킨더(Halford Mackinder)나 하우스호퍼의 저작을 접하고 있다. 일본 주재 무관(武官) 경력의 소유자이기도 했던 하우스호퍼가 만주 문제를 일본·러시아·중국 세 민족의 국경 문제로 파악하면서 국경의 의미를 자연지리적 차원뿐 아니라 철도·군사·기업 등을 포함한 일본의 대륙 팽창 전체의 운동으로 고찰한 점을 높이 평가했던 것도 그런 식견 위에서 가능한 일이었다(蠟山政道 1941c). 그러나 로야마의 '지역적 운명 공동체'론에 결정적 영향을 끼친 것은 하우스호퍼보다는 맥킨더의 지정학 쪽이었다. 로야마의 '대동아광역권론'은 맥킨더가 '심장부'(heartland) 이론에서 이용한 '대륙 세력(landman)-해양 세력(seaman)' 논의에 입각해서 16세기 초 '신대륙 발견'부터 19세기 중반 미국의 태평양 진출을 조망한다. 로야마는 유럽에서 일어난 운동이 미국을 움직이고 또 미국이 다

16_波多野澄雄(1981) 참조.

시 태평양에 등장하게 되는데, 동아시아는 바로 "이 두 개의 육지와 바다의 운동이 상호 결합하는 지점"임을 강조했다. 두 개의 운동은 동아시아에 세계 정세에 대한 자각을 가져와 일본 개국과 근대국가화의 원동력이 되었고, 일본은 '태평양 주변의 나라'이자 '아시아 주변의 나라'라는 특수한 역사적 조건 때문에 이중의 과제에 직면하게 된다는 것이다. 일본의 이중 과제란 아시아에서 서구 제국주의와 투쟁하면서 아시아 제 민족과 제휴해야 한다는 과제였다. 이 이중 과제의 '사명'은 일본의 '지정학적 필연'이며 대동아공영권의 역사적 출발점도 바로 거기서 찾을 수 있다는 것이 로야마의 해석이었다(蠟山政道 1941a).

로야마는 지역주의가 단순한 지리적 원리의 표현이 아니라 역사적 원리에 근거한 것임을 거듭 강조했다. 지역주의는 일본의 '이중 과제'를 극복하기 위한 원리로서 서구 열강의 식민주의 원리와는 이질적인 원리인 동시에 일본에게는 대륙의 '방위나 개발을 위한 지역주의'이자 아시아 민족에게는 "민족의 존재를 지배하는 운명이 특정 지역과 결합해 있다는 의식"을 불러일으킬 수 있는 원리임을 강조하고 있다(蠟山政道 1941, 17, 157).

한편 가다 데쓰지의 동아경제협동체론은 '지정학적 운명공동체론'에 근거한 아시아 사회의 회복이라는 교토 학파의 논리와 쉽게 결합될 수 있었다. 그는 당시 국제 정세 격변과 세계 신질서 건설로의 활발한 움직임이 '동아협동체론'이나 '동아연맹론'에 수정을 요구하고 있다고 주장한다. 종래 '일만지'의 지역 통합을 중심으로 구성된 이 구상들이 '대동아권'으로 그 대상이 확대됨으로써 "대동아라는 지역 전체에 적용될 것을 요구하고 있다"는 것이다. 세계 신질서 운동은 "종래의 독립국의 난립에 대한 개정을 의미하는 것"이며, 아메리카권, 소련권, 유럽권의 형성과 나란히 '대동아공영권' 의 건설은 필연적이다. 대동아 건설의 주된 요구가 서구의 식민지 상태로부터의 해방인 만큼 그것은 당연히 '남방권'의 해방으로 확대되어야 하며, 대동아 건설의 물적 기초가 '일만지' 3국만으로는 부족하기 때문이다. 따라서 종래의 '대륙적 영역'은 '해양적 영역'으로 확대되어야 하며, 두 영역은 민족적으로는 '야마토 민족의 조상에 해당하는 존재'이며 지정학적으로는 '지리적 숙명 협동체'의 필연성이 발생하는 지점이다. 더 나아가서 가다는 대동아공영권이 지정학적으로 제약된 영역이기 때문에 역내의 개별 민족에게 그 결합성을 거부하고 구미 진영으로 달아날 '자유'는 존재하지 않는다는 점도 강조했다. 즉 '협동권'의 일원이라는 것은 구성원의 '선택'의 문제가 아니라 지정학적인 '필연'의 문제라는 것이 그의 지론이었다(加田哲二 1941, 220-249).

이상에서 살펴본 바와 같이, 대동아공영권의 지역 구상은 전선의 확대에 따라 극히 유동적인 범주로 설정되고 있었으나, 서구에 대한 공통의 역사적 경험을 강조하면서 민족과 개발을 키워드로 한 통합 논리에 의해 정당화되었으며, 특히 유럽 전선에서 독일의 전격전이 승승장구한 데 힘입어 나치의 지정학적 생존권론에 입각한 계열화된 질서이론으로 재무장되었다. 이렇듯 민족 이론, 개발주의, 지정학 등으로 정당화된 지역 질서, 대동아공영권은 그것이 지닌 '세계사적' 사명과 재구성되어야 할 '세계'의 이미지를 요구했다. 다음 장에서는 교토 학파의 논의를 중심으로 대동아공영권의 세계 구상에 대해 살펴볼 것이다.

IV. 세계사적 세계와 도의적 질서

'대동아공영권'이란 용어는 마쓰오카 요스케에 의해 공론화했지만 그 시점에서부터 일본 정부가 이 용어를 적극적으로 사용했던 것은 아니다. 신문·방송 등 대중매체에서 이 용어가 정착된 시점이 1942년 초, 즉 버마(당시)와 필리핀의 '독립'이라는 역내의 현안이 불거지면서부터였다는 데에서도 이는 확인된다. 오히려 1940년 말부터 (대)동아공영권이라는 용어를 빈번하게 사용하고 있었던 것은 일반인, 지식인 대상의 종합잡지, 예컨대 『가이조』(改造), 『쥬오코론』(中央公論), 『분게이슌쥬』(文藝春秋)나 『시소』(思想) 등의 미디어였다. 그리고 이들 미디어를 발판으로 대동아공영권 구상을 사회적으로 담론화하는 데 결정적인 역할을 했던 것이 바로 교토 학파의 철학자들이었다(河西晃祐 2005, 65-66).

'교토 학파'라는 명칭 자체는 마르크스주의 철학자 도사카 준(戸坂潤)이 1932년에 자기의 논문 "교토 학파의 사상"에서 처음 사용한 용어다. "교토대학 문학부 철학과 관계자로서 니시다 기타로(西田幾多郎)나 다나베 하지메(田辺元) 아래 모인 사제 관계의 철학자에 의한 지적 네트워크"를 의미한다. 세대별로는 니시다와 다나베가 교토 학파 제1세대, 고야마 이와오(高山岩男), 고사카 마사아키(高坂正顯), 니시타니 게이지(西谷啓治), 스즈키 시게타카(鈴木成高), 시모무라 도라타로(下村寅太郎), 도사카 준(戸坂潤), 미키 기요시 등이 제2세대를 이룬다. 사상 경향별로 보자면 도사카와 미키는 좌파로, 고야마, 고사카, 니시타니, 스즈키 등은 우파로 분류될 수 있다(町口哲生 2004, 15).

'교토 학파 좌파'인 미키 기요시가 중일전쟁의 역사적 의미를 "시간적으로는 자본주의 문제의 해결, 공간적으로는 동아 통일의 실현"에서 찾으면서, 동아 통일의 전제인 중국의 근대화가 자본주의의 폐해를 탈피할 '새로운 문화'로 전진해야 한다고 주장했음은 앞서 살펴본 바와 같다. 그런데 이런 '문화 혁신'의 과제 설정은 '교토 학파 우파'에게서도 찾아볼 수 있다. 예컨대 보통 '근대의 초극 좌담회'라고 불리는 『분가쿠카이』(文學界) 좌담회에서 스즈키 시게타카는 이렇게 주장했다. "근대의 초극이란, 정치에서는 민주주의의 초극, 경제에서는 자본주의의 초극, 사상에서는 자유주의의 초극을 의미한다. …… ['진보' 이념에 입각한 서구의-필자] 역사주의의 초극은 결국 역사학에서의 근대의 초극이다"(鈴木成高 1942, 42-43).[17]

결국 미키와 스즈키는 '서구적 근대'의 극복이라는 문화 혁신의 과제 설정에서 공통분모를 갖고 있었던 것이고, 그것은 스즈키의 표현처럼 '진보 사관'으로 대표되는 서구 '역사주의'에 대한 비판으로 나아갈 수밖에 없었다. 그 귀결점이 교토 학파 우파가 소리 높여 외쳤던 소위 '세계사의 철학'이었다. 미키와의 차이점이 있다면, 이들은 '도의적 에너지'에 입각한 '세계사'의 구상을 논의의 전면에 클로즈업시켰다는 점일 것이다.

'교토 학파 우파'의 중심인물 니시타니 게이지, 고야마 이와오, 고사카 마사아키, 스즈키 시게타카가 참가한 1941년 11월의 좌담회 '세계사적 입장과 일본'은 마치 아시아태평양전쟁의 서전을 장식하듯이 잡지 『쥬오코론』의 1942년 신년호를 통해 지상 중계되었다. 세 차례에 걸친 이 연속 좌담은[18] 나중에 『세계사적 입장과 일본』이라는 단행본으로 묶여 나오는데,[19] 이들 가운데 가장 체계적으로 교토 학파의 입장을 요약한 인물은 고야마 이와오였다.[20] 고야마는 1942년 9월에 펴낸 『세계사의 철학』을 통해 좌담회에서 논

17_히로마쓰 와타루는 스즈키의 이 발제문을 '근대의 초극' 논의의 '문제의식의 수준'을 보여 주는 지표로서 중시한다(廣松涉 1989, 20).

18_제2회는 '동아공영권의 윤리성과 역사성'(1942년 4월호), 제3회는 '총력전의 철학'(1943년 1월호)이었다.

19_高坂正顯 外 編(1943). 번역본은 나카무라 미츠오·니시타니 게이지 외(2007) 참조.

20_히로마쓰 와타루는 고야마 이와오가 "교토 학파 중에서도 두드러진 체계가(體系家)"였다고

의된 담론의 핵심을 소개하고 있다. 그는 책의 서문을 다음과 같은 말로 시작한다.

> 현재의 세계대전은 결코 근대 내부의 전쟁이 아니라 근대 세계의 차원을 초출(超出)하여 근대와는 다른 시기를 획(劃)하려는 전쟁이다. …… 이번 유럽 대전은 근대에 종언을 고하는 전쟁이며 또 그래야 마땅하다. 이 점은 우리 일본을 주도자로 한 대동아전쟁에서는 극히 명백해서 추호의 의문도 끼어들 틈이 없다. 만주사변, 국제연맹 탈퇴, 지나사변 등 세계사적 의의를 지닌 이 일련의 사건을 관통하는 우리나라의 의지는 바로 유럽의 근대적 원리에 입각한 세계 질서에 대한 항의이다.[강조는 필자-이하 같음](高山岩男 1942b, 1)

고야마는 유럽 근대를 기준으로 한 세계 질서 자체를 부정한다. 그것은 곧 유럽 근대가 만들어낸 세계사의 체계 자체에 대한 부정으로 이어질 수밖에 없다. 그가 '세계사'를 문제 삼은 것도 그런 연유였다. 고야마는 이제 기존의 유럽 중심주의적 세계가 아닌 이른바 '세계사적 세계'가 출현하기 시작했다는 것을 주장하고 있다.

> 현재의 세계사적 대동요, 세계사의 대전환이 초래하고 있는 것은 무엇인가. 나는 그것을 유럽 세계에 대해 비유럽 세계가 독립하려는 추세 혹은 사실이라고 생각한다. 19세기 말엽에서 20세기 초두에 걸쳐 거의 유럽 세계에 내재화되고 만 것처럼 보였던 비유럽 제국이 우리 일본을 선두로 점차 이 내재화로부터 탈각하고 나아가 초월적 존재성을 보이게 되었다는 것, 그럼으로써 종래 단적으로 '세계'라고 여겨 왔던 유럽 세계가 실은 하나의 근대적 세계에 불과하다는 것을 의식하게 되

지적한 바 있다(廣松涉 1989, 58).

고 유럽 세계 자체의 근대적인 내적 질서가 스스로 붕괴의 시기에 도달했다는 것을 현대의 세계사적 대전환이 보여 준다고 생각하는 것이다. 이는 비유럽세계가 유럽세계와 점차 대등한 존립성을 요구하게 됨을 의미하며 따라서 여기서 근대적 세계와는 다른 질서와 구조를 지닌 현대적 세계가, 혹은 진실한 의미에서의 '세계사적 세계'가 비로소 성립의 단서를 만들었음을 의미하는 것에 다름 아니다(高山岩男 1942b, 2-3).

유럽 세계가 '하나의' 근대적 세계에 불과함을 의식한다는 것은, 서구적 근대화의 과정에서 내재화된 유럽 중심주의에서 벗어나 진보 사관과 같은 '유럽적' 세계관을 상대화하는 것을 의미한다. 결국 역사 자체에 대한 재규정이 필요해진다. 고야마는 역사에 공간성을 도입하는 작업에 의해서 이 재규정을 시도했다.

유럽이 탄생시킨 근대 역사학의 기본 바탕에는 진보 사관이 깔려 있고, 여기서 역사성은 본질적으로 시간성으로 파악된다. 그러나 고야마가 보기에 시간성은 역사성의 필요조건일 뿐 충분조건이 아니다. 역사성의 본질은 인간의 '주체적 행동성'인데, 인간의 주체적 행동은 이상주의적으로 정신적 자발성에 의해서만 가능한 것이 아니라 '신체를 매개로 한 정신과 자연의 종합'을 요구한다. 이 신체가 깃드는 요람이 바로 '공간'이었다.

역사성을 단순한 시간성과 구별 짓는 요인은 기실 인간 정신의 공간성과의 행위적 종합이라서, 역사는 항상 시간과 공간의 종합 구조를 지닌다. 역사성을 특히 시간성이라고 한다면 공간성이란 일반적으로 지리성(地理性)에 다름 아닐 것이다. 이런 의미에서 역사는 항상 지리와의 행위적 종합 위에 성립한다고 할 수 있다. 그것은 단지 역사가 지역적 공간의 내부에서 혹은 지구 표면에서 이뤄진다는 의미를 넘어서, 지리적 환경에 대한 주체적 정신의 행동 관련으로 성립함을 의미하는 것이다(高山岩男 1942b, 103).

고야마는 역사를 정신으로만 파악하는 '이상주의'(관념론)를 역사의 지리성을 가지고 비판하는 동시에, 지리적 결정론에 대해서도 비판을 가했다. 지리적 환경은 필연성이 아닌 '가능성의 체계'라고 보았기 때문이다. 이처럼 공간성을 중시하는 그의 시공간 파악, 즉 역사 파악은 자연히 국가론에서의 광역권(공영권)론으로 귀결되기에 이른다.

고야마는 1943년 8월 『세계사의 철학』의 후속편으로서 『일본의 과제와 세계사』라는 책을 펴냈다. 전자가 '세계사'에 대한 원리적 고찰이라면, 후자는 그 원리에 입각하여 '현대 일본이 직면한 문제들을 정면으로 다루는' 책이다(高山岩男 1943, 1). 고야마는 이 책의 서문에서 "대동아전쟁은 세계 질서의 전환전(轉換戰)이다. 그것은 근대 세계 내부의 하나의 세계가 아니라, 근대 세계를 초출하고자 하는 획기적인 전쟁이다. 대동아전쟁이 총력전인 궁극적 근원이 바로 여기에 있다"고 주장한다. 즉 포스트 근대(현대) 세계를 이끌 '총력전'으로서 대동아전쟁을 파악하면서 근대 국제 질서를 대신할 틀로서 대동아공영권의 위상을 자리매김하고 있는 것이다.

고야마는 '현대' 국가를 '국방 국가'(國防國家)로 규정한다. 국방 국가는 군사 국가나 전시 국가, 군국주의 국가를 의미하는 것이 아니다. 그것은 '전환기에 서있는 현대 국가의 역사적 형태'다. 국방 국가는 '근대국가가 전시(戰時)에 직면한 비상시 체제(非常時體制)'처럼 전쟁이 종식되면 '상시'(常時)로 복귀하는 국가가 아니라, 군수산업부터 종교에 이르기까지 전 사회자원을 국가목적을 위해 일원적으로 통제하는 국가다. 고야마는 "국가기구의 일원적 통제와 국가권력의 절대적 발휘를 이 정도로 요구했던 경우는 사상 유례가 없다"고 보고, 이는 단순히 근대국가의 강화 차원을 넘어서는 '국가 자체의 질적 변화'라고 진단한다. 그러면 세계적인 총력전 수행의 주체가 되기 위해 현대 국가가 필수적으로 갖추어야 할 구성 요소는 과연 어떤 것이었을까?

국방 국가는 광역권의 건설을 요구하며 광역권의 완성에 의해 완성된다. 이는 사상 유례가 없는 현대 국가의 특질이다. …… 국방 국가와 공영권(내지 광역권), 이 뗄 수 없는 관련에서 현대 국가가 탄생한다. 나는 현대 국가에서 국방 국가, 총력전, 공영권 삼자가 삼위일체의 관계를 이룬다고 생각한다(高山岩男 1943, 104).

고야마가 보기에 국방 국가로서의 현대 국가는 공영권을 삼위일체의 필수적 구성 요소로서 요구하는 것이었다. 그 연장선상에서 대동아공영권의 등장은 고야마에게 '현대'의 '세계사적 필연'이기도 했다. 그는 대동아공영권이 대두하게 된 직접적 요인 중 하나로 대영제국의 블록경제 결성을 든다. 블록경제권 자체가 자유무역에 입각한 세계경제의 '감속'(減速)을 스스로 타파하기 위한 역사적 필연이지만, 이 블록경제권의 탄생에 이어서 '도의성'(道義性)에 입각해 등장한 대동아공영권의 성립이야말로 결정적인 세계사적 필연성을 갖는다는 것이 그의 주장이다(高山岩男 1943, 108-113). 정책 차원에서 일본 정부의 대동아공영권 구상은 어디까지나 주권국가를 구성단위로 한 국제 질서를 전제로 삼고 있었지만, 그는 어떤 의미에서 이 전제를 뛰어넘는 구상력을 보였던 것이다.

무엇보다 중요한 것은 고야마를 중심으로 한 교토 학파가 좌담회 '세계사적 입장과 일본'에서 벌였던 논의의 키워드 가운데 하나가 바로 '도의'였다는 점이다. 고야마가 '환경과 주체의 호응적 합치'를 '지인합일'(地人合一)이 아니라 '천인합일'(天人合一)로 표현했던 것도 이 개념과 연관이 있다. 그는 '도의'를 이렇게 규정한다.

진정한 도의는 (1) 욕망·이익의 차원을 초월한 고차적 입장에 서며 (2) 그렇기 때문에 도리어 욕망·이익에 진정으로 자리를 부여하여 내면적으로 지도할 수 있다. 이리하여 도의는 (3) 현실의 인륜오상(人倫五常)의 질서에 입각하면서도 금수와 다른 인간의 본연·본성을 자각적 완성으로 이끄는 것이다. …… 우리 일본이 동아공영권이라 부르는 공영권의 구성 원리는 기실 이런 의미의 도의여야 한다. 공영권의 질서, 따라서 세계의 신질서는 이런 의미의 도의적 질서여야 한다. 이것이 세계의 모순 속에서 출현한 현대의 공영권에 요청되고 있는 신질서다. 그리고 이런 도의적 질서를 건설하는 것이 우리 일본의 세계사적 사명에 다름 아니다(高山岩男 1943, 132).

따라서 고야마에게 대동아공영권의 '공영'(共榮) 개념이 결코 경제적인 측면에 국한될 수 없었던 것은 당연한 일이었다. 그는 '공영'의 '영'이란 이익을 우선시하는 영미식 가치관에 입각한 'prosperity'가 아니라 '도의적 영예'(道義的 榮譽)임을 강조했다. 그리고 '공영'이 곧 '도의적 영예를 함께 하는 것'을 뜻한다는 주장은 교토 학파의 공론이기도 했다(高坂正顯 外 1943, 358-359).

고야마는 이런 '도의' 개념을 '도의적 생명력'이라는 차원으로 발전시켰다. 그에게 도의적 생명력은 전쟁과 불가분한 관계를 이룬다. 즉 "전쟁 속에 도의적 에네르기가 있다. 형식화된 정의감, 사실은 구질서나 현상을 유지하려는 부정의(不正義), 그런 것에 대한 건강한 생명의 반격, 그것이 바로 도의적 에네르기"라는 것이다(高坂正顯 外 1943, 102-103). 고야마는 대동아전쟁을 가진 나라와 못 가진 나라와의 투쟁이라거나 자원전쟁이라는 식의 틀로 이해해서는 안 되며, 그 근본적인 이유가 '전쟁의 도의적 의의'에 있음을 강조했다(高坂正顯 外 1943, 217). 그리고 이 논리는 급기야 대동아공영권에서 일본의 지도적 입장을 정당화하는 논리로서 그 효과를 발휘해 나갔다.

고야마에 따르면, 랑케(L. Ranke)가 말한 '도덕적 에너지'(moralische Energie)나 맹자(孟子)의 '호연지기'(浩然之氣)가 모두 도의적 생명력에 해당한다. 그것은 충만한 삶을 살고자 하는 강렬한 의욕이며 부정이나 파괴까지도 억누르지 않는 야성적 힘이다. 이 힘은 내용 없는 형식주의, 고답적인 문화주의,

무기력한 퇴폐주의의 반대편에 서있다. 로마의 융성과 몰락에서 전형적으로 드러나듯이, 국가의 흥망성쇠는 외부적인 원인이 아니라 내부적인 원인, 즉 도의적 생명력의 발현과 상실에서 기인한다. 2,600년의 연면한 역사를 지닌 일본은 내적으로 도의적 생명력이 늘 왕성한 국가인 반면, 한(漢)민족의 문명사회는 근세 이후 생명력의 발현이 없는 현세주의적 사회가 되어 질서유지를 위한 윤리·도덕이 있을 뿐 도의적 생명력은 전혀 없어져 버렸다. 유럽의 잠식 이래 '지나'(支那)가 세계사의 근본 추세에 자각적으로 대응하지 못한 궁극적 원인은 바로 도의적 생명력이 결핍되었기 때문이다. 요컨대 고야마는 도의적 생명력에서 절대적 우월성을 지닌 일본과 그것이 결핍된 중국을 대비시킴으로써 양자 간의 지도와 피지도의 관계를 정당화했다(高山岩男 1942a). '세계사의 철학'이 대동아공영권의 위계질서에 대한 논리적 정당화에 노골적으로 '기여'한 부분이 바로 이 지점이었으며, 그것은 식민지 제 민족의 반발을 불러일으킬 수밖에 없었다.[21] 결국 고야마 등 교토 학파가 구축한 '세계사의 철학'은 서구적 역사주의의 극복을 표방한 '근대의 초극'론이었지만, 그것은 일본을 맹주로 한 또 다른 역사주의의 구축에 불과한 '근대에 의한 초극'(Harootunian 2000)으로 귀결되었던 것이다.

이상에서 살펴본 바와 같이 고야마 이와오로 대표되는 교토 학파(우파)는 '세계사의 철학'을 통해 대동아공영권의 세계사적 의미를 정당화하고자 했고, 그 핵심 레토릭으로서 '도의'를 자리매김하고자 했다. 지역 통합 논의에서 개발주의 담론의 일환으로 제기된 바 있던 '도의'가 이제 새로운 세계사의 원리로까지 격상되었던 것이다. 그러나 그 원리는 '지도국' 일본과 기타 역내

21_河西晃祐(2005, 68-71) 참조.

아시아 국가(민족)들 사이의 위계질서를 고정시키며 서구적 역사주의 대신 일본적 역사주의를 구축한 것에 불과했다. 진정한 의미에서의 '근대의 초극'은 요원하기만 했던 것이다. 그렇다면 이와 같은 이념을 표방한 대동아공영권이라는 제국을 '역내' 아시아 국가(민족)들은 어떤 시각으로 바라보고 있었을까?

V. 제국의 폐허 혹은 폐허의 제국

'도의'에 입각한 새로운 세계사의 창조와 지정학적 위계를 전제한 지역개발 전략으로서의 대동아공영권 구상에 대해서 식민지, 점령지 측은 과연 어떻게 반응했던 것일까? '사상'이 무릇 생산적인 '대화'를 뜻하는 것이라면, 발신자의 의도뿐 아니라 수신자의 반응도 중요하지 않을 수 없다. 특히 발신자와 수신자의 역관계가 압도적으로 불균형한 상황에서는 수신자의 반응이야말로 '사상의 질'을 판단하는 데 있어서 결정적일 것이다. 그런 의미에서 최근 일본의 동아신질서론에 대한 식민지의 반응을 다룬 연구들이 나오기 시작하고 있는 것은[22] 매우 고무적인 일이며, 앞으로 이들 연구가 축적되면 발신자와 수신자를 아우르면서 이 시기의 역사상을 재구성해 낼 수 있을 것으

22_동아신질서론, 특히 동아협동체론에 대한 식민지 조선의 대응에 주목한 연구로는 洪宗郁(2000); 洪宗郁(2004); 崔眞碩(2003); 趙寬子(2003a); 趙寬子(2003b); 趙寬子(2004) ; 정종현(2005); 이진경(2006) 등이 있다. 특히 이진경은 조선 지식인의 대응을 모방(mimicry), 이탈(secession), 내파(implosion), 횡단(traverse) 전략들로 유형화하면서 하위주체(subaltern)의 말하기 전략을 구조적으로 분석하고 있어 주목된다.

로 생각된다.

여기서는 이런 근본적인 작업의 필요성을 염두에 두되, 식민지의 반응에 대한 검토의 일환으로서 대동아공영권 구상을 구체화하려 했던 두 차례의 회의에 주목하는 데 그치고자 한다. 하나는 동북아를 대상으로 전개된 소위 홍아(興亞) 운동과 관련된 회의고, 또 하나는 동남아를 포함한 대동아공영권의 총동원을 위한 정지 작업으로서 치러진 '대동아회의'다. 이들 회의는 1943년 거의 같은 시기에 개최되는데, 여기서 분출된 불협화음은 곧 대동아공영권 구상과는 상반되는 '공영권의 실태'를 드러내 준다는 것이 필자의 판단이다.

1943년 8월, 만주국의 수도 신징(지금의 창춘)에서 제2회 일만화(日滿華) 홍아단체(興亞團體) 회합이 개최되었다. 16일부터 3일간 거행된 이 회합에는 일본 대정익찬회(大政翼贊會) 홍아총본부(興亞總本部, 13명), 만주국 협화회(30명), 국민총력 조선연맹(國民總力朝鮮聯盟, 3명), 관동주(關東州) 홍아봉공연맹(興亞奉公聯盟, 3명), 동아연맹 중국총회(中國總會, 6명), 중화민국 신민회(新民會, 8명) 등 총 여섯 개 단체에서 도합 76명(수행원 13명 포함)의 인원이 참가했다. 이 회의는 1942년 10월 일본 도쿄에서 열렸던 제1회 홍아단체 회합의 후속 회의로,[23] 일본이 주도하는 아시아 부흥('홍아' 興亞)의 실천을 조직

23_제1회 일만화 홍아단체 회합은 1942년 10월 13일부터 16일까지 4일간 도쿄의 대동아회관에서 개최되었는데, 주최자인 대 일본 홍아동맹 외에 만주국 협화회, 동아연맹 중국총회, 중화민국 신민회, 몽고홍아협력회 등 네 개 단체가 참가했다. 참가인원은 홍아동맹 50명, 만주국 협화회 15명, 동아연맹 중국총회 15명, 중화민국 신민회 15명, 몽고 홍아협력회 5명 등 모두 100명(수행원 포함) 규모였다. 회합에서 논의된 사안을 보면 제2일에는 '일만화 공동선언의 구체화를 위한 운동 방책', 제3일에는 '각 단체의 조직 및 현상 개략'과 '홍아 운동의 철저화에 대한 조직의 연구'였다. 이 회합에서 주목할 점은 두 가지인데, 하나는 '조직의 연구'의 서두에서 '홍아 운동'의 '공동 이념'을 거론한 점이다. 일본과 만주국은 '일덕일심'(一德一心)을,

해 내고자 한 역내(域內) 동원 전략의 일환이었다.

그런데 첫째 날의 각종 행사가 제국의 퍼포먼스로서 '성공적으로' 치러진 뒤, 흥아단체 회합이 세 개의 분과회로 나뉘어 본격 진행된 둘째 날에 '제국'의 자화상을 보여 주는 불협화음이 발생했다. 8월 17일 신징 야마토(大和)호텔에서 개최된 제1분과회의 벽두에 만주국 협화회 측 위원인 만주건국대학(滿洲建國大學) 교수 오카노 간키(岡野鑑記)가 의사 진행 발언으로 대동아공영권 이념의 확립 여부에 대한 근본적인 의문을 제기하여 대정익찬회 흥아총본부(대 일본흥아동맹의 후신) 측을 곤경에 빠뜨렸던 것이다. 당시 회의장에는 회합의 전체 슬로건인 '아시아는 하나다'가 일본어와 중국어(亞細亞は一つなり, 亞洲是一家)로 쓰인 대형 휘장이 하나씩 내걸려 있었다. 그의 문제 제기는 이런 것이었다.

> "흥아 이념은 확립되어 있다, 이제는 실천만 있을 뿐이다, 결전(決戰) 단계에서 이념과 같은 것은 문답무용(問答無用)"이라고들 한다. …… 이 소문에 따르면 '아시아는 하나다' '동아신질서 건설' '대동아전쟁의 완수' 등이 그 이념이라고 한다. 하지만 그것은 목표일 뿐 이념이 아니다. 이념이란 사상 체계이며 거기에는 두 가지 측면이 있다. 즉 "왜 아시아는 하나인가"라는 흥아 이론, 그리고 "어떻게 아시아를 하나로

일본과 중화민국은 '동감공고'(同甘共苦)를 내걸고 있지만, 앞으로는 좀 더 보편적인 이념이 필요한데 그것은 '팔굉일우'(八紘一宇)에서 찾을 수 있을 것이라는 주장을 펴고 있다. 또 한 가지 주목할 것은 이 회합에서 각 단체 간의 갈등이 우회적인 형태로 표출되고 있다는 점이다. 즉, 대 일본 흥아동맹과 만주국 협화회 측에서는 1940년 일본·만주국·'중화민국' 사이에 체결된 공동선언을 '일·만·화 공동선언'이라 부른 반면, 동아연맹 중국총회 측에서는 '중·일·만 공동선언'이라고 서로 다르게 부르고 있다. 신민회 역시 '중·일·만'이라는 표현을 쓰고 있을 뿐더러, 더 나아가 중국에 대해 "아직도 지나 혹은 북지(北支), 중지(中支)라는 용어를 사용해서 중국 사람들에게 매우 거슬리고 불쾌한 감정을 갖게 하는" 상황이 불식되지 않고 있음을 구체적으로 비판하고 있다(大日本興亞同盟 1942, 48, 53, 78-79).

만들 것인가"라는 흥아 정책이 그것이다. 이를 관통하는 사상 체계가 곧 흥아 이념일 것이다. 지금 흥아 이념이 확립되었다고들 하지만 실은 목표가 확립된 것을 뜻할 뿐 아직 진정한 이념이 확립된 것은 아니다.[24]

오카노는 자신이 '과문한 탓에' 흥아총본부 측이 진척시킨 성과를 잘 몰라서 구체적으로 듣고 싶다고 발언함으로써 대정익찬회 측을 우회적으로 힐난하며 비판하기 시작했다. 특히 함께 참석한 동아연맹 중국총회의 대표 저우쉐창(周學昌)이 그해 7월 4일자 아사히(朝日)신문에 발표한 논설 "동아연맹과 중·일 제휴(提携)"를 거론하면서,[25] 그가 동아시아 전역의 제 민족에게 동아연맹 사상을 확립시켜야만 동아신질서의 확립이 가능하다고 강조한 데 대해 전적으로 동감한다고 덧붙인 뒤, 다음과 같이 대동아공영권의 현실을 진단했다.

[일본인 이외의-필자] 대다수 타민족은 아주일가(亞洲一家)나 동아공영권 확립 같은 개념은 물론 대동아전쟁의 진의(眞意)조차 이해하지 못하고 있는 게 현실이다. 이런 이해 없이 총력의 결집은 불가능하며 따라서 증산도 불가능하고 대동아전쟁의 완승은 절대로 불가능하다(滿洲帝國協和會 1943, 36).

24_滿洲帝國協和會(1943, 35). 이하 흥아단체 회합의 내용에 관해서는, 별도의 인용이 없는 한 이 자료에 근거해서 서술한다.

25_저우쉐창의 논설은 "동아연맹 사상과 일화(日華) 제휴"라는 제목으로 동아연맹동지회의 기관지 『동아연맹』에 재수록되었다. 이 글에서 그는 "대동아공영권을 실현하려면 무엇보다도 동아 전역의 민족에게 동아연맹의 사상을 철저히 하는 것이 긴요하다"고 하면서 동아연맹사상을 '동아의 최고사상'으로 재확인하고, 이 사상의 현실적 발로로서 버마와 필리핀의 독립 원조, 중국 조계 환부와 치외법권 철폐 등을 거론하고 있다(周學昌 1943, 8-9).

그는, 바로 그렇기 때문에 흥아 이념을 확립하고 동아 각 민족의 동의를 획득해 내는 일이 무엇보다 시급한 일이며, 그것은 "일방적, 권력적으로 강요할 것"이 아니라 "서로 마음에서 우러나는 이해로 이뤄져야 한다"고 하면서 자기 발언을 마무리했고, 장내의 회원들은 우레와 같은 박수로 이에 화답했다.

오카노의 모두 발언과 이에 대한 회의장의 반응은 대정익찬회 흥아총본부 측을 적지 않게 당황시켰던 것 같다. 대정익찬회 측은 "우리는 이미 확립된 신념·이념 아래 다년의 흥아 운동을 수행하여 현재에 이른 것"이며, 확립된 흥아 이념은 "대외적으로는 대동아공영권의 건설, 대내적으로는 대동아전쟁의 완수"이고, 흥아 이념은 1942년 5월의 "대동아심의회 답신에 의해서 각의(閣議)로 결정되었으므로" 이념의 재검토는 불필요하다고 애써 무시하려 했다.

그러나 이런 대정익찬회의 대응에 대해서 만주국 협화회의 다른 일본인 의원은 "지금 흥아 이념이 확립되어 있다고 말했는데, 나는 그렇게 말할 수 있는 일본의 여러분이 부럽다. 흥아의 이념은 모든 민족, 모든 장소에서 전개되지 않으면 안 된다. 만약 흥아의 이념이 정해져 있다는 식으로 말한다면, 그것은 불교에서 말하는 소승(小乘)의 무리다. 우리는 대승적이고 풍부한 전개를 수행해야 한다"고 반론을 가하며 오카노의 주장에 동조했다. 흥아총본부가 '대동아심의회 답신'을 근거로서 거론한 것 자체가 곧 '일방적 강요'가 아니냐는 발언까지 제기되었다(滿洲帝國協和會 1943, 45-46).

이어진 중국인들의 발언도 대부분 오카노 등의 주장에 동조하는 것들이었다. 예컨대 오카노가 거론한 논설의 집필자, 저우쉐창 동아연맹 중국총회 대표(부비서장)는 정치 운동보다 사상운동이 선행되어야 하며 "자신의 주의·주장을 관철시키려면 상대를 잘 납득시키는 것이 필요"한데, 흥아총본부의 답변은 일본인 이외의 민족에게는 이해를 얻을 수 없을 것이라 비판하고, "동아 연맹의 4대 강령, 즉 정치 독립, 국방 공동, 경제 제휴, 문화 구통[溝通: 상호 존중의 교류를 뜻함—필자] 이외에 중·일 제휴의 방법은 없다"는 점을 거듭 강조했다. 중화민국 신민회 대표(중앙총회 정치국장)인 장쯔준(張子鈞) 역시 협화회 측에 동조했다. 그는 중국 민중이 일본의 의도를 양해할 수 없는 원인이 "역사적으로 기형적인 중·일 관계"에 있다고 하면서, 일본이 루거우차오(盧溝橋) 사건부터 '대동아전쟁'에 이르기까지 중·일 간의 갈등을 해소하지 못한 채 "흥아의 장래에 대해 명확한 방침을 보여 주지도 못한 것"이 근본적인 문제라고 지적했다(滿洲帝國協和會 1943, 46-47). 아울러 조선인으로서 이 회의에 출석했던 만주국 협화회 중앙본부 위원 윤상필(尹相弼: 창씨명 伊原相弼, 개척총국 참사관)도 참석 소감을 피력하면서 "대정익찬회 흥아총본부의 대표들이 흥아 이념 수립 논의에 대해 좀 더 대승적(大乘的)으로 대처하지 못한 점은 지극히 아쉬운" 대목이라며, 향후 "수억의 제 민족이 진실로 수긍할 수 있는 이념이 수립되기를 염원"한다고 지적하고 있다(伊原相弼 1943, 115).

1943년 제2회 일만화 흥아단체 회합에서 표출된 제국의 불협화음은 대동아공영권의 이념에 대한 역내의 '동의'가 여전히 확보되지 못했음을 단적으로 보여 준다. 또한 여기에는 동아신질서론의 한 흐름인 동아연맹론에 동조하는 세력들의 존재감이 뚜렷이 드러나고 있다.[26] 대동아공영권 구상은 내부적으로도 원활한 동의를 조달하지 못하고 있었던 것이다.

한편, 같은 해 11월 5~6일 양일간에 도쿄의 제국 의회 의사당에서는 대동

26_회합에서의 문제 제기자였던 오카노 간키는 이시하라 간지에 동조하는 동아연맹 계열의 이론가로서 만주 동아연맹 지우회(誌友會)를 주도했던 인물이다. 지우회의 활동에 관해서는 임성모(1998, 140-147) 참조.

아회의(大東亞會議)가 개최되었다. 전황이 악화일로를 밟고 있던 이 해 2월, 대본영(大本營) 정부 연락 회의는 대동아전쟁 완수의 결의, 그리고 대동아공영권의 확립을 내외에 천명하는 회의를 개최한다는 방침을 결정했다. 도조 히데키(東條英機) 수상의 동남아시아 순방이 끝난 10월 초에 이르면 회의의 구체적인 요강도 마련되었다. 그 연장선상에서 개최된 것이 대동아회의였다. 도조를 의장으로 추대한 이 회의에는 중화민국 행정원장 왕징웨이, 만주국 국무총리 장징휘, 필리핀 대통령 라우렐(Jose Laurel), 버마 수상 바 모(Ba Maw), 타이 수상대행 완 와이타야콘(Wan Waithayakorn), 자유인도 임시정부 주석 찬드라 보스(Chandra Bose) 등이 참석하여, 6일 만장일치로 5개 항의 대동아공동선언을 채택했다.[27]

공동선언은 전문에서 "대동아 각국은 상호 제휴하여 대동아전쟁을 완수하고 대동아를 미·영의 질곡으로부터 해방하여 자존자위를 보전"할 것을 명시한 뒤 5개 항의 강령을 제시했다. 즉 대동아 각국은 ① 협동하여 대동아의 안정을 확보하고 도의에 기초하여 공존공영의 질서를 건설한다, ② 상호 자주독립을 존중하며 호조돈목(互助敦睦)의 결실을 거두어 대동아의 친화(親和)를 확립한다, ③ 상호 전통을 존중하며 각 민족의 창조성을 신장시켜 대동아의 문화를 앙양한다, ④ 호혜(互惠)로써 긴밀히 제휴하여 경제 발전을 꾀해 대동아의 번영을 증진한다, ⑤ 만방(萬邦)과의 교의(交誼)를 돈독히 하며 인종적 차별을 철폐하고 널리 문화를 교류하며 자원을 개방함으로써 세계의 진운(進運)에 공헌한다는 내용이었다(日本外務省 1965b, 594).

27_1941년 미·영의 대서양헌장을 염두에 둔 이 공동선언은 외무성의 전쟁목적연구회가 초안을 작성하고 시게미쓰 마모루(重光葵) 외상의 문구 수정을 거쳐 완성되었다(源川眞希 2000, 131).

이 회의에서 주목할 점은 공동선언이 표방한 이상주의적 강령 자체가 아니라 회의의 전 과정에서 드러난 참가국 수뇌들의 행동과 인식일 것이다. 불참한 타이 수상 피분(Luang Pibun)은 건강상의 이유를 들었지만, 실제로는 회의에 참석할 경우 국내적으로 일본에 대한 굴욕 외교라는 비난 때문에 정국이 불안정해 질 것이라는 판단이 먼저였다. 불참 자체가 '저항'의 표시였다. 버마 수상 바 모와 필리핀 대통령 라우렐도 단순한 꼭두각시에 그치지 않고 회의를 포함한 공식 일정 전반에서 상당히 활발하게 자기 의견을 표명했다.[28]

11월 5일 첫째 날 오후의 소견 피력에서 라우렐은 의장인 도조 히데키(東條英機)의 원칙적 이상론을 자신의 표현으로 바꾸어 요약한 뒤에 "대동아공영권의 확립은 일본 제국만의 이익을 위해서가 아니"라는 것을 거듭 강조했다. 라우렐의 뒤를 이어 등단한 바 모도 '아시아인'은 개개의 국가를 위해서가 아니라 아시아 전체를 위해서 행동해야 한다는 주장을 폄으로써, 모두 일본의 독주를 견제하는 성격의 발언들을 남겼다.

둘째 날에는 의장이 제안한 공동선언 안에 대한 각 대표의 발언이 이어졌다. '중화민국' 대표 왕징웨이는 공동선언의 근본 취지가 동아시아 각국의 '독립자주'에 있음을 반복해서 강조했다. 한편 라우렐과 바 모는 제5항의 인종차별 철폐에 초점을 맞추었다. 라우렐은 공동선언의 가장 큰 특색이 "인종적 차별을 폐지하고 각국의 독자적 문화와 전통을 앙양하며 각국의 독립을 상호 존중·옹호하는 데 있다"고 하여, '독립'보다 '인종차별 철폐' 쪽에 무게를 두었다. 바 모는 공동선언 안의 제5항에 가장 감격했다고 하면서 선언의 근

28_대동아회의에서의 발언 내용은 伊藤隆·廣橋眞光·片島紀男(1990, 324-344)에 의거함.

본정신이 평등·정의·호혜에 있는 만큼 이 정신에 반하는 인종차별은 결단코 없어야 한다고 역설했다.

'독립자주'를 강조한 왕징웨이와 '인종차별 철폐'에 역점을 둔 라우렐, 바모의 발언은 모두 일본과의 관계를 염두에 두고 있다는 점에서 공통점을 갖는다. 왕징웨이의 발언에 대해서는 굳이 부연할 필요가 없겠지만, 라우렐 등의 주장에서 '인종차별'의 주체는 도조 등 일본 수뇌부의 의도와는 달리 서구 제국주의만을 뜻하는 것이 아니었다. 애초에 대동아회의를 준비한 일본 측의 의도는, 선언의 전문에서 잘 알 수 있듯이, 대동아공영권 각지에 공동의 전쟁 목적을 명시하고 대일 협력을 강화하는 한편 연합국을 중심으로 한 세계 각국에 대해 자기 명분을 변호하려는 데 있었다. 인종차별 관련 조항은 서구의 식민지 정책을 비판하여 대동아전쟁의 인종전쟁적 측면을 부각시키기 위해 설정된 것이었다. 그러나 라우렐 등은 일본 측의 의도를 뛰어넘어 이 대외용 슬로건을 대동아공영권 역내로 끌어들임으로써 향후 일본의 압박을 방어하려는 지향성을 내포하고 있었다. 결국 삼자의 발언은 일본과의 관계상의 '독립'을 강조했다는 점에서 공통되고 있었다. 요컨대 대서양헌장에 맞선 대외적 퍼포먼스로서 기획되었던 대동아회의는 주최국과 참가국 사이에 동상이몽의 구도만을 노정했던 것이다.

이상에서 살펴본 바와 같이, 1943년 시점에서 이미 대동아공영권의 현실은 폐허가 되어 있었다. 대동아공영권의 이념에 대한 내부적 동의마저 원활하게 조달되지 못했을 뿐더러, 역내 피지배 민족들이 강요된 틀 속에서도 일본의 슬로건을 역이용하는 방식으로 자기 목소리를 내는, 억압과 저항의 구도가 대동아공영권의 현실이었던 것이다. 그런 의미에서 대동아공영권은 도의적인 지역 통합과 신세계 건설을 내걸었지만 그 실상은 '폐허의 제국'에 지나지 않았다.

VI. 맺음말

대동아공영권 구상은 민족 이론과 지정학에 입각한 지역 통합과, 유럽적 근대를 '초극'할 현대의 '세계사적 세계' 건설을 표방했다. 그러나 흥아단체 회합이나 대동아회의에서 불거진 불협화음은 교토 학파 등이 표방했던 공영권 구상의 취약성을 여실히 드러냈을 뿐이다. 대동아공영권의 동의 기반이 얼마나 취약한 상태였는지를 상징적으로 보여 주었던 것이다.

1945년 8월 일본의 패전에 의해 '폐허의 제국' 대동아공영권은 소실되었다. 대동아공영권의 범주 자체가 전선의 확대와 연동하는 것이었던 만큼, 일본열도로 전선이 축소되는 가운데 대동아공영권은 자연스레 종말을 고했다. 그러나 미국의 점령, 개혁으로 일본이 전후(戰後)의 '평화' 국가를 구가하는 와중에도 동아시아의 전쟁은 계속되고 있었다. 그리고 '냉전' 체제하에서 중국의 국공 내전, 한국전쟁, 베트남전쟁으로 이어진 동아시아의 '열전'은, 고야마 이와오가 말했던 저 '국방 국가'를 계속 존속시켰다.

한국의 경우, 교토 학파 등이 표방했던 도의적 세계, 도의적 국가는 제1공화국의 국민국가 건설 프로젝트 가운데서 '부활'했다. 예컨대 안호상(安浩相)이나 양우정(梁又正)의 일민주의(一民主義)는 국가의 도덕화와 대중의 규율화를 결합시켜 '가족국가'의 질서를 내세우는 맥락 가운데서 '도의' 개념을 전방위적으로 구사했다.[29] 국방 국가·도의 국가의 건설은 또 다른 '전시' 체제하에서 여전히 맹위를 떨쳤던 것이다. 대동아공영권의 망령은 결코 일본의 패전과 함께 소멸했던 것이 아니다.

29_임종명(2005a, 285-287); 임종명(2005b, 306-308) 참조.

최근 들어 동아시아에서는 글로벌리즘의 추세가 확산되는 가운데 그와는 반대의 벡터인 내셔널리즘이 동시적으로 강화되고 있다. 실상은 미국 주도의 글로벌리즘이 지역 내의 종속적 국민국가 일본을 매개로 내셔널리즘을 활용하고 있는 형국이다. 그런 맥락에서 볼 때, '제국적 내셔널리즘'(大澤眞幸 2004)을 극복하려는 입장에서 동아시아를 '단위'로 설정하는 지역주의의 의제는 그 나름의 진보적 함의를 내포하고 있다.

그러나 현재 일본에서의 동아시아 '공동체' 논의는, 동아협동체론을 비판했던 다카다 야스마 식의 '동아민족' 개념을 원용하거나(森嶋通夫 2001) 고야마 이와오 등 '교토 학파'의 '세계사의 철학'이 다시금 거론되는 가운데,[30] 전체적으로 로야마 마사미치나 가다 테쓰지가 강조했던 개발주의적 흐름이 그 주류를 점하고 있다. 물론 '동북아시아 공동의 집' 구상과 같은 전향적 구상도 없지는 않지만, 아직 소수파에 불과한 실정일뿐더러 자칫하면 동남아 지역을 시야에서 상실케 만들 우려도 있다.

이런 정치 지형 위에서 동아시아 공동체를 둘러싼 논의가 현상유지적이거나 패권주의적인 지정학의 재구축으로 나아갈 위험성은 그 어느 때보다 크다고 하겠다. 특히 한반도 정세를 둘러싼 지정학적 패권주의가 다시 기승을 부리고 있는 현실에서 동아시아 공동체 논의가 어떤 원칙을 견지해야 할 것인지 신중하게 접근하지 않으면 안 된다. 이 시점에서 동아신질서와 대동아공영권의 역사를 성찰적으로 재검토하는 작업이 어떤 의미를 갖는다면, 그것은 동아신질서에서 대동아공영권으로의 연속과 단절이 일어난 1930년대 말의 임계점으로 되돌아가 그 속에서의 암중모색들이 왜 좌절했는지를 성찰

30_大橋良介(2001); 大橋良介(2004) 등.

해 내는 데 있을 것이다. 유럽 중심주의의 '초극'이 시대적 화두가 되었던 그 지점이야말로 대동아공영권을 '폐허의 제국'으로 만들었던 토포스인 동시에, 현재의 동아시아 공동체 논의가 그 전철을 밟지 않게 만들 21세기적 구상력이 숨어 있는 토포스이기 때문이다.

3장

일제하 '선만 관계'와 '선만일여론'

송규진

I. 머리말

세계공황이 일본에도 영향을 준 상황에서 군부를 중심으로 한 파시즘 세력이 발호하면서 일제는 만주 침략을 감행하고 중일전쟁, 태평양전쟁을 도발했다(방기중·전상숙 2005). 그런데 세계공황은 일제의 침략을 가속화하는 데 기여했으나 근본적인 요인은 아니었다. 일제는 만주를 지배하기 위한 구상을 오래전부터 해왔으며 이를 위해 만주국이 수립되기 이전부터 조선과 만주를 하나로 연결하기 위해 노력했다.

일제는 침략 전쟁을 원활하게 수행하기 위해 '내선일체론' '선만일여론' '일

● 이 글은 『한국사연구』 146호(한국사연구회, 2009)에 실린 글을 책의 구성에 맞게 수정 보완한 것이다.

만일체론' '만지일여론'(滿支一如論) '일만지(日滿支)블록론' '일선만(日鮮滿)블록론' '동아협동체론' '동아연맹론' '대동아공영권론' 등 많은 초국가적 이데올로기를 만들었다. 그 가운데 조선 지역이 핵심적인 위치를 차지한 이데올로기는 '내선일체론'과 '선만일여론'이다. '내선일체론'은 황민화 정책과 창씨개명 정책으로 구체화되면서 조선인에 직접 피해를 주었기 때문에 그동안 많은 연구가 이뤄졌다(김명구 2008). 이에 비해 '선만일여론'은 크게 주목받지 못했다.

'선만일여'를 글자 그대로 해석하면 조선과 만주가 하나라는 것이다. 이는 조선과 만주의 관계가 그만큼 긴밀함을 의미하는 것이다. 그런데도 조선과 만주의 관계에 대한 기존 연구는 조선인의 만주 이주와 만주 지역의 조선인 민족해방운동을 주로 다루면서 추상적으로 언급한 수준에 머문 감이 있다(田中隆一 2007). 만주국에 대한 관심이 높아지면서 조선과 만주국의 관계를 경제, 특히 무역을 중심으로 분석한 논문이 나왔다(송규진 2005). 이는 1930년대 조선의 대외무역에서 만주국이 가장 커다란 비중을 차지했다는 것을 규명하고 상품 교류를 통해 조선과 만주국의 관계가 밀접했음을 분석한 것이다. 이 논문에서는 '선만일여론'의 형성에 대해 개괄적으로 설명하고 있다.[1]

최근 '선만일여론'에 대해 보다 구체적으로 분석한 주목할 만한 논문이 있다(임성모 2009). 이 논문의 요지는 일제가 만주국을 중시하고 조선을 경시하는 상황에서 재조선 일본인 사회가 위기의식을 갖게 되었고 이를 타개하기 위해 '선만일여'라는 슬로건을 만들게 되었다는 것이다. 또 중일전쟁 이후 일

1_만주국의 역사를 집중적으로 연구하는 한석정(2003)의 경우도 '선만일여'에 대해 개략적으로 정리한 바 있다.

만일체화(日滿一體化)가 진행되면서 조선의 '선만일여론'과 갈등을 겪게 되고 '일만블록'이 '일만지블록'으로 확대되면서 조선이 끼어들 여지가 더 줄어들었다는 주장도 제기되었다.[2]

만주국이 수립된 이후 일본 제국 내에서 조선과 만주국의 위상에 대한 다양한 의견이 나왔다. 그런 과정에서 대립, 갈등이 있었던 것도 사실이다. 그렇다 하더라도 이를 확대해석하면 당시 상황을 제대로 설명할 수 없다. 일제가 식민정책을 실행하면서 부분적으로 대립, 갈등이 있었다 하더라도 당시 제기된 수많은 초국가적 이데올로기의 궁극적 목적은 침략 전쟁에 일본인뿐만 아니라 식민지인들을 동원하기 위한 것이었다. 또 일제는 근대 이후 대륙 침략을 위한 장기적인 전략을 세우고 그 목표를 실행하기 위해 노력하고 있었으며 '선만일여론'도 그런 역사적 흐름을 파악해야 제대로 평가할 수 있다.

일제는 대륙 침략을 합리화하기 위해 조선에 대한 영향력을 확보한 뒤부터 '선만'을 하나로 묶기 위해 노력했다. 또 그런 인식을 일반화하기 위해 애를 썼다. 만주국이 수립되자 일제는 목표 달성을 위해 더욱 노력했다. 따라서 '선만일여론'을 만주국의 위상이 조선의 위상보다 높아지는 것을 우려해서 갑자기 만든 것이라고 파악하는 것은 한 측면만을 본 것이다. 관동군 사령관 출신 미나미 지로(南次郞)가 조선 총독으로 부임하면서 일제의 대륙 침략 정책을 원활하게 수행하기 위해 만주국과 조선의 관계를 보다 긴밀하게 하고자 '선만일여론'을 제기했다고 보아야 당시 실상을 종합적으로 파악하는 것

2_田中隆一(2007)는 오족협화(일·조·한·만·몽)를 내세워 만주 국민을 육성하려고 하는 관동군·만주국 정부쪽의 논리와, 내선일체 원칙 아래 조선인들을 일본 제국 신민으로 포함하려는 조선총독부 사이에서 재만 조선인들을 둘러싼 민족정책이 크게 모순적이었음을 주장하면서도 통합의 가능성이 있음을 탐구했다.

이라 생각한다.

필자는 '선만일여론'이 나오게 된 배경으로 일제가 조선과 만주의 상호 관계를 긴밀하게 만들려고 했던 역사 과정을 분석하고 '선만일여론'이 제기된 이후 그런 논리가 당시 실제적으로 어떻게 작동되었는지를 밝히고자 한다. 조선과 만주국이 제국 내에서 경쟁과 협력 관계를 동시에 맺고 있었음은 말할 필요가 없을 것이다. 다만 이 글에서는 조선과 만주국이 '선만일여론'을 통해 경쟁보다는 협력의 관계를 도모했다는 점을 구체적으로 밝히려 한다.[3]

II. '선만일여론'의 형성 배경

1. 만주와 조선을 하나로 묶는 인식

1890년 이래 일제는 '주권선' 유지를 위한 '이익선'의 확보를 대외 정책의 중요한 목표로 설정했다. 청일전쟁 이후 러일전쟁 시기까지는 기본적으로 러시아가 만주에서 주도권을 행사하는 것을 인정하고 일본이 조선에서 주도

3_이 글은 조선과 만주 관련 기초 자료를 중심으로 분석하되, 구체적인 실상에 대해서는 당시 발행한 신문과 잡지의 기사를 통해 정리해 보고자 한다. 『朝鮮日報』의 신문 기사 내용은 조선일보 아카이브(http://srchdb1.chosun.com/pdf/i_archive)의 검색을 통해 확인할 수 있으며 『東亞日報』와 『每日申報(新報)』를 비롯한 신문과 잡지의 기사 내용은 한국역사정보통합시스템(http://koreanhistory.or.kr/)과 국가전자도서관(http://www.dlibrary.go.kr/)의 검색을 통해 확인할 수 있다.

권을 행사한다는 '만한교환론'을 내세웠다. 그런데 러일전쟁을 전후하여 일제는 '만한불가분론'으로 대외 정책을 바꾸었다(최문형 2004).

이를 공고히 하기 위해 일제는 먼저 조선과 만주를 하나로 묶는 인식을 구축하기 위해 역사학을 이용했고, 이는 만선사관으로 결실을 맺었다.[4] 한국사의 정체성, 타율성, 당파성 등을 내용으로 하는 식민 사학 가운데 만선사학이 한 자리를 차지하고 있음은 주지의 사실이다. '만선사' 혹은 '만한사'(滿韓史)란 용어가 언제, 누구에 의해 처음으로 개념화했는지는 확실하게 밝혀져 있지 않다. 다만 러일전쟁(1904~05) 직후부터 1910년을 전후하여, 이른바 '만한경영'(滿韓經營)이 한창 논의되기 시작할 때 생겨나 학계의 일반 용어가 되었다고 한다(박찬흥 2005, 185-186).

시라토리 쿠라기치(白鳥庫吉)는 1905년 무렵부터 만주 및 조선의 역사·지리 연구의 필요성을 제창했다. 남만주철도주식회사(南滿洲鐵道株式會社, 만철이라고 약칭)에 만선역사지리조사실(滿鮮歷史地理調査室)을 신설하고 1907년 1월부터 '만선사' 연구에 착수했다. 이후 '만선사' 연구도 보다 체계화되었는데 대표적인 학자로 이나마 이와키치(稻葉岩吉)를 들 수 있다. 그는 당시 많은 한국인들이 만주로 이주하던 상황에서, 조선과 만주가 역사적으로 일체적 성격(一體的 性格)을 지니고 있었다고 주장했다(박찬흥 2005, 188-191).

일제는 이런 문제의식을 일반인들에게 주입시키기 위해 매일신보 신문 사

4_만선사관에 대한 연구는 1960년대 들어와 하타다 다카시(旗田巍)에 의해 본격적으로 시도되었다. 식민 사학의 극복이라는 과제를 안고 있었던 한국 사학계에서도 1960년대 이후 만선사학에 대한 분석과 비판이 이루어졌다. 이들 연구에서는 주로 '만선사학'의 고대사 인식에 관한 비판이 주를 이루고 있다. 박찬흥(2005); 박찬흥(2007) 참조.

설을 통해 조선과 만주뿐만 아니라 일본까지도 포함시킨 '일선만통일'(日鮮滿統一)의 필요성을 강변하기도 했다.[5] 당시에는 표면적인 정치·군사적 통일이 아닌 경제적으로 긴밀하게 연결되는 것을 우선시했다. 다만 '중국과 일본 양국은 특별한 이해관계를 가지고 있기 때문에 정치적 진보를 위해 통일적으로 대응하고 산업 발전을 위해서도 통일적으로 행동하여 서양 문명에 대해 동아 문명을 키우는 것이 세계 평화에 공헌하는 것'이라고 주장했다. 이는 일본과 조선, 만주, 몽골은 지리상으로나 역사상으로 분리될 수 없는 관계를 가졌다는 것으로 일제가 대륙 침략 이전부터 치밀하게 이런 주장을 준비했음을 반영하는 것이다.

1910년 이후 일제는 압록강 철교 준공과 안봉선[安奉線: 안둥(安東) ~ 펑톈(奉天) 간] 개통을 통해 조선과 만주 사이의 교류를 활발히 했다. 압록강 철교를 1909년 8월에 착공하여 1911년 11월 준공했고, 러일전쟁 중에 준공된 군용 철도 안봉선의 표준궤(標準軌) 개축 공사 역시 1911년 11월에 완료함으로써 조선과 만주 간 직통 열차를 운행하도록 했다. 일본 ~ 조선 ~ 만주를 연결하는 교통망 중에서 일본 육군이 가장 안전하다고 평가한 것은 경부선, 경의선, 안봉선이었다. 〈일본 제국(日本帝國)의 국방 방침(國防方針)〉의 제정을 계기로 하여 경부선, 경의선은 일본이 조선을 침략하고 지배하기 위한 동맥으로서 뿐만 아니라 만주를 침략하고 러시아를 구축하기 위해 필수 불가결한 병참 간선으로서 확고하게 자리 잡았다. 일본은 러일전쟁 중에 3피트 6

5_'일선만통일론'은 조선·만주·몽골 통일의 기운, 역사상 일본·조선·만주의 관계, 광업상 조선의 위치, 산업상 만주의 위치, 조선·만주와 동몽(東蒙)의 관계, 대륙 경영과 부원 개발의 급무를 내용으로 하고 있다. "日鮮滿統一論." 『每日申報』(1917/05/18~26). 『每日申報』는 1938년 4월 16일부터 『每日新報』로 제호가 바뀌었다.

인치의 협궤 경편 철도(狹軌輕便鐵道)로 부설했던 안봉선을 중국의 반대를 무릅쓰고 표준궤로 개축하여 조선과 만주 간 철도를 통일궤 간으로 접속시켰다(정재정 1999, 126-128). 이로 인해 경성 남대문에서 출발한 급행열차가 만주의 창춘(長春)까지 직통 운행할 수 있었고 '정치·경제상으로 만주와 조선은 이미 경계가 무너졌다'는 평가가 나오기도 했다.[6]

일제는 여객 및 화물 출입의 편리를 도모한다는 이유로 1911년 11월, 〈국경열차(國境列車) 직통운전(直通運轉)에 관한 청일협약(淸日協約)〉을 조인했다(朝鮮貿易協會 1943, 177). 이 조약은 조선과 만주 국경을 통과하는 화물에 대하여 중국과 일본 양국이 별도로 검사를 행하는 불편과 번잡을 피하기 위해 양국 간 공동 검사 제도를 실시하기 위한 협약이었다.

이와 같이 조선과 만주의 교류가 활발하게 이뤄지자 만주에 대한 관심이 높아졌다. 그것을 상징적으로 보여 주는 것이 샤쿠오 쥰(釋尾春芿)가 편집·경영·주필을 맡았던 잡지 『조선급만주』(朝鮮及滿洲)이다. 이 잡지는 원래 이름이 『조선』(朝鮮)이었는데, 압록강 철교가 준공되고 안봉선이 개통된 상황에서 신해혁명이 발발한 이후, 만주에 일본의 영향력 확대를 원했던 샤쿠오가 만주 시찰을 다녀온 후 이름을 바꾼 것이다. 잡지명을 바꾼 것은 조선과 만주를 하나로 묶어 인식한 것으로 '대륙 팽창의 제국주의적 지향성이 크게 작용'한 것으로 볼 수 있다(임성모 2007, 7).

일제는 만주와 조선의 통치 정책을 일원화하기 위해 '관헌수뇌자회의'를 개최하기도 했다. 1921년 5월 선만회의(鮮滿會議)에는 수상 하라 다카시(原敬)를 비롯하여, 각부 대신, 조선 총독, 관동청 장관, 관동군 사령관, 조선군

6_"本誌の改題." 『朝鮮』 46(1911), 朝鮮雜誌社.

사령관, 주중 공사, 정무총감, 톈진 영사 등이 출석하여 만주와 조선에서 실행할 통치 정책을 강구했다. 특히 만주 지역에서 조선인의 민족해방운동이 격렬히 전개되고 있었기 때문에 조선과 관동 양 관헌이 공동으로 대응하기 위한 방안을 집중적으로 논의했다.[7]

또한 조선과 만주를 시찰할 필요가 있다고 판단한 경우에는 '선만시찰단'을 조직하여 하나로 묶어 시찰하기도 했다.[8] 해외여행도 활발히 진행되었는데 일본 신문사가 주최하는 민간인 단체 관광이나 문부성과 해군성이 공동 주최한 선만 여행이 격증했다.[9] 일제는 해외 수학여행을 금지하는 1940년까지 지속적으로 선만 여행을 장려했다(임성모 2006).

2. 만주국 수립과 조선·만주 관계의 변화

1) 조선과 만주국의 교류 활성화를 위한 노력

만주국이 수립되자 일제는 1932년 9월 만주국을 승인한다는 명목으로 〈일만의정서〉(日滿議定書)를 체결함으로써 정치적으로 '일만일체'를 실현하

7_"防備? 取締, 日本의 國策을 統一코자 鮮滿 重要官憲會議開催." 『東亞日報』(1921/04/30). '선만회의'는 영국의 제국회의를 모방한 것이다. 제국 의회는 영국이 각 식민지를 긴밀히 결합하고 세계정세에 대처해 나가기 위한 목적으로 실시한 것으로 단순히 반영 분자를 소탕하기 위한 것은 아니었다. 그런데 '선만회의'에서 가장 중요시했던 것은 조선인 민족 해방운동을 탄압하는 것이었고 동아일보는 이에 대해 비판적 입장을 지녔다. "鮮滿會議, 東洋大策을 確立하라." 『東亞日報』(1921/05/12).

8_"東京大阪新聞記者團으로 組織된 鮮滿視察團 入京期." 『東亞日報』(1920/04/23); "貴族議員 鮮滿視察團 德川家達氏一行 來日登途." 『東亞日報』(1922/04/22).

9_"鮮滿旅行團一束." 『東亞日報』(1924/05/03).

고자 했다.[10] 〈일만의정서〉는 일제가 주장한 '만몽특수권익'을 만주 지역 전체로 확대한 것이며 실질적으로 만주를 식민 통치하는 근거가 되었다.[11] 만주에서 일제가 가진 특수 권익은 만주의 법령과 행정권, 혹은 국가주권을 제한했다(田中隆一 1996, 256). 일제는 다른 한편으로 '일만일체론'을 경제적으로 실현하기 위해 1935년 7월 일만경제공동위원회를 신징에 설치하고 양국 경제의 융합을 실현하기 위해 노력하도록 했다.[12]

만주국 수립 이후 '일만일체론'이 제기되면서 일본 국내에서 나타난 만주 붐 현상에 대해 재조선 일본인의 일부는 예민한 반응을 표출했다(임성모 2009, 171-183).[13] 그런데 이를 만주와 조선 사이의 갈등 요인으로 한정하여 평가하는 것은 일면적이다. 실제로 만주국 수립 이후 조선과 만주의 관계는 더욱 밀접하게 되었다.

10_이는 명목상 만주국을 독립국으로 인정하면서도 실질적으로는 식민지로 통치하기 위해 일본군의 주둔을 법적으로 확인할 목적으로 체결한 것이다. 제2조에 "일본국 및 만주국은 체약국(締約國) 일방의 영토 및 치안에 대한 일체의 위협이 동시에 체약국 타방(他方)의 안녕 및 독립에 대한 위협이라는 사실을 확인하고 양국이 공동으로 국가 방위를 담당할 것을 약속한다. 이를 위해 일본군을 만주국 내에 주둔하기로 한다"고 규정했다. "日本軍을 駐屯시켜 一切脅威共同防衛, 日本의 既存 公私權益尊重 日滿兩國間議定書." 『東亞日報』(1932/09/17).

11_外務省外交史料館, "滿州事変(支那兵ノ滿鐵柳條溝爆破ニ因ル日, 支軍衝突關係)/各國ノ態度/支那ノ部 第四卷," 外務省記錄, 239(B02030258700).

12_"日滿經濟共同委員會設置 今日 新京서 正式調印." 『東亞日報』(1935/07/16).

13_임성모는 첫째 조선인 중심의 농업 이민이냐, 일본인 중심의 농업 이민이냐, 둘째 조선 공업화 우선이냐, 만주 공업화 우선이냐가 조선과 만주국 사이에 중요한 갈등이었다고 설명했다. 당시 만주국에서 일본인 중심 이민정책이 실시된 것은 사실이나 그것이 조선인 이민을 적극적으로 가로막는 요인이 되지는 않았다. 실제적으로 다음 절에서 살핀 바와 같이 조선인 이민은 상당히 증가하고 있었다. 또한 만주국의 산업 발전으로 조선의 만주국 수출 신장이 둔화되었다고 하지만 필자의 연구에 의하면 당시 조선의 만주국 수출의 신장세는 수입의 신장세 보다 훨씬 컸다(송규진 2005, 359).

일본과 만주를 하나로 연결하기 위해서는 조선과 만주를 하나로 연결하는 것이 기본적으로 전제되어야 했다. 이 점에서 일제는 일찍이 조선 철도의 중요성에 대해 주목했으며 이 시기에도 조선 철도를 만주 철도와 연결하기 위해 노력했고, 조선 북부 지방과 만주 지역을 하나로 묶는 교통망을 정비했다. 이 교통로는 일본 중부 지방의 항구 ~ 나진·청진·웅기 ~ 함경선·투먼선(圖們線) ~ 길회선(吉會線)을 직접 연결한 것이다. 이와 같이 만주와 북부 조선을 연결하는 새로운 교통로가 만들어짐으로써 조선과 만주는 더욱 밀접한 관계를 갖게 되었다(정재정 2009, 158-161). 동해를 경유하여 일본에 이르는, 만주 ~ 조선 ~ 일본을 연결하는 주요한 루트가 형성된 것이다. 조선총독부는 "만주와 북부 조선을 연결하는 신교통로의 출현으로 일본과 만주의 경제상, 국방상 중요한 사명을 갖게 되었다"고 평가했다.

또한 조선총독부는 철도 및 철도의 각 종단항인 웅기, 나진, 청진 등 '삼항'(三港)을 통일적으로 경영하기 위해 1933년 9월 조선 철도의 일부를 만철에 위탁하기로 결정했다(朝鮮總督府 1940, 338-339). 또한 1936년 4월부터 종래 세관의 관리에 두었던 청진·웅기의 해륙 연락 설비를 무료로 만철이 담당하도록 결정했다. 여기에 더해 북선(北鮮), 니가타(新潟), 쓰루가(敦賀)에 명령 항로를 개설했고, 기타 '삼항'의 화물 수용에 편의를 제공하고 금융기관을 신설했다(殖産局商工課 1937, 173-174).

한편 조선총독부는 1932년 3월 만주국 수립 이후 조선과 만주국의 무역을 전담할 기구를 조직할 필요성이 있다고 인식했다. 이런 인식을 기반으로 1932년 경성에서 각도(各道) 산업 과장 및 관계자에 의한 협의회를 개최하여 조선무역협회 설립을 결의했고, 1933년 4월부터 조선무역협회는 경성에 본부를 설치하고 펑톈(奉天)에 지부를 두어 집무를 개시했다. 그해 7월 1일 조선무역협회는 사단법인으로 발전했다. 이 시기 일본을 제외하고 조선의 가장 중요한 무역 대상국은 만주국이었기 때문에 조선무역협회도 대만주국 무역의 촉진을 위해 주력했다(朝鮮貿易協會 1936, 49).

이후 조선무역협회는 조선총독부의 원조로 조선의 주요 도시 및 만주국, 관동주, 중국의 각 주요 도시에 지부를 설치했다. 각 지부를 통해 조선 물산의 소개·선전·거래·중개 알선을 실행했고 무역 촉진에 필요한 시황 및 각 지역의 경제 사정을 조사하는 등 무역 진흥을 위해 노력했다. 조선무역협회는 그 지부를 만주국은 물론 관동주, 중국으로 확장했으나 주력을 기울인 것은 대만주국 무역이었다(송규진 2005).

조선무역협회 만주 지부 출장소는 인쇄물 발행, 신문·잡지 선전, 간담회, 문서 선전, 출장 선전, 즉매 선전, 시식회, 견본시·전시회, 조선 상품 발송에 의한 선전 등 조선 상품을 만주국에 선전하고 소개하기 위해 여러 가지 방법을 동원했다. 이런 활동을 통해 만주국에 조선 상품에 대한 인식을 심어 주는 데 기여했다.

1933년 10월 경성상공회의소도 조선무역촉진전람회를 개최하고 조선무역협회, 경성부와 연합하여 일만무역간담회(日滿貿易懇談會)를 개최하여 무역 진흥을 위한 방책을 마련하기 위해 노력했다. 이 밖에도 조선무역협회는 1936년 경성에서 조선 무역 진흥 전람회를 개최하고 하얼빈에서 조선 물산 선전 전시회를 개최하는 등 무역진흥을 위한 노력을 꾸준히 전개했다.[14]

1935년 5월 조선총독부는 〈투먼강 국경을 통과하는 열차 직통 운전 및 세관 수속 간첩(簡捷)에 관한 협정〉[15]을 공포했다. 이 협정으로 조선과 만주의

14_이 시기에는 무역 진흥을 위한 여러 모임이 활성화되었다. 이에 대해서는 이 시기 『조선무역협회통보』 등의 잡지를 참조.

15_『朝鮮總督府官報』(1935/05/28).

국경을 통과하는 화물에 대하여는 '삼항', 상삼봉과 투먼에 설치된 일본 세관 내에서 일본과 만주의 세관 관리가 공동으로 검사하여 관세를 부과했다. 이로 인해 만주국과의 무역이 보다 효과적으로 이뤄지게 되었다. 협정은 이후 원활한 화물 유통, 신속한 상거래, 경비 절감 등을 통해 만주국과 조선의 무역 활성화에 도움을 주었다.

2) 만주국 수립과 조선인의 만주 이주

조선인의 만주 이민은 오랜 역사적 과정을 거쳐 이뤄졌다. 일제가 만주 침략의 의도를 드러내면서 중국인은 일본인뿐만 아니라 조선인에 대해서도 경계했다. 일제는 이런 과정에서 발생한 조선인과 중국인의 갈등을 교묘히 이용함으로써 만주 침략의 구실을 삼고자 했다. 1931년 9월 18일 관동군은 류탸오거우(柳條溝)에서 만철선을 폭파한 뒤 그것을 중국군의 소행으로 규정하고 만주를 침략하여 1932년 말까지 만주 전체를 점령했다. 1932년 3월 관동군은 독립 공화국으로서 만주국의 건국을 선언했으나 푸이(溥儀)는 1934년 3월 제국으로 정체를 바꾸고 황제로 등극했다.[16]

만주사변 후 만주국의 건국은 조선인으로 하여금 만주 이주에 대해 더 많은 관심을 기울이게 했다.[17] 또한 일제도 만주사변 이후에는 조선인의 만주 이민에 대해 보다 적극적인 관심을 보였다. 이와 같이 만주사변 이후 대내외적 요인으로 인해 조선인의 만주 이민은 더욱 증가했다.

16_만주국은 '일제의 단순한 괴뢰국이었다'는 평가가 일반적이나 최근에는 한계를 인정하면서도 독립국이었다는 사실을 중시하는 견해가 등장하고 있다(프래신짓트 두아라 2008).

17_동아일보의 경우 1920년대까지는 조선인 만주 이민에 대한 기사가 있긴 하지만 그 수가 그리 많지 않았다. 그런데 만주사변 이후에는 조선인 만주 이민에 대한 기사 수가 폭발적으로 증가했다.

조선인 이민에 대해 만주국과 조선은 상호 긴밀하게 협조했는데, 만철·관동군의 대책은 1932년 1월 〈만주에서의 이민정책 요강(조선인)〉으로부터 비롯되었다. 이 계획은 20년간 매년 5천 호씩 이민을 보내 10만 호의 조선인 자작농을 창설한다는 것이다(依田憙家 1976, 571-573). 당시 관동군은 조선인 이민의 선정, 권유 일체를 조선총독부에 일임함으로써 조선인 이민 문제와 관련하여 조선총독부 입장과 크게 다르지 않음을 천명했다(김기훈 2008, 202-206).[18]

1932년 1월 동아권업회사(東亞勸業會社)[19]는 "선농이식계획서"를 작성하여 조선인 이민의 최종적 목적이 조선인 자치 농촌 형성임을 밝혔다. 이를 위해 자치적으로 통제 기관을 설립하여 경영 자금의 조달, 농구·비료, 생활필수품의 공동 구입, 생산물 공동 판매로부터 농경의 개선, 부업 장려, 교육·위생에 이르기까지 모든 것을 실행하고자 했다. 이런 원칙에 입각해서 조선인 이주민을 중심으로 '안전농촌'을 설립하여 일제의 만주 지배를 원활하게 하기 위해 노력했다(依田憙家, 1976, 573). 또한 동아권업회사는 만주의 민족해방운동 세력에 수확물을 제공할 것을 우려하여 그것을 철저하게 차단하기 위해 노력했는데 이에 대해서도 조선 총독과 관동군 사령관이 긴밀하게 협력했다.[20]

18_김기훈은 조선총독부가 조선인 농업 이민을 통해 조선 농촌의 심각한 상황을 해결하려 한 반면 관동군은 소극적 입장을 취했다며 이로 인해 충돌할 수밖에 없었다고 주장했다. 그런데 김기훈은 '일만'정부가 당시 방임 정책을 실시하여 더 많은 수의 조선인 농민들을 이주시켰다고 함으로써 스스로 자기 주장을 부인하고 있다(김기훈 2008).

19_동아권업회사는 만철, 동양척식주식회사, 오쿠라 토목회사(大倉組) 등을 대주주로 하여 일본 척식국과 교섭하고 조선총독부 및 관동청으로부터 보조금을 교부받아 1921년 12월 설립되었다. 다시 말하면 동아권업회사는 일본과 조선, 만주 지역 책임자들의 협의에 의해 설립된 것이다. "東亞勸業會社成立." 『東亞日報』(1921/12/08).

만주 점령 후 일제의 만주 이민정책은 일본인 중심을 표방했고[21] 조선인 이민은 적극적으로 저지하거나 장려하지 않고 자연의 추세에 맡겨 둔다고 했다(김기훈 2008, 202-206).[22] 그러나 빈농 또는 무산자의 만주 이민은 '사상적 경향'을 악화시킬 우려가 있기 때문에 적극적으로 통제했다. 이 때문에 조선총독부와 관동군은 상호 긴밀한 협조가 필요했다.

조선총독부도 1930년대 세계공황의 여파로 인한 농촌 실업 문제를 해결하기 위한 방안의 하나로 조선인의 만주 이민정책을 적극적으로 실시했다. 만주사변 후 "피난 조선인을 보호·구제한다"는 명분하에 1932년 6월 일본대사관·관동군·조선총독부는 동아권업회사와 동양척식회사 등을 내세워 '안전농촌'을 설치하는 데 협조하기로 하고 '안전농촌'에 농무계를 조직했다. 재만 조선인 농민을 지도하기 위해서는 계의 형식으로 단체를 조직해야 한다는 조선총독부의 지시가 크게 작용한 것이다.[23]

1933년 조선총독부는 "조선에 넘치는 농민, 노동자 인구를 서북 조선 및 만주로 이주시키는 것은 조선 자체만을 위한 것이 아니라 만주 개발의 원동력이 될 수 있으며 일본 도항 조선인 노동자의 수를 감소시켜 일본의 인구문제를 해결하는 데에도 기여할 것"으로 예견했다(依田憙家 1976, 577). 일본 내무성도 조선인 노동자들의 일본 이주가 일본 노동시장에 영향을 미치게 되

20_"在滿農民收穫保護ニ關スル件", 『公普通』 112(한국역사정보시스템).

21_일본인 농민을 보다 적극적으로 이주시키기 위해 1호당 토지 소유 면적의 경우 일본인은 조선인에 비해 세 배 이상을 할당하도록 했다. "東亞勸業會社ノ日本人農民滿洲移住計劃ニ關スル件", 『機密』 39(한국역사정보시스템).

22_김기훈은 이를 방임 정책이라 규정했다.

23_"全滿洲를 通하야 金組와 農務稧 普及." 『每日申報』(1932/06/15); 興亞協會, 『在滿朝鮮人通信』의 농무계 관련 기사 참조.

자, 1934년 4월 조선총독부 등 관계 기관 대표들과 공동 회의를 개최하고 조선인의 일본 도항 문제를 해결하는 방안으로 조선인의 만주 이주를 적극적으로 추진하기로 합의했다(김기훈 2008, 206).

1936년 9월 일제는 조선인 이주자를 취급하기 위한 이민 회사 설립에 합의하고 경성에 선만척식주식회사(鮮滿拓殖株式會社)와 그 자매기관인 만선척식주식회사(滿鮮拓殖株式會社)를 설립했다. 이는 만주국과 조선총독부의 관리, 관동군, 만철과 동아권업회사 등이 공동으로 참여하여 설립한 것으로 조선과 만주국의 조선인 이민정책의 결정판이라고 평가할 수 있다(高見成 1941).[24] 선만척식주식회사는 1,500만 원을 투자하는 형식으로 1936년 10월 만주척식고빈유한공사(滿洲拓植股份有限公司)를 설립했다.[25]

한편 재만 조선인의 국적 문제가 계속 논란거리가 되었는데, 1934년 1월 관동군은 〈만주국국적법제정요강〉을 작성함으로써 국적 문제를 해결했다. 이때 거주지법에 따라 일본인과 조선인을 포함한 오족을 만주국인으로 규정함으로써 재만 조선인도 만주국인으로 인정받게 되었다(田中隆一 1996, 262).

일제의 이주 정책과 조선인에 대한 국적 부여는 조선에서 '만주붐'이 확산되는 계기가 되었다. 조선인 자본가도 '일확천금'을 꿈꾸면서 만주를 기회의 땅으로 여겼다. 1936년에는 만주 투자에 관심이 있는 조선인들이 원탁회(圓卓會)를 열어 만주에서의 사업 경영에 대한 논의를 전개하기도 했다.[26] 여기에서 조선인 자본가는 만주사변 이전에는 만주에 조선인 소유의 토지를 손

24_이는 일제가 만주 지역의 효율적인 식민 통치 방안의 하나로 조선인의 이주를 적극 유치하고 이들을 경제적으로 통제하기 위해 설립된 회사이다. 주요 목적은 조선인 신규 개척민 원조, 조선인 농민의 통제와 집결, 만주에 먼저 거주한 조선인 소작농에 대한 자작농 창정 등이다.

25_"滿鮮拓殖公司 今日 法令公布." 『東亞日報』(1936/06/27).

26_"滿洲 가서 돈 벌라면?, 諸 權威 모혀 圓卓會 열다." 『三千里』(三千里社 1936) 8-8 참조.

꼽을 것이 없었고, 조선인 기업가도 별로 없었는데 만주사변 이후 조선인 투자가가 생겨난 것을 의미 있게 생각했다.[27]

'만주붐'이 일어난 배경은 만주국에서 '민족협화'의 슬로건에 보이는 것과 같이 조선인의 민족 동질성이 보장될 것이라는 환상이 있었기 때문이다. 또한 '일본 제국 신민'으로서 만주국은 일본인 다음의 지위를 부여받을 것이라는 착각이 있었다(小林英夫·張志强 2006, 134). 만주국 수립 이후 조선인들은 만주로 보다 안정적으로 이주하게 되었고 이로 인해 조선인 가운데 일부는 만주와 조선이 긴밀하게 연결되었다는 일제의 논리를 적극적으로 수용했다.

III. '선만일여론'의 제기와 실제

1. '선만일여론'의 제기와 실현을 위한 노력

1936년 8월 미나미 지로는 조선 총독에 취임하면서 "동양 평화의 근간은 일만 양국의 불가분의 관계를 더욱 견고히 하는 데 있다. 게다가 조선과 만주는 접경하고 있기 때문에 양 민족은 실로 하나로서 공존공영을 기약해야만 한다"는 성명서를 발표했다(朝鮮總督府 1940, 409). 이는 '선만일여론'을 예고하는 것이었다.

27_"조선인의 투자 5백만 원, 事變之後 5개년 사이에 孔鎭恒·閔奎植·金季洙씨 등 큰 재벌 진출 투자." 『三千里』(1937) 9-4.

조선 총독 미나미는 취임 초부터 산업, 경제, 정치에서 '선만일여'를 강조했는데 1936년 10월에 개최된 조선산업경제조사회에서도 '선만일여'를 지도 정신으로 채택했다(朝鮮總督府 1936). 이런 상황에서 당시 총독부 간부가 여러 차례 만주를 시찰하고 또한 관동군, 만주국 등의 당국자도 자주 조선에 오게 되었다.

1936년 10월 조선 총독과 우에다 겐키치(植田謙吉) 관동군 사령관이 투먼에서 회담을 하면서 만주와 조선의 관계를 좀 더 밀접하게 하기 위해 서로 긴밀히 협조하기로 했다. 그들은 회담을 마친 뒤 만주국과 조선은 만주사변 이전의 국경 관념이 해소되었다고 발표하고 구체적 시책들을 내놓았다(임성모 2009, 184).

조선 총독, 관동군 사령관의 회견과 병행하여 국경 경비를 적극적으로 강화하기 위해 1936년 10월 29일 총독부 경무국장과 관동군 헌병대사령관이 회견하여 ① 조선 경찰관의 경시(警視), 경사(警祠), 경부(警部) 중에서 우수자를 장래 만주국에 채용할 것, ② '비적'[28]은 조선과 만주의 공동의 적으로 규정하고 적극적으로 연락하여 토벌을 행하고 이를 위해 새로 조선과 만주 경찰서 간의 연락에 요하는 경비 전화를 국경선에 신설할 것, ③ 만주에 있는 경비 통제 위원회에 조선도 참가할 것, ④ 밀수 단속은 쌍방이 협력하여 실행할 것 등을 합의했다. 이후 이 문제에 대해서는 실제적으로 원활한 협조가 이뤄졌으며 만주국에서도 만족스런 성과를 거두었다고 평가했다.[29]

28_일제는 약탈과 살인을 행하면서도 지역 치안을 담당했던 마적의 계보를 잇는 강도 집단과, 그 외에 특히 만주사변 이후 반만항일(反滿抗日)을 슬로건으로 각지에서 유격 활동을 했던 집단까지도 모두 비적으로 규정했다.

29_"鮮滿一如의 原則決定 : 鮮滿國境의 明朗化."『在滿朝鮮人通信』17(1936), 興亞協會, p.27.

투먼 회담의 결정은 구체적으로 실행에 옮겨졌다. 조선총독부 오노 로쿠이치로(大野綠一郞) 정무총감은 만주 이민, 압록강 수로 개발, 타이완 무역, 교통 통신 연락, 경비 밀접화, 우수 관리 교환 등을 안건으로 한 선만최고중요회담을 위해 만주로 갔다.[30]

1937년 4월에는 만주국 국무총리 장징휘(張景惠)가 경성을 방문했다. 국무총리의 조선 방문은 선만 수교사상 '획기적 장거'라고 평가되었다.[31] 장징휘는 연설에서 조선과 만주의 관계는 형제·육친 사이라며 친밀감을 표했다.[32] 조선과 만주에서 선만 교환방송을 통해 3일간 생방송으로 장 총리의 연설을 청취할 수 있었다.[33]

중일전쟁이 발발하고 전쟁이 장기화하면서 조선과 만주의 관계는 군사적으로도 더욱 중요한 관계로 발전했다. 1939년 12월에는 중일전쟁에서 조선의 협력을 구하기 위해 우에다 관동군 사령관이 경성으로 와서 조선 총독 미나미와 회견했다. 당시 미나미는 선만일여는 기본적으로 '대륙 경영'을 기초로 하여 구상했음을 솔직히 밝혔다. 이를 위해 조선인 이주자에 대해 만주국에서 잘 보살펴 줄 것을 당부했다. 우에다는 조선에서 출동한 군인이 중일전쟁에서 큰 활약을 벌인 것과 조선에서 중일전쟁을 위문하고 후원한 것에 대해 감사함을 표했다. 특히 '재만 조선인이 만주국의 중요한 구성 분자로 자질을 더욱 향상하여 만주 국민으로 의무를 수행할 것'으로 기대했다.[34]

1941년 4월 미나미는 만주국을 방문했다. 그곳에서 그는 중일전쟁이 발

30_"重大案件携へ 大野總監近く來滿."『新京日日新聞』(1936/12/07).

31_"鮮滿一如의歷史的修交."『在滿朝鮮人通信』27(1937), p.24.

32_"高調된 鮮滿一如의 精神."『每日申報』(1937/04/22).

33_"鮮滿一如의 交驩."『每日申報』(1937/04/13).

34_"梅津關東軍 司令官 南總督과 重要會談 歡迎會席上 人事交換."『東亞日報』(1939/12/14).

발한 당시 '동아의 대국을 이해하지 못하는 '무자각 분자'가 있음을 개탄하면서도 대부분의 조선인이 "동양인의 운명 공동체에 의하여 공존공영의 도의 세계를 건설한다는 숭고한 목적을 이해하고 일본 국민의 긍지와 대동아 건설의 사명에 매진하고 있다"며 조선인들이 일본 제국에 적극적으로 협력하고 있음을 자신했다. 재만 조선인도 만주국 정부의 통치하에서 민족협화의 정신을 존중하고 생활 안정과 교화를 향유하면서 일만일체가 되어 '흥아의 성업'에 적극적으로 참여하고 있다고 주장했다.[35] 또한 '선만일여'를 강조하며 만주인들이 재만 조선인을 보호해 달라고 부탁했다.[36]

같은 달 미나미는 우에다와 회견하여 '선만일여'의 기본 방침을 확립했다. 이제 '선만일여론'은 '동아공영권 확립의 근간인 일본·만주·중국을 하나로 묶는 데에 매개 역할을 보다 확실히 하는 것으로 결정되었다. 이를 위해 미나미와 우에다는 기본 요강과 실시 방안까지도 구체적으로 합의했다.[37] '선만

35_"滿洲特輯 : 鮮滿一如를强調함 : 南總督 談."『朝光』7-6, 朝鮮日報社出版部, p.265.

36_"鮮滿一如를 强調."『每日新報』(1941/04/13).

37_지도 요강은 다음과 같다. ① 선만일여의 정신은 제1차 투먼 회의(圖們會議) 이래 선만 간의 국방·행정·경제·산업·교통·무역 등을 조장하여 온 성적에 비추어 금후 이것을 더욱 강화·조장하기로 한다. ② 만주 측에서는 내선일체라는 조선 통치의 근본 방침을 존중하여 이에 전폭적으로 협력함과 동시에 조선 측에서는 만주국의 일덕일심(一德一心)의 건국 정신, 민족협화의 지도를 존중하여 이에 전폭적으로 협력하기로 한다. ③ 일본 국적을 가지고 있는 재만 조선인은 황국신민임을 기초로 하면서 선량한 만주국 인민의 교양을 갖추도록 한다. ④ 선만 간의 안건 처리는 선만일여 정신에 따라 각 문제마다 실제에 맞도록 협의·해결하기로 한다. ⑤ 선만 간의 상호 인식을 강화하기 위하여 유효적절한 구체적 방책을 강구하기로 한다. ⑥ 선동적 민족의식을 고취시켜 조선의 황국신민화를 방해하고 또 만주국의 민족협화 지도를 파괴하며 후방을 교란하는 사상의 동향에 대하여는 엄중히 단속하기로 한다. 실시 방안은 다음과 같다. ① 선만 간 안건의 현지 처리를 위하여 간담회·협의회를 개최하는 등 적절한 조치를 강구할 것. ② 전항 목적 달성을 위하여 인사 교류에 대해서도 고려할 것. ③ 선만관공리(鮮滿官公吏) 및 민간 유력자의 상호 시찰 및 격의 없는 간담에 의하여 개인적 접촉을 될

일체론'은 내선일체와 일만일체를 매개하는 역할로서 조선과 만주국이 밀접한 관련성을 지니고 있음을 다시 확인한 것이다.

미나미는 관동군 사령관과의 회견 이후 조선으로 와서 도지사 회의를 개최하여 만주국이 적극적으로 협력하기로 했다고 밝혔다. 따라서 '재만 조선인은 황국신민의 본질하에 만주국 인민 자격을 확인하고, 조선에서는 만주국의 일만일덕일심(日滿一德一心)의 건국 정신, 민족협화의 지도를 존중하고 이를 전폭적으로 지지'하자고 요구했다. 이렇게 할 경우 만주국의 조선인 지도 방침도 조선인을 만주국 인민으로 편안하게 살 수 있도록 보장할 것이라고 강변했다(江上征史 1941, 8).

1942년 1월에 선만종합간담회(鮮滿綜合懇談會)가 오노 로쿠이치로 정무총감을 비롯한 조선총독부 관계자와 다카베 로쿠조(武部六藏) 총무장관을 비롯한 만주국 관계자가 참석한 가운데 조선총독부 제3회의실에서 개최되었다. 여기에서 조선과 만주 사이에 산업·기획·교통 각 부분의 정례 간담회(定例懇談會)를 설치하기로 합의했다.[38]

'선만일여론'는 태평양전쟁이 발발하고 일제가 '대동아공영권론'을 강조하면서 새로운 단계에 들어섰다. 대동아공영권은 '남방권'과 '북방권'을 아우르는 개념으로 일제가 주장한 초국가적 이데올로기의 종합판이라 할 수 있

수 있는 한 많게 하고 현지의 실정에 대하여 상호 인식을 깊게 할 것. ④ 매년 교대로 선만 경제, 교육, 개척 등 각 부문에 걸쳐 간담회를 개최하는 등 긴밀한 연계를 도모하고 선만일여의 기본 방침 달성에 유감이 없도록 할 것. ⑤ 상호 관련 있고 또는 장래 예상되는 사항에 대하여서는 항상 지체 없이 상호 통보할 것. "鮮滿一如의 擴充强化." 『每日新報』(1941/04/23).

38_기본 요강으로는 ① 조선인 개척민의 이주에 관한 건, ② 선만 간의 물자 교류 문제, ③ 압록강 제2차 개발 문제, ④ 선만 잡곡 수입 문제, ⑤ 물동 계획 설정과 실시에 대한 상호 연락 긴밀화, ⑥ 선만 국토계획협의회 설치, ⑦ 만주국의 연초 사업에 관하여 선만 간 연락 등 7개 항목에 대해 합의했다. "鮮滿一如强化策檢討." 『每日新報』(1942/01/16).

다. '대동아공영권'(大東亞共榮圈)의 지도 국가는 당연히 일본이었다. 일제는 조선을 거점으로 대륙 '북방권'을 결합하고 타이완을 거점으로 해양 '남방권'을 결합했다. 일제는 조선을 북방권의 거점으로 삼기 위해 '대륙전진병참기지론'을 제기했고 만주에서는 '현지조판론'(現地調辦論)을 제창했다. 이런 상황에서 '선만일여론'은 '대륙일여론'으로 확대되었다. 전쟁 상황에서 조선과 만주 간 연락이 제대로 이뤄지지 않으면 대륙권의 결합은 필연적으로 취약할 수밖에 없는 것이었다. 따라서 조선과 만주와의 연락을 보다 원활하게 운용하기 위해 1942년 4월에 선만연락회의가 조선총독부에서 개최되었다.[39]

이는 만주와 조선 간의 물자 교류를 조정하고 촉진하기 위한 것으로 선만일여가 대륙일여로 확대된 대표적인 사례로 주목받았다. 만주국에서는 제1회 선만연락회의의 종료와 동시에 화북에 관계관을 파견하여 만주, 화북 간의 경제 제휴를 긴밀하게 도모하기로 합의했다. 종래 조선과 만주국을 결합하는 것으로부터 조선, 만주국, 중국과의 결합으로 확대된 것이다. 1942년 4월 다롄(大連)에서 개최된 대륙회의는 대륙 여러 지역 간의 경제 연결을 긴밀히 하고, 특히 물자 교류를 적정하게 해 대륙 경제에 자주성을 부여하는 것과 함께 일본에 대한 협력을 한층 강화해, 그를 통해 태평양전쟁 수행에 기여하고자 했다(川合彰武 1942, 497).

1942년 7월 만주국 참의부의장 장쉬이(臧式毅)는 경성으로 와, 태평양전쟁이 발발한 상황에서 조선이 만주국을 원조한 것에 대해 조선 총독에게 감사한다고 했다.[40] 1942년 8월 조선군 사령관 이타가키 세이시로(板垣征四郎)는 만주사변, 중일전쟁, 태평양전쟁으로 전쟁이 확대되는 상황에서 조선과

39_"鮮滿一如强化策檢討."『每日新報』(1942/04/28).

40_"驛頭에 버려진 鮮滿一如의 交驩."『每日新報』(1942/07/07).

만주국이 정치·군사적인 측면은 말할 것도 없고 산업·경제적 측면에 있어서도 공동의 운명을 갖고 있음을 강조했다.[41]

2. '선만일여론'의 제기 이후 조선과 만주 관계

1) 조선과 만주국의 교류 확대

투먼 회담 직후인 1936년 12월에 조선과 만주국은 "압록강 및 투먼강 가교에 관한 각서"에 조인했다. 이 각서에 의하면 조선에서 건설하는 다리가 여섯 개, 만주국에서 건설하는 것이 여덟 개였고 공사비는 총 7백여만 원이었다.[42]

1937년 1월에는 만포선을 만주까지 연장하여 운행하기로 만주국과 합의했다.[43] 만주에서는 동변도 종관 철도인 매집선(梅輯線)이 준공되면서 조선의 만포선과 직접 연결되자 이 노선을 선만일여의 '제3국제선'으로 평가했다.[44] 8개년의 시간과 약 4,000만 원의 거액을 투자하여 1939년 9월에 만포선과 매집선을 완전 개통함으로써 만주와 조선을 연결하는 새로운 루트로 활용한 것이다.[45]

41_"鮮滿一如, 聖戰完遂."『每日新報』(1942/09/15).

42_殖産局商工課(1937, 172-173). 임성모(2009, 187-188)는 가교의 수가 만주국이 더 높았고 투자 비중도 높았다며 만주국의 주도권 아래 조선 산업계가 협조하는 현상이라고 설명했다. 그런데 이는 '선만일여'에 대해 만주국 측이 소극적인 자세를 취했다는 자신의 논지와는 모순되는 것이라 생각한다.

43_"鐵道新線敷設에도 鮮滿一如精神高潮."『每日申報』(1937/01/21).

44_"第三鮮滿一如線開通."『在滿朝鮮人通信』71(1939), p.49.

45_"鮮滿一如の紐帶'滿浦線'開通."『朝鮮』294(1939), 朝鮮總督府, p.86.

조선총독부는 철도성 및 만철 당국과 협조하여 교통 시간을 단축하고 신징으로 열차 운행을 연장하며 차내 통관을 개시하는 등 일본·조선·만주 각 직통 여객의 편리를 도모했다. 다른 한편 화물 운송에서도 부산, 안동 간에 급행열차를 운행하고 1937년 1월부터 선만화물운수업무 통제협의회를 개최하여 화물 연대 운송의 간소·편리화를 도모했다. 기타 직통열차 증설, 속도 증가 등을 통해 일본 ~ 조선 ~ 만주국 사이의 화객을 대량으로 이동할 수 있도록 했다(殖産局商工課 1937, 174).

1937년 4월에는 만철 총재를 조선으로 초대하여 다사도(多獅島, 평안북도의 섬)를 비롯한 북부 조선을 시찰하게 하고 그를 설득하여 다사도의 축항 계획에 만철을 끌어들였다. 또한 나진의 축항과 북부 조선의 개발을 위해 만철과 제휴했다.[46]

'선만일여론'이 제기될 당시 가장 시급하게 다루어야 한다고 생각한 것 중 하나가 압록강의 미개발 전원을 조선과 만주국이 협력하여 개발하는 것이었다(川合彰武 1936, 4). 압록강을 공동으로 개발하기 위해 1937년 1월 만주국 교통부대신 리샤오겅(李紹庚)이 직접 조선을 방문하여 '압록강선만공동기술위원회 설치에 관한 각서'에 조인했다. 이 때 설치된 위원회는 하천 조사, 측량 항로 개설, 항로 표지(航路標識) 설치·관리, 항행 개선 등 전면적인 수로 개발을 계획하고, 시설 수행을 위해 조선과 만주 기술자가 제휴하는 것 등을 관할했다. 만주국 측에서는 두만강에도 효력을 미치면 좋겠다며 적극적인 의사표시를 했다.[47] 조선에서도 이 위원회 설치에 대해 '일만일체' '선만일여'의 이상 실현에 일보를 더하는 것으로 높게 평가했다.[48]

46_"鮮滿一如の說."『朝鮮及滿洲』354(1937), 朝鮮及滿洲社, p.12.
47_"鮮滿一如政策滿腔の謝意を表す."『朝鮮新聞』(1937/01/12).

조선과 만주국은 전력을 공동으로 이용하기 위해 1937년 이후 3개년 계속 사업으로 압록강 수력발전에 관한 조사를 개시하고 발전 사업 실시를 위해 조선압록강수력발전주식회사 및 만주압록강수력발전주식회사를 설립했다. 이를 통해 공동으로 압록강 발전 사업을 시행하고, 발생 전력을 반씩 양 지역에 공급하기로 결정했다(殖産局商工課 1937, 173).

만주국과 조선은 상호 긴밀하게 제휴하여 전력 통제 정책을 실시했다. 조선총독부의 전력 통제안에 기초하여 흥안공장(興安工場) 및 직계 회사의 송전분(送電分) 이외에는, 조선질소비료주식회사 전력을 조질 장진강 수전(水電)을 주체로 서선합동전기, 금강산전기, 함남합동전기, 동척이 공동으로 설립한 조선송전회사의 송전선을 통해 평양, 경성, 북부 조선뿐만 아니라 만주국에도 보내기로 합의했다. 이와 같이 '선만일여론'은 만주국과 조선을 연결하는 데에 여러모로 유용하게 작용했다. 특히 조선에 진출한 일본의 대자본은 '선만일여론'의 분위기 속에서 만주국에도 진출할 여건을 마련했다.[49]

1937년 9월 압록강선만공동기술위원회의 선만위원 및 수행원은 안동으로 가서 만주국 인사들과 회의를 했다. 여기에서도 수력 전기를 어떻게 사용할 것인가라는 문제를 다루면서, 압록강 공동 이용에 대한 종합적인 논의가 있었다. 특히 당시까지도 압록강을 "만주는 만주, 조선은 조선 마음대로 해 왔음을 반성하고 선만일여로 해석하여 상호간에 의견을 교환하고 기술적으로 연구한다"고 합의했다.[50] 조선과 만주국의 제휴에 의한 압록강 이용은

48_"鮮滿一如具現."『釜山日報』(1937/01/14).

49_"鮮滿一如實現は水力電氣から."『滿洲日日新聞』(1937/05/02). 이 신문은 '선만일여론'이 노구치(野口) 콘체른의 발전을 가져 왔다고 평가했다.

50_"鮮滿一如に解し技術的に研究."『國境每日新聞』(1937/09/05).

1941년 9월 압록강 수력발전 기념식을 거행할 때 "동아의 새로운 발전의 표상"이라는 평가를 받았다.[51]

또한 조선총독부는 '경제상 선만일여'를 위해 만주와의 무역을 진흥시켜야 한다고 인식하고 관민 합동의 간담회를 자주 개최했다.[52] '선만일여'를 원활하게 하기 위한 방안으로 추진된 항만의 정비(整備)도 만주와의 무역과 직접 관련이 있었다. 진남포 상공회의소 의원총회에서는 남포항이 당시 무역량에 비추어 볼 때 협애하다고 판단하고 전선상의련합대회(全鮮商議聯合大會)에 선만일여의 구현을 위한 항만 정비를 요망하는 의안을 결정했다.[53]

조선 총독 미나미는 선만무역간담회에서도 선만일여를 강조했으며 1937년 5월에는 선만산업무역간담회에 참석하여 만주국 실업부 대신 딩지엔타오(丁鑑脩)와 양 지역 간 교류 확대를 위해 노력하기로 합의했다. 여기에서도 '일만불가분일체'에 입각한 '선만일여'를 위해 선만 산업 무역의 적극적 진흥 및 연계에 관해 교통, 관세뿐만 아니라 국경 지대 자원 개발을 공동으로 하는 등 양 지역의 협력에 대한 구체적 방침을 확정했다.[54] 1937년 6월에는 만주국 정부, 조선총독부, 민간이 참여한 선만무역경제좌담회에서 만주국 관세 문제를 집중적으로 토론했다.[55] 선만일여를 내세우면서도 현실적으로 존재

51_"世紀의 偉業을 祝福하는 鮮滿一如의 感激譜."『每日新報』(1941/09/29).

52_"經濟上鮮滿一如."『每日申報』(1937/01/28).

53_의안의 내용은 다음과 같다. "선만일여의 구현은 날로 농도를 더해 산업 및 교통에 점차 구체화되고 있다. 시국이 매우 심각한 상황에서 선만의 국방 자원 확보 및 그 이용후생을 위해 조선의 항만 정비 사업을 적극적으로 조장함으로써 현재의 급무를 확실하게 할 필요가 있다." "鮮滿一如の具現に伴ふ港灣の整備擴築."『平壤每日新聞』(1937/06/17).

54_"鮮滿一如 産業貿易進展の重大針路確立."『釜山日報』(1937/05/01); "鮮滿一如の産業貿易進展策けふ總督府で大評定."『朝鮮新聞』(1937/05/01).

55_"關稅問題を中心に鮮滿貿易の振興策."『朝鮮新聞』(1937/06/07).

하던 관세장벽을 허물려고 했지만 이 시기에는 실현될 수 없었다.[56]

중일전쟁이 발발한 뒤 1937년 10월 조선총독부가 '임시수출입허가규칙'[57]을 공포하여 수출입을 강력히 통제하면서 만주국 수출도 일정한 제한을 받았다. 한 예로 일본곡산공업주식회사(日本穀産工業株式會社)는 제품 원료로 옥수수를 연 4~6만 톤을 사용하면서 주로 조선산 옥수수를 매수하고 부족분 1만 2~3,000톤은 해마다 만주국산 옥수수를 조선을 경유하여 들여와 원료로 사용했다. 그런데 〈임시수출입조치법〉의 적용을 받아 옥수수 수입이 금지되자 영업상 중대한 문제가 발생했다. 이에 당국에 진정을 하자 총독부는 만주국과 일반 물자의 수출입에 대해서는 '선만일여의 입장'을 고려하여 법령을 적용하지 않기로 결정했다.[58] 이런 정책상의 배려로 중일전쟁과 태평양전쟁 이후 수출입 통제 정책이 강력히 실시되는 상황에서도 대만주국 무역은 계속 증가하는 경향을 띠었다(송규진 2005, 359).

이 시기에 오면 만주국과의 무역에서 가장 중요하게 다뤄진 것이 조선 쌀의 만주 수출과 만주 좁쌀의 조선 수입에 대한 것이다(송규진 2005, 366-371). 1940년 5월에는 '만선미속(滿鮮米粟)바터협정'을 체결하려고 했다. 그런데 당시 만주 식량 사정으로 만주 좁쌀의 조선 수입이 원활하게 이뤄지지 않게 되었다. 그러자 조선은 이런 상황에서 조선 쌀의 만주 수출을 행한다면 조선 내 식량 정책에 차질을 가져올 거라고 판단하고 정식 협정을 연기했다. 만주에서는 조선 쌀 수입이 절실하게 필요했기 때문에 만주 좁쌀을 조선에 수출

56_"鮮滿一如의 具現에 關稅問題가 一難關."『每日申報』(1937/02/22).

57_1937년 10월 조선총독부가 발포한 부령(府令) 제153호로 발포한 "輸出入品 등에 관한 臨時措置에 관한 법률 제1조에 의한 명령의 건"을 의미한다. 이후 부령 제153호는 무역 통제가 강화되는 상황에서 여러 차례 개정되었다(송규진 2001, 179-183).

58_"臨時輸出入措置法 滿洲は除外決定."『朝鮮新聞』(1937/10/30).

했다.[59] 그리하여 조선과 만주는 1940년 9월에 '선만식량(鮮滿食糧)바터신협정(新協定)'을 체결했다.[60] 조선에서는 만주 좁쌀의 수입을 원활하게 하기 위한 목적으로도 선만일여를 계속 강조했다.[61]

결국 총독부는 1944년 5월 칙령 제321호 '관세정률법(關稅定率法) 제3조의 2 규정에 의한 수입세(輸入稅)의 면제 등에 관한 건'[62]을 발포했다. 이 법령으로 만주국에서 생산된 모든 제품에 대해 수입세를 전면 면제했다. 이는 무역정책에서 선만일여가 완전히 실현되었음을 의미하는 것이다.

2) '선만일여론'과 만주 이주 조선인

일제는 조선을 대륙 침략을 위한 전진기지로 구상하면서 만주가 "일본의 생명선이며 존망을 함께 할 운명"이라고 언급하여 '선만일여'의 중요성을 더욱 강조했다.[63] 만주 이주 조선인은 '선만일여'의 첨병대로 높게 평가받았는데[64] '선만일여론'이 제기된 이후 일본과 조선, 만주국은 조선인 이주에 대해 보다 긴밀하게 협조했다. 1937년에는 일본, 조선, 만주국의 당국자가 모여 "조선과 관계가 깊은 둥볜다오(東邊道)·간도 일대의 23개 현을 조선인 이주지역으로 지정하고 이 지역에 1만 호 이내의 조선인을 신규로 입주시키는 사업을 꾀하고 있다. 나아가 만주 각지에 산재한 이주자에 대해서도 통제하고,

---

59_"鮮滿間の食糧バ-タ-成立."『朝鮮新聞』(1940/05/23).

60_"鮮滿食糧버터 新協定交涉이 成立."『每日新報』(1940/09/08).

61_"食糧의 鮮滿一如."『每日新報』(1942/04/09).

62_『朝鮮總督府官報』(1944/05/19).

63_"日滿一體의 推進力으로서의 鮮滿一如."『每日申報』(1937/04/09).

64_"輝く滿洲國移民 咸南から三二七家族 移民列車で花花しく出發."『元山每日新聞』(1937/03/03).

조선 농민의 생활 안정을 위해 조선과 만주국에서 적당한 집결지를 선정해 이들 자체의 안정을 도모함과 동시에 만주국의 질서에도 기여할 방침을 수립했다"는 것을 밝혔다(朝鮮總督府 1940, 898).

이런 정책을 실현하기 위해 1938년 5월 만주척식고빈유한공사(滿洲拓植股份有限公司)는 ① 조선의 신규 이민 통제 ② 재만 조선인의 통제 집결 ③ 재만 조선인 소작농에 대한 자작농 창설을 중요한 사업으로 결정했는데,[65] 이는 조선인 이민 자체를 제한한다기보다는 항일 운동 세력을 억압하는 데에 더 초점이 맞추어진 것이었다. 이 정책을 실시한 지방에는 '비적'의 그림자를 찾아 볼 수 없다는 평가가 나올 정도였다(高見成 1938, 35). 조선총독부에서 힘을 기울인 것은 집단이민이었는데 이는 조선인의 재만 이주를 적극적으로 통제하려는 일제 정책과 밀접한 관련이 있다(김기훈 2008, 206-211).

1937년부터 1940년 봄까지 선만척식주식회사를 통해 조선에서 만주로 이주한 조선인은 1만 4,430호에 6만 1,761명이며 또 만주에 살던 농민으로 '안전농촌'에 집결한 조선인도 1,047호에 3,600여 명에 이르렀다. 그 외에 회사의 손을 거치지 않고 단독으로 만주에 이주한 '분산 개척민'(分散開拓民)도 상당한 숫자에 달하는 것으로 추정된다.[66]

조선총독부는 만주로 이주하는 조선인에게 1호당 여비 40엔을 비롯하여

65_공사는 조선인 농경지를 ① 직영 농장 ② 관리 토지 ③ 안전 농촌의 세 가지 방식으로 경영했다. 직영 농장은 공사가 직접 소작인으로 하여금 경작하게 하는 것이다. 관리 토지는 면적, 지질, 치안 및 교통 등의 관계로 당시까지는 경제적 경영을 해보지 못한 토지이다. 안전 농촌은 항구적 안정책으로 자작농 창정을 목적으로 하는 것으로 조선총독부와 관동군, 만주국 정부의 원조로 진행되었다(高見成 1938, 34-35).

66_金東進(1940) 참조. 조선인 이민자 특히 분산 이민자들은 검문소가 설치되지 않은 지역을 통해 손쉽게 만주로 들어갈 수 있었다. 분산 이민의 숫자는 공식 기록보다 2~3배는 더 될 것으로 추정된다(高見成 1941, 81).

표 1 | 만주 개척민 1호당 조선총독부 및 만주국의 보조액 단위: 엔

	조선총독부	만주국	합계
이주 여비	40.00		40.00
공공 시설비	79.00	185.41	264.41
개인 시설비	100.00		100.00
합계	219.00	185.41	404.41

자료: 平井相曦(1941, 19-20).

공공 시설비와 개인 시설비를 합쳐 219엔을 지원했다. 만주국도 185.41엔의 보조금을 지급했다. 조선총독부와 만주국은 1호당 404.41엔의 막대한 보조금을 지원한 것이다. 이는 '분산 개척민'을 집단이민으로 유도, 조선인을 통제하여 일제 정책에 협조하도록 하기 위한 것이다.

일제는 집단이민을 지도할 중견 인물을 양성하기 위해 지도자 훈련소를 설치했다.[67] 또한 1940년에는 근로 봉사를 위해 조선에서 청년의용대를 파견하기로 하고 총독부 개척민 훈련소에서 훈련을 받은 67명을 일본으로 보내 재교육시켰다.[68] 1940년 4월부터 척식 훈련소를 조선총독부로 이관하여 만주 개척민 지원자 훈련소로 개칭하고 일본 및 만주와 밀접한 연락을 하도록 했다. 또 같은 해에 '만주 개척 청년의용대'를 편성하여 만주 개척 지원자 훈련소 및 내지내원훈련소(內地內原訓練所)에서 훈련한 뒤 다시 만주국합이빈훈련소(滿洲國哈爾濱訓練所)에서 훈련을 마치도록 했으며, 그해 8월에는 민간 원조 기관으로 조선이주협회를 창립했다(平井相曦 1941, 17-20). 이는 만주 이주 조선인에 대한 훈련을 위해 일본, 조선, 만주국이 협력했음을 보여

67_"鮮滿一如 具現에 加鞭 移民指導班養性." 『每日申報』(1937/07/28).
68_"新大陸에 聖초잡을 鮮滿一如의 使徒." 『每日新報』(1940/06/12).

주는 것이다.

조선총독부는 1942년부터 제2차 개척민 5개년 계획을 시작하여 매년 1만 명을 이주시키기로 결정하고 만주국의 원활한 협조를 위해 선만연락개척민회의를 개최했다. 만주 이주 조선인은 만주를 개간하는 역할을 담당했지만 특히 이 시기에는 '국방 전사'로서의 역할도 함께 담당하도록 했다. 따라서 이 시기에는 이민자의 수보다는 일본 제국의 목적에 충실한 '질적으로 우수한 사람'을 선발하는 것을 우선시했다.[69]

만주국에서는 '민족협화'가 건국 정신으로 강조되면서도 재만 조선인의 자격, 지위 문제가 계속 논란이 되었다. 1941년 4월 미나미는 만주를 방문하면서 많은 문제가 해결되어 큰 성과를 거둔 것으로 평가했다.[70] 미나미는 재만 조선인의 경우도 '내선일체'와 '일만일체'가 상호 순조롭게 이뤄지고 있다는 낙관적인 평가를 했다(朝鮮社會事業協會 1941, 7).

그런데 이는 일제 입장의 낙관론이었다. 만주국은 오족협화를 표방했지만 각 민족 간의 차별은 엄연한 현실이었다(이동진 2008, 233).[71] 일본인들은 조선인과 만주인에 대해 우월감을 가지고 살았다. 만주 이주 조선인들도 그

69_여기에서는 ① 이주할 호수의 계절별 배정, ② 이주할 지구와 개척 집단을 만주로 보낼 기간 결정, ③ 개척자 가옥과 토지의 구체적 결정, ④ 일반 개척민 특히 그 지도원 훈련의 적극적 강화 확충, ⑤ 개척지 농사방법의 구체적 지도, ⑥ 보조금과 금융 시설 확충 등 여러 가지 항목을 중심으로 협의했다. "鮮滿一如로 確立될 開拓民의 百年大計." 『每日新報』(1942/08/07).

70_"鮮滿一如의 現地報告"(1-6편). 『每日新報』(1941/04/22~29).

71_일본인 중등학교인 신징상업학교의 조선인 합격자는 아홉 명(전체 합격자는 216명)에 불과했다. 신징실무학교 졸업자는 신징상업학교 졸업자보다 더 낮은 지위에 취업했다. 이런 상황에서 일제는 조선인들에게 일본인보다는 못하지만 중국인보다는 우월하다는 인식을 심어줌으로써 조선인들의 불만을 잠재우려 했다.

런 현실을 피부로 느끼며 살았다(한국정신문화연구원 한민족문화연구소 2001, 290-291).[72]

조선인의 만주 투자는 대부분 토지와 금융업에 관련되었고 제조업에서는 거의 존재하지 않았다. 그런 점에서 1939년 12월 자본금 1,000만 원으로 설립한 남만방적주식회사가 주목받긴 했지만(카터 에커트 2008, 262-267) 이는 예외적 존재에 지나지 않는다. 이 밖에 만주로 상품을 수출하기 위해 조선에 본점을 두었던 조선인 회사가 만주에 지점을 설치하는 사례도 있었다. 특히 1939년 이전까지는 한두 개에 지나지 않았던 지점이 일곱 개로 늘어났다. 그러나 이런 지점 설치도 1942년에는 다시 두 개로 줄어들었다.[73] 이와 같이 중일전쟁과 당시 분위기에서 조선인 자본가들은 만주 시장에 대한 기대감이 있었고 일정 시기 그것이 현실화하기도 했지만 그 수는 많지 않았다.

IV. 맺음말

일제는 침략 전쟁을 수행하면서 일본~조선~만주국을 잇는 이른바 엔블

72_"일본 놈들이 좀스럽기 짝이 없거든요. 민족적 차별이 관습상의 것이 아니라 국가가 정책적으로 조직적으로 철저하게 감행했거든요. …… 그때 조선에 왔거나 만주에 와 있는 일본인 중에 조선인이나 만주인이 일본인과 동등하다는 생각을 한 일본인은 특수한 사람을 제외하면 거의 없었지 않은가 생각이 듭니다."

73_조선 지역에서 활동한 은행과 회사를 정리한 것이 『朝鮮銀行會社(組合)要錄』이다. 이 자료에 게재된 1942년 은행과 회사의 총수는 6,298개 사에 이른다. 中村資良 編, 『朝鮮銀行會社(組合)要錄』, 東亞經濟時報社 참조.

록의 확대 재편이라는 목표를 달성하기 위해 노력했다. 이를 위해 조선 총독 미나미 지로는 일본과 조선을 연결시키는 논리로 '내선일체론'을, 조선과 만주국을 연결시키려는 의도로 '선만일여론'을 제기했다. '선만일여론'은 이미 만주국 수립 이전부터 그 단초가 마련되어 있었으며, '선만일여론'이 제기된 이후 조선과 만주국은 일제의 '대륙 침략'을 위해 상호 밀접한 협력 관계를 더욱 확고하게 다질 수 있었다.

일제는 '만선사관'을 통해 조선과 만주가 역사적으로 같다는 인식을 주입했다. 1910년 이후에는 압록강 철교 준공과 안봉선 개통으로 조선과 만주 사이의 교류가 더욱 활발해지면서 조선에서도 만주에 대한 관심이 보다 높아졌다. 조선과 만주를 같이 다루는 『조선급만주』는 그것을 보여 주는 상징적인 예이다. 1917년에는 조선에서 일본과 조선, 만주를 하나로 묶어 인식하는 '일선만통일론'이 나오기도 했으며 만주와 조선에서 통치 정책을 일원화하기 위해 '선만회의'를 개최하기도 했다. 이밖에도 '선만 시찰단'이나 '선만 여행' 등이 이뤄지면서 조선과 만주를 하나로 묶는 인식이 일반적으로 널리 퍼졌다.

일제는 만주국이 수립되자 조선과 만주국의 교류를 더욱 활발하게 하기 위해 노력했다. 먼저 만주와 조선, 일본을 연결하는 새로운 교통망을 정비했다. 또한 조선무역협회를 조직하고 화물 유통을 신속하게 하는 등 조선과 만주국의 무역을 증대하기 위해 노력했다. 조선과 만주국은 조선인의 만주 이민에 대해서도 긴밀하게 협력했다. 만주국은 조선인에게 국적을 부여했고 이는 조선에서 '만주붐'이 확산되는 계기가 되었다.

'선만일여론'은 이런 일련의 흐름 속에서 나온 것으로 처음부터 조선과 만주국 사이뿐만 아니라 일본과 만주국 사이의 블록 완성을 위한 기초였다. 이른바 '제국 경제권 확립 방침'의 일환으로 제기된 것이다. '선만일여론'을 현실에서 적용하기 위해 미나미 지로는 많은 노력을 기울였다. 먼저 1936년 10월 우에다 켄키치 관동군 사령관이 회담을 통해 조선과 만주국이 긴밀하게 협조하기로 합의했다. 이후 미나미 지로를 비롯한 조선총독부 고위 관리가 수차례에 걸쳐 만주국을 방문하여 현안 문제를 협의했고 만주국에서도 국무총리 장징휘를 비롯한 고위 관료가 조선에 와서 현안 문제에 대해 협의를 하면서 상호간 만족할 만한 성과를 거둔 것으로 평가했다. '선만일여론'은 태평양전쟁이 발발하면서 '대륙일여론'으로 확대되었다. 조선과 만주국은 정치, 군사적 측면은 말할 것도 없고 산업·경제적 측면에 있어서도 공동의 운명을 갖고 있음을 강조했다.

'선만일여론'은 일제가 대륙 침략을 꾀하는 시점에서 제기된 것이므로 이후 조선과 만주국은 더욱 긴밀한 교류와 협력이 필요했다. 철도와 항만 정비가 이뤄졌으며 압록강을 공동으로 개발하기 위해 노력했다. 특히 압록강에서 발전된 전력을 공동으로 이용하기 위해 종합적인 논의를 하기도 했다. 또한 일제는 조선과 만주국의 무역을 더 활성화하기 위해 노력했고 그 결과 수출입 통제 정책이 강력히 실시되는 상황에서도 조선의 대만주국 무역은 계속 증가하는 경향을 띠었다. 1944년 5월에는 관세마저 철폐하여 경제적 장벽을 완전히 제거했다.

이 시기에 만주 이주 주선인은 '선만일여'의 첨병대로 높게 평가받았다. 조선인의 만주 이주에 대해서는 일본 본국과 조선, 만주국이 보다 긴밀하게 협조했다. 특히 조선총독부와 만주국은 막대한 보조금을 지원하며 집단이민을 장려했다. 이는 일제의 대륙 정책에 부응하는 '질적으로 우수한 사람'을 선발하기 위한 것이다.

당시 만주국은 오족협화를 표방했지만 일본인들은 조선인과 만주인에 대해 우월감을 가지고 있었다. 만주 이주 조선인들도 그런 현실을 피부로 느끼며 살았다. 다만 이런 차별하에서도 조선인 자본가들은 '만주붐'에 고무되어 일부 자본을 만주에 투자했지만, 그 결과는 상당히 제한적일 수밖에 없었다. 결국 조선인 자본가들의 기대는 크게 실효를 거두지 못했다.

요컨대 '선만일여론'은 일제가 조선과 만주의 상호 관계를 긴밀하게 만들려 했던 역사적 흐름 속에서 나온 것으로 일제의 입장에서는 소기의 목적을 달성했다고 할 수 있다. 일본 제국내의 다양한 정치 세력 간에는 대립·갈등이 있었지만 기본적으로는 동일한 목적을 위해 협력했다는 것을 '선만일여론'을 통해 알 수 있다. '선만일여론'이 제기되는 상황에서 일부 조선인들이 '만주붐'이라는 기대를 갖기도 했지만 그 기대는 일본인과의 차별이라는 엄연한 현실 아래 거의 대부분의 조선인들에게는 실현될 수 없는 환상에 지나지 않았다.

제2부

동북아 경제 관계의 형성과 변화

전후 동북아시아의 경제 관계를 장기 추이로 보면, 이질적 제도하의 독자적 관계로부터 지역 국가 간 교류가 날로 심화되는 상호의존적 관계로 수렴되어 온 과정이었다고 요약할 수 있다. 이에 여기의 세 논문은 동북아 주요국인 한국, 중국, 일본, 타이완을 대상으로 경제 제도와 경제적 교류·협력의 과정에서 나타난 특징과 그 변화가 어떻게 전개되어 왔으며, 그 원인은 무엇인지 규명하고자 시도했다. 동아시아 지역의 역사적 성찰에 있어서 이런 경제 부문의 변화는 현재의 역내 정치·경제적 역학 관계의 형성에 대한 설명에 함의를 제공하고 있다. 경제 제도나 협력에 있어 새로운 틀의 생성 과정에 있어서도 일정 정도 특정 부문에서는 경로의존성을 내포하는 부분이 있기 때문이다.

변영학의 "전후 미국 헤게모니와 산업화 시기 한국과 타이완의 금융체제 연구"는 한국과 타이완의 중앙은행과 금융 시스템을 분석 대상으로 하여, 양국이 산업화 시기 미국 패권의 지배를 받았다는 점에서 유사한 점이 있는 반면 중앙은행의 독립성에 있어서는 상이한 체제를 갖고 있다는 문제 제기에서 출발하여 그 원인의 규명을 역사적 관점에서 시도했다. 그 결과 두 국가가 각 내부 조건의 차이 때문에 서로 다른 발전주의적 경로를 거치면서 금융 시스템과 감독 면에서 이란성 쌍둥이가 되었음을 주장하고 있다.

김현성의 "전후 일본의 동아시아경제공동체 구상의 전개와 동아시아 공간"은 1960년 초반 태평양자유무역지대안 구상에서 시작하여 전후 일본에서 논의되어 온 지역 경제협력 혹은 지역 경제공동체 구상의 변화를 추적했다. 주된 분석 시점으로, 각 구상들의 내면에서 동아시아라는 공간의 범위를 어떻게 인식했으며, 그 변화의 방향은 어딘지 도출하고자 했다. 또한 내용적 측면에서 공동체 내 경제협력의 주된 교류 기제에는 어떤 변화가 있어 왔는지 분석하고 있다.

마지막으로 정인교의 "한·중·일 경제통합(FTA) 논의의 역사적 고찰"에서는 동아시아 지역 내 한·중·일 FTA를 대상으로, 상호 이질적인 국가 경제의 통합을 위한 여건 형성 및 발전 관점에서 그 역사적 발전 과정을 분석했다. 1990년대 후반 ASEAN+3 정상회의를 통해서 한·중·일 경제통합이라는 이슈가 논의되기 시작한 이래 지금까지 진행되어 온 관련 협상 과정에서 노정된 과제들을 검토하여 그 여건이 개선되어 왔는지의 여부를 검토하고 있다.

4장

전후 미국 헤게모니와 산업화 시기 한국과 타이완의 금융체제 연구

변영학

I. 서론

동북아의 눈부신 경제성장은 오랜 동안 정치학자와 정책 결정자들의 연구 대상이 되어 왔다. 첫 번째 학문적 논쟁은 시장 합리성과 계획 합리성의 대결이었다. 1970년대 몇몇 학자들은 동아시아의 수출지향적 경제성장을 남미 국가들의 수입대체산업화와 비교하면서, 최소한의 정부 개입과 자유 시장 논리의 존중에서 그 경제 기적의 원인을 찾았다(Balassa 1965, 1978; Krueger 1979). 반면에 다른 학자들은 원조, 외채, 금융, 정책 자금 등 경제 부문 간 자원 배분에서 정부가 오히려 적절하게 선택적으로 개입하여 경제활동을 조절했기 때문에 경제적 성과를 낳을 수 있었다고 주장했다(Johnson 1982; Wade 1990; Amsden 1992). 이들은 '발전주의 국가'(developmental state)라는 개념을 만들고, 어떻게 국가 혹은 정부의 제도적인 특징이 상이한 경제적 결과를 만들어내는가를 연구했다(Evans 1995). 경제학에서도 시장의 불완전성과 이에 대한 공공제도의 보완적 기능을 강조했던 스티글리츠의 신제도주의 경제학이 부상했다. 이런 학문적 지형의 변화를 반영하여 세계은행은 마침내 1993년 보고서에서 동아시아 정부의 역할과 계획 합리성이 경제성장에서 차지하는 성과를 인정하게 되었다(Mondiale 1993; Stiglitz 1996).

동아시아 정치·경제에 대한 두 번째의 이론적 쟁점은, 1997년 동북아시아 경제 위기 이후 동아시아 발전주의 모델의 지속 가능성에 대한 것이었다. 국제통화기금을 비롯한 학자들과 정책 결정자들은, 발전주의론자들이 칭송하던 동아시아의 모델은 사실상 도덕적 해이와 부패로 가득한 정실 자본주의(crony capitalism)였으며 그 결과 경제 위기를 겪게 되었다고 반론을 제기했다. 이에 대항하여 발전주의론자들은 동아시아국가들의 처한 기회의 구조와 제약을 결정하는 많은 역사적·정치적·경제적·안보적 요인들을 연구하면서 여전히 동아시아는 다른 지역과 다른 특수성을 가지고 있다고 주장했다(Woo-Cumings 1999; Pempel 1999a).

어떤 측면에서 보면 발전주의를 연구하는 학자들은 의도하건 의도하지 않건 그 모델의 긍정적인 측면(예컨대 경제성장)을 과도하게 미화한 나머지 동북아 전체를 아우르는 초국가적 특성에 영향을 미치는 지정학적 측면이나 미국의 패권에 대해서는 관심이 적다. 그들은 국가-사회, 정부-기업 관계, 문화적 배경과 같은 일반적인 성격에 주목하지만 특정한 정책 영역이나 부문 간 관계와 같은 세밀한 연구 영역에 대해선 상대적으로 연구 성과가 미흡했다.

더구나 동북아 연구자들 간에 방법론적인 합의가 미흡한 것도 사실이다. 일부의 학자들은 '신흥공업국'(NICs) 혹은 발전주의라는 지역적 개념을 강조한 나머지 해당 국가들의 개별적 특성을 포착하지 못하는 경우도 있다. 예컨대 전후 경제성장을 성공적으로 추진하면서도 일본은 의회 민주주의를, 타이완은 강고한 레닌주의적 일당독재 체제를, 한국은 권위주의 정부, 시민사회의 간헐적인 민주적 분출, 새로운 권위주의 정부의 등장이라는 역사적 시퀀스를 경험했음에도 이런 개별적인 특성을 무시한 연구들이 많았다(Pempel 1999b). 반대로, 한국, 일본, 타이완의 유사한 산업화 경험을 포착할 수 없기 때문에 미국 패권과 같은 지역 전체의 특성을 연구해야 한다고 강조하는 학자도 있다(Cumings 1987).

본 연구는 지역 전체의 보편성과 개별 국가의 개체적 특성을 동시에 포착하면서 경제적 발전을 설명하기 위해 중범위 이론(middle range theory)의 설명 방식을 채택한다. 즉 전후 동북아를 미국이 헤게모니를 장악한 공간이지만 지역 내 국가들의 정치, 경제, 사회 등 세세한 분야까지는 건드리지 않는 초국가적 공간으로 이해한다. 이때 미국이 가지는 헤게모니란 "개별 구성 국가가 넘을 수 없는 경제와 국제 안보상의 외적 한계"(Cumings 1987)를 설정하는 권력을 의미한다. 동북아에서는 자본주의와 반공주의가 그 헤게모니 공간의 양쪽 한계를 구성한다. 그 한계 안에서는 구성 국가가 지배 권력에 복종하는 대가로 혜택을 얻을 수 있지만 그 한계를 넘어서면 군사 및 경제원조의 중단, 국제적 고립, 심지어 군사적 공격도 감내하는 벌칙을 받는다. 이런 초국가적 헤게모니 공간 내에서 구성 국가들은 개별적이고 국지적인 조건에 적응하기 위해 패권국으로부터 일정 수준의 상대적 자율성을 가지면서 정책 결정을 할 수 있다. 따라서 패권국의 동일한 영향력도 각국에서는 서로 상이한 정책 결과를 낳을 수 있는 것이다.

본 연구는 중앙은행과 금융 시스템을 다룬다. 금융은 국가의 신경망이라 할 수 있다. 금융은 마치 산소와 영양분을 함유한 혈액으로서 산업이라는 근육이 운동할 수 있도록 해준다. 산업화를 추진하기 위해 정부는 국내외 금융

자원을 동원하여 특정 경제 부분에 공급해 주어야 한다. 따라서 금융이 흘러가는 경로와 그 경로의 작동 방식을 추적하면 금융 정치가 어떻게 발전주의적 경제성장을 관리하고 조절했는지 이해할 수 있을 것이다. 이 같은 금융 정치를 연구하는 데 있어 중앙은행의 역할은 핵심적이라 할 수 있는데 그것은 중앙은행이 이자율 결정, 통화 공급의 통제, 환율 관리, 금융 감독과 같은 핵심적 기능을 수행하는 '정부의 은행'이자 '은행의 은행'이기 때문이다. 진지하게 경제 발전을 추진하는 국가라면 중앙은행이라는 핵심적 제도의 문제를 회피할 수 없을 것이다.

본 연구는 산업화 시기 미국 헤게모니의 지배를 받았던 한국과 타이완 사례를 비교한다. 양국은 일본 식민지, 토지개혁, 분단, 오랜 권위주의 정부, 소국 개방형 경제, 국가 주도의 경제성장 등 역사적 경험에서 유사한 측면이 많으면서도, 동시에 전후 미국과의 협상 과정, 금융 및 중앙은행 체제의 운영 방식, 발전주의 동맹의 구성에 있어 상이한 특성을 보인다. 한국과 비교할 때 타이완은 순조로운 대미 협상, 보다 강력한 중앙은행, 보다 광범위한 발전주의 동맹의 사회적 기반을 보인다는 점에서 발전주의의 '이란성 쌍생아'라고 할 수 있다. 이런 의미에서 본 연구는 양국의 금융 부문과 중앙은행 체제를 연구함으로써 동북아 초국가적 공간에서 어떻게 발전주의적 이란성 쌍생아가 태어나게 되었는지를 설명할 것이다.

II. 전후 동북아에서의 미국 헤게모니

동아시아를 지배했던 일본 제국이 붕괴된 후 한국과 타이완은 미국 헤게모니의 지배를 받게 되었다. 양국은 단일한 국가 형성에 실패하여 공산주의와 군사적으로 대면하게 되었을 뿐만 아니라 경제적으로 혼란과 빈곤에 시달렸다. 전후 미소 간 협조 무드가 실패한 뒤 동북아는 냉전에 휘말렸다. 중국 본토를 외교적으로 상실했을 뿐만 아니라 한국전쟁에 참전하게 되면서 미국은 국제 공산주의가 더는 확산되지 않도록 봉쇄정책을 결정했다. 이로써 미국은 유럽의 전후 재건 프로그램을 수정하면서까지 동북아에 각종 원조 정책을 실행함으로써 자신의 헤게모니를 유지했다.

미국 정부는 한국과 타이완에 민간 및 군사고문단을 파견하여 양국이 자본주의와 반공주의라는 두 개의 패권적 한계 내에서 국가를 재건하도록 제도적 설계를 실행했다. 일본에서와 마찬가지로, 미국은 일종의 그림자 정부(shadow government)로서 중요한 정치적, 경제적 결정에 영향력을 행사했다. 예컨대 일본의 토지개혁을 실행했던 맥아더 사령부의 경험에 근거하여 미국 정부는 1940년대 말과 1950년대 초반에 국민당과 이승만 정부에 토지개혁을 강력히 요청했으며 이로써 양국은 농민 혁명을 회피하고 정치적 질서를 안정화할 수 있었다.

미국의 패권적 지배를 가능하게 했던 주요한 정책 수단은 미국 국제개발청(United States Agency for International Development, USAID)[1]이 관리하는 해외 원조였다. 1945년 이후 한국은 1,300만 달러를, 타이완은 560만 달러를 각각 군사 및 경제원조로 받았다. 한국이 1946년부터 1978년까지 받았던 600만 달러의 경제원조는, 같은 시기 미국의 대 아프리카 전체에 대한 원조

1_1948년에 유럽 재건 계획인 마셜플랜을 수행하기 위해 설립된 해외 원조 담당 기구로서 국무성에 각종 정책을 보고할 의무를 가졌다. 이후 1961년 케네디 행정부는 해외 원조를 보다 체계적으로 관리하기 위해 국무성 산하에 국제개발청을 설립하면서 흡수, 통합되었다.

689만 달러와 라틴아메리카 전체에 지원했던 1,480만 달러에 비교하면 엄청난 양이었다. 개별 국가로 보면 한국보다 일곱 배나 인구가 많았던 인도만이 유일하게 한국보다 많은 960만 달러를 미국으로부터 원조 받았다. 미국이 타이완과 한국에 지원했던 군사원조의 경우 1955년부터 1978년까지 약 900만 달러를 지원했는데 이 수치는 라틴아메리카와 아프리카 국가 전체가 받았던 320만 달러에 비하면 엄청난 규모였다. 이런 경제적, 군사적 원조는 사실상 한국과 타이완 양국에 생명줄과 같은 것이었다. 1953년부터 1961년 사이에 미국 원조는 한국의 고정자본 형성의 75%, 총수입의 70%를 차지했다. 타이완의 경우 국내 자본 형성의 40%를 미국 원조가 차지할 정도였다(Cole 1980; Cumings 1987).

그러나 패권국 미국은 한국과 타이완 정부의 정책 결정 과정의 모든 세밀한 면까지 지배하지는 않았다는 점을 지적할 필요가 있다. 성공적인 해외 원조 정책에서 중요한 것은, 원조국과 수혜국 정부 모두 상호 이익과 목적의 핵심을 존중해야만 한다(Montgomery 1962). 반공주의와 자본주의라는 초국가적 공간의 경계 내에서 미국과 한국/타이완의 관계는 어떤 틀에 박힌 정태적인 것이 아니라 협력과 갈등이 공존하는 동태적 관계였던 것이다.

1. 한·미 정책 갈등과 합의

미군은 한국을 점령했던 1945년부터 1948년까지 자원이 빈약한 한국에 대한 원조의 조절을 통해 한국의 국가건설에서 무엇이 가능하고 무엇이 불가능한지를 결정했다. 그러나 미국의 정책 결정자들 사이에 대한 원조에 대한 정책 갈등이 있었던 것도 사실이었다. 즉 미국이 중요한 결정권을 가지고 있던 국제연합은 한국의 경제적 잠재력에 대해 상당히 비관적이었기 때문에 경제적 자립보다는 군사적 안정을 뒷받침하는 데 더 관심이 있었다. 또한 미군부 역시 새로운 산업 투자나 신용의 확대보다는 경제적, 군사적 안정화를 주장했다. 이에 반해 국무부가 지지하는 유엔한국재건단(United Nations Korean Reconstruction Agency, UNKRA)과 경제협력단(Economic Cooperation Administration, ECA) 소속의 미국 자문관들은 경제안정화보다는 발전주의적 전략을 선호했다. 이들은 합리적인 산업기반의 구축과 수입대체산업화, 해외 원조, 농산물과 광물의 수출 확대로 단기간에 한국 경제가 자립할 수 있다고 믿었다(Lyons 1961, 6; Haggard, Kim, and Moon 1991, 852).

이승만 정부(1948~60)는 이런 미국의 제도적 다원주의와 정책 결정자들의 갈등을 이용했다(Woo 1991, 9). 예를 들면 이승만은 1955년에 극심하던 인플레이션을 감소시키기 위해 경제안정화와 환율의 평가절하를 미 국무성에 약속하고 더 많은 미국의 대한 원조를 받아냈다. 이처럼 이승만 정부는 국내 자원의 부족을 보충하기 위해 미국 원조를 최대한 얻어내는 전략을 이용했지만 그렇다고 해서 유엔 한국재건단이 제안했던 네이선 계획(Nathan Plan)과 같이 장기적인 경제 발전과 산업화에 대한 비전이 있는 것은 아니었다. 이승만 정부는 경제계획을 수립할 경우 발생하는 제도적 제약을 회피하면서 동시에 미국과의 협상에서 보다 많은 원조를 받아내기 위해 늘 임시방편적이고 가변적인 경제정책을 추구했다(Cole and Nam 1969, 32). 예컨대 이승만은 미 국무성과 유엔 한국재건단이 추천하는 네이선 계획뿐만 아니라 경제 관료들이 제안했던 5개년 경제개발계획은 "스탈린주의적 경제 발상"이라고 일축했다(이만희 1993, 54). 이런 미국과의 정책 갈등은 장면 정부에서도 반복되었다. 즉 장면 정부(1960~61)는, 미국이 제안했던 외환의 평가절하와 국영기업체의 합리적 개선과 같은 보다 시장 지향적 경제개혁을 시도했지만 민주당 내 정파 갈등으로 인해 제대로 실행하지 못했던 것이다. 따라서 한국의 경제가 자본주의적이어야 한다는 점에서는 동의했지만, 경제가 어떤 방식으로 추진되어야 한다는 점에 대한 한·미 간의 정책 불일치는 1960년대로 넘어가게 되었다.

박정희 군사정부는 1961년 쿠데타 이후 정부 권력을 중앙집권적으로 재편하고 민간 관료를 장악하면서 향후 한국 산업화의 중추 기능을 담당할 경제기획원(Economic Planning Board, EPB)을 설립했다. 그러나 미국은 박정희가 공산당 간부였다는 점, 그리고 초기 민족주의적인 자립경제를 주장했다는 점에서 의심스런 눈으로 바라보았다(Park 1962, 171). 미국의 경제적 자유주의 관점에서 볼 때 자립경제란 자본주의적 국제분업 체제에서의 이탈을 의미했다. 수출지향적 산업화를 통해 미국 주도의 세계경제에 분업 체제로 참여하는 것이 자원이 빈약하고 노동이 풍부한 소국이 취해야 할 경제정책이었던 것이다.

1962년에 박정희 정부가 전격적으로 실시한 통화개혁은 한·미 간 정책 갈등의 좋은 예라 할 수 있다. 당시 정부는 지하에 숨어 있는 국내 금융자본을 제도권으로 드러내고 이를 산업자본으로 동원하기 위해 통화개혁을 단행했다. 시민들은 모든 현금과 수표, 채권을 은행에 신고하여 새로운 통화로 교환해야 했으며 개인 저축을 산업자금으로 전환해야만 했다. 미국과 아무런 정책 협의 없이 취해진 이런 전격적인 실행에 대해 미국 정책 결정자들은 박정희 정부에 대해 강력한 항의를 표시했고 따라서 통화개혁 조치는 실패로 돌아가고 말았다(기미야 다다시 1991). 이처럼 자본주의적 경제체제에 대해서는 한·미 간의 합의가 있다고 하더라도, 한국 경제의 산출량 중 얼마만큼은 저축되고 또 얼마만큼이 산업 투자나 군사력 유지, 혹은 다른 정부 기능들에 사용되어야 하는지, 즉 국내경제적 자원의 배분에 대해서는 한·미 간 갈등은 여전했던 것이다(Cole and Lyman 1971, 165).

패권국의 반대에 부딪친 박정희 정부는, 국제분업 체계로부터의 이탈을 의미하는 자립 경제와 수입대체산업화를 강조했던 초기의 5개년 경제계획을 포기하고 결국 미국이 제안하는 수출지향적 경제정책으로 전환했다(Cole and Nam 1969). 경제성장에 대한 한·미 간 타협은 1964년 경제기획원과 국제개발청의 리더십에 새로운 인물이 임명되면서 결실을 맺었다. 1964년 5월 부총리로서 경제기획원 원장에 임명된 장기영은 인플레이션을 감소시키는 경제안정화 정책보다, 좀 더 적극적인 성장과 투자 정책을 선호했다(Cole and Nam 1971, 87). 이때 전통적으로 엄격한 통화관리를 강조했던 국제개발청의 주요 간부들이 대거 교체되었고 특히 경제자문관이었던 데이비드 콜(David Cole)이 예전의 정책을 바꾸면서 저환율과 저렴한 산업자금의 공급에 대해 보다 관대한 입장을 취하게 되었다. 그러나 한국 정부의 경제 전략에 대한 국제개발청의 동의는 일종의 묵인이었는데 그것은 미국이 공개적으로 동의할 경우 한국 정부에 대한 협상력이 감소될 수도 있었기 때문이었다(Haggard 1991, 864).

2. 타이완: 역사적 트라우마와 경제안정화 정책

장제스와 국민당은 1949년 타이완으로 패퇴한 이후 거시경제적 안정성을 핵심적 전략으로 삼았다. 국민당 정부는 1950년대 수입대체산업화를 진행하면서도 통화정책, 재정 균형 등에서 경제안정화를 성공적으로 수행했다. 그렇다면 왜 국민당 정부는 당시 세계 경제학계에서조차 비주류였던 정통 보수주의적 경제정책을 비교적 이른 시기에 채택했나? 당시 국민당은 타이완을 완전히 통제할 수 있는 권력을 가졌기 때문에 만약 원했다면 얼마든지 사적자본에 정책성 산업자금을 제공하는 방식으로 급속한 산업발전을 이룰 수 있었다.

국민당은 1949년 중국 본토에서의 내전 패배와 타이완으로의 패퇴라는 역사적 트라우마로부터 경제 안정의 중요성을 학습했다. 국민당 정부는 중국공산당과 일본 제국주의와의 전쟁으로 인해 심각한 정부 재정 적자와 인플레이션을 경험했다. 재정 적자는 1937년 12억 7,600만 달러에서 1945년에는 1조 1,000억 달러로, 물가지수는 1937년을 기준지수 100으로 볼 때 1947년에 1,034만으로 급증했다. 이런 경제적 파탄으로 인해 국민당은 농민들의 지지를 잃고 내전에서 패배했던 것이다(Chang 1958, 124, 372).

중국 본토에서의 실패를 경험한 국민당 정부는 1950년대 초반부터 통화개혁, 재정 균형, 높은 이자율 정책, 엄격한 통화관리와 신용 정책 등과 같은 정통 보수주의적 안정화 정책을 단행했다(Clark 1989). 이런 정책은 꽤나 성공적이었다. 예컨대 고질적인 인플레이션은 1950년의 300%에서 1952년 30%로 감소했으며 이후 50년대 내내 10% 미만으로 줄어들었다(Council 1969).

그러나 경제정책 결정자들 간에 논쟁이 발생했다. 즉, 경제안정화위원회는 수출 경제 전략을 제시했던 반면, 재정부는 국가 주도의 수입대체산업화를 선호했다. 재무 관료들은 자신들이 "국가가 기업 활동을 지도해야 하며 모든 생산기계를 국유화해야 한다"(Sun 1927, 442)고 주장했던 국부 쑨원의 정치적 후계자임을 자랑했지만 국민당 리더십의 선택은 전자였다(Gold 1986, 67; Pang 1992, 175). 국민당 정부는 1958년부터 1960년까지 실행했던 19개조 경제개혁 프로그램을 통해 환율, 무역, 산업 정책의 자유화, 재정 합리화, 군비 감축, 투자 증진법 입안 등 수출지향적 산업화를 위한 각종 조치를 단행했다(Ho 1987, 243-245).

당시 미국은 이런 타이완 내 정책 논쟁에 영향력을 행사했다. 1950년대 말 미 의회는 행정부의 해외 원조 정책을 심사하면서 원조가 수혜국들의 군사 안보보다는 사기업과 시장 중심적인 경제 발전을 목표로 이뤄져야 한다고 압력을 행사했다(Schelling 1957). 국제개발청 타이완 지부는 미 정부의 정책변화에 따라 종종 원조 감축을 수단으로 국민당 정부에 경제개혁을 종용했다. 예컨대 1959년 지부장이었던 해럴드슨은 국민당 정부에 8개 항목의 경제정책을 제안했는데 이것을 국민당 정부가 19개조 경제개혁 프로그램으로 확대했던 것이다(Jacoby 1966, 134-135). 국제개발청 심사관이었던 제이코비는 당시 미국-타이완의 정책 협력에 대해 다음과 같이 논평했다(Jacoby 1966, 130, 132).

> "국제개발청은 타이완의 경제정책 결정에 대해 일관되게 강력하면서도 자비로운 영향력을 행사했다. 군사력과 경제 발전이라는 양국 간의 상호 이익에 대해서도 광범위한 이해, 협조가 존재했다. 세세한 측면에 대한 정책 불일치를 제외한다면, 타이완에 대한 원조와 타이완 내 자원의 관리와 통제에 대해 양국 간의 정책 갈등은 별로 없었다."

지금까지 한국과 타이완 양국의 정책 결정자들이 어떻게 미국 헤게모니하에서 각국의 경제정책을 결정하게 되었는지를 살펴보았다. 비교적인 관점에서 보면, 미국의 헤게모니하에서 수출경제를 채택한 한국과 타이완은 당시 대부분의 저개발 국가들과 다른 예외적인 사례라 할 수 있다. 이들 저개발 국가들은 대체로 수입대체산업화를 지속적으로 추진했는데 이는 농산물·광물 수출과 같은 기존의 전통적인 사회 이익 부문들을 해체하는 정치적, 경제적 비용을 회피하는 경로였다(Ranis 1977, 28-29, 31-42). 한국과 타이완에서 수출

지향적 산업화로의 빠른 전환이 가능했던 것은 냉전이라는 조건, 즉 패권국이 지정학적인 균열선 상에 위치했던 양국을 일종의 쇼 케이스(showcase)로서 설정했기 때문이었다(Woo 1991, 9).

III. 중앙은행과 산업화의 정치경제

산업화는 자원의 동원에서부터 시작된다. 금융체제가 국내외 자금과 저축을 투자로 변환하여 복수의 경쟁적 산업가들에게 배분한다. 이런 금융기관을 관리 통제하는 국가기구는 중앙은행이다. 이런 의미에서 중앙은행 시스템은 일국 산업화의 방식을 특징짓는다. 한국 정부는 "경제 안정 없는 불균등 성장 전략"을 채택했기 때문에 중앙은행이 정치적 압력에 취약한 종속적 특성을 가지며, 반면에 타이완 정부는 "경제 안정을 동반한 균등 성장 전략"을 채택했기 때문에 중앙은행의 정치적 입지는 비교적 안정적이었다. 즉 양국은 발전주의라는 특성을 공유하면서도 중앙은행 시스템에서 상이한 모습을 보여 주었다.

1. 한국의 중앙은행

일본 제국은 조선을 통제하기 위해 일본계 상업은행인 대일은행을 설립하고 화폐 발행의 독점권과 정부 은행의 지위를 부여함으로써 조선을 단일한 통화 시스템에 묶었다. 이후 일본은 조선은행에 중앙은행의 기능을 부여했는데, 조선은행은 특수한 식민 은행이면서 일본 중앙은행의 조선 지점의 역할도 담당했다. 따라서 조선은행은 조선인의 저축을 일본 제국의 산업과 금융 부문 등 전시 경제체제에 동원하는 기능을 수행하게 되었다(Cole and Park 1983, 44).

조선은행은 만주에서도 일종의 중앙은행으로서 군비 동원과 인플레이션 억제를 수행했다. 1950년대 재무부 장관이었던 백두진에 따르면, "조선은행은 일본군과 함께 움직이면서 만주의 소도시에 지점과 연락소를 개설함으로써 일본 제국의 전시체제를 위해 자원을 동원했다"(백두진 1975). 1931년에 만주국이 건설되자 일본은 만주국의 중앙은행인 만주국은행을 세우고 대신 조선은행을 조선으로 복귀시켰다. 그 후 조선은행은 중심부인 일본은행과 변방인 만주국은행 사이에서 금융 자금을 매개해 주는 지역 간 연계 기능을 담당하게 되었다.

2차 세계대전이 종결될 무렵 조선은행은 거의 파산 상태에 이르렀는데, 그것은 조선은행이 만주와 일본에서 불어 닥친 전시경제와 인플레이션 압력에 의해 짓눌렸기 때문이었다. 일본은 조선은행을 본국 경제를 활성화하기 위한 정책 자금을 동원하여 제공해 주는 기구로 활용했는데, 이미 1920년대에 부실 여신율이 전체 신용에서 36.7%를 차지할 정도였다(정운찬 1995, 225). 따라서 1930년대 이후부터 독립 때까지 조선은행은 중앙은행이라기보다 일개 부실한 상업은행 정도의 존재 가치를 가졌을 뿐이다.

1945년 해방 후 한국은 남북 분단, 한일 간 경제 연결망의 붕괴, 극심한 인플레이션으로 인해 경제의 위기 상황이었다. 1948년 이승만 정부가 수립된 후 중앙은행 설립에 대한 논쟁이 발생했는데, 그것은 당시 조선은행, 조흥은행, 재무부가 금융 부분의 국가 건설이라 할 중앙은행 설립을 주도하기 위해 치열한 갈등을 벌였기 때문이었다(『조선일보』 2005/08/19). 무엇보다 어떤 모델에 입각하여 신생 독립국의 금융·통화 시스템을 관리해야 하는지에 대한 합의가 부족했다.

마침내 1949년 재무부는 미연방준비이사회에 중앙은행의 설립을 도와달라고 요청했고, 이에 당시 미 경제협력청(Economic Cooperation Administration, ECA. 1961년에 국제개발청으로 개칭)과 뉴욕연방은행이 아서 블룸필드(Arthur I. Bloomfield)와 존 젠슨(John P. Jensen)을 한국 정부에 파견했다(Bloomfield and Jensen 1951, 3). 한국은행의 관리 시스템과 관계 법령을 설계했던 이 두 명의 미국인이 가지고 있던 전문적 식견에 대해 후일 경제기획원 장관이었던 장기영과 한국은행 총재를 지냈던 구용서는 각각 다음과 같이 술회했다(한규훈 1986, 84-85).

> "나는 블룸필드 박사에 의하여 비로소 민주주의적인 금융제도에 눈을 떴던 것이다. 듣는 것 배우는 것이 모두 새로운 것이었다. 제2차 세계대전 후 미국 연방준비은행의 도움으로 중앙은행을 신설하여 성공한 케이스인 과테말라의 중앙은행제도를 우리에게 가르쳐주며 점점 계몽하는 방향으로 나갔는데 우리야 홀딱 반해서 이것밖에 없다는 신념을 갖게 되었다."

> "나도 여러 가지로 연구를 해서 리저브 시스템에 대한 관계는 짐작하고 있었으나 블룸필드 박사가 한은법을 민주금융의 한 헌장 비슷하게 만들어 온 것을 보고는 경탄을 금치 못했다"

블룸필드와 젠슨은 이승만 정부에게 〈중앙은행법〉 최종안을 만들어 주었고 국회는 한국전쟁이 발생하기 몇 주 전 5월에 통과시켰다. 주요한 내용은 다음과 같다. ① 조선은행을 강력하고 독립적인 중앙은행으로 만들고 통화정책과 은행 감독 기능을 부여할 것, ② 중앙은행 내 통화위원회를 설립하여 통화정책을 관리할 것, ③ 상업은행을 민영화하고 이들에 대한 통제권을 강화할 것, ④ 강력한 인플레이션 정책을 실시하여 경제안정화를 단행할 것 (Bloomfield and Jensen 1951, 42-78).

이론적으로 보면 한국은행은 미국연방은행을 모델로 하여 설립되었다. 〈중앙은행법〉에 따르면 한국은행은 통화안정이라는 분명한 정책 목표를 가졌고 여신, 환율, 은행 감독을 포괄하는 광범위하고 강력한 권한을 부여 받았다. 또한 정치인과 재무부로부터 정치적 독립성을 가졌기 때문에 정부와 국회에 정책 보고와 같은 책임을 지지 않았다. 이에 대해 재무부와 관료들은, 〈중앙은행법〉 초안이 통화위원회에 대통령을 넘어서는 강력한 권한을 부여한 것에 대해 비판적이었다(한국은행 2000, 22-23).

그러나 실질적으로 한국은행은 그다지 강력한 권한을 행사하지 못했다. 〈중앙은행법〉 안이 통과된 후 바로 발발한 한국전쟁 때문에 애초에 기대했던 한국은행의 독립성은 전시경제의 수행과 전후 경제 복구라는 목표 아래 훼손되었던 것이다. 또한 이승만 정부는 산업은행을 1954년에 설립하여 산업부문에 중장기 투자 자금을 지원했다. 산업은행은 1955년부터 60년 사이에 산업부문 전체 여신의 41.7%를 차지했을 뿐만 아니라 재무부 산하의 금융 기구였기 때문에 중앙은행의 통제를 받지 않았다. 즉 한국은행은 당시 시장에서 금융 권력의 절반을 행사하지 못했던 것이다.

이에 대응하여 한국은행은 나름대로 독자적인 목소리를 냈다. 예컨대 통화위원회는 산업은행이 모든 금융기관을 관리·감독하도록 규정한 〈중앙은행법〉을 어기고 있다고 정부를 비판했다. 또한 산업은행과 정부가 한국은행에 통화 증발을 요구했을 때에도 금융 안정을 해칠 수 있다는 이유로 거부했다. 전체적으로 보면 1950년대 한국은행의 정책 수행력은 그다지 나쁘지 않았다. 외부적으로 미국 자문관과 경제협력청의 도움을 얻어 정부에 경제안정화 조치를 압박했을 뿐만 아니라 물가 안정에도 비교적 성공적이었다. 1952년 116.5%에 달했던 서울의 도매 물가는 1950년대 말에 6.3%로 급감했다.

1961년 쿠데타로 집권한 박정희 정부는 자신의 정치적 정당성의 결핍을 보충하기 위해 경제 발전을 기치로 내걸고 산업자본가들을 발전주의 동맹으로 초대했다. 산업자본가 정상들의 조직인 전국경제인연합회는 자신들의 이익이 반영된 정책 제안서를 정부에 제출했고 이는 1961년 중반에 정부에 의해 채택되었다. 그 제안서는 '자유로운 해외 자본의 유입과 한국은행의 금융지원'을 담고 있었다(전경련 1991, 76). 이후 박정희 정부는 1962년에 〈중앙은행법〉을 개정함으로써 한국은행을 재무부의 통제하에 두었다. 이런 개정은 국가 주도의 경제성장을 목표로 하는 일종의 '발전주의 선언서'와 같은 것이었다(한국은행 2000, 222-323).

개정의 내용을 보면, 통화위원회의 자율성이 줄어들었다. 첫째, 정부는 자신이 추천하는 위원을 총 7명 중 3명에서 9명 중 6명으로 늘려 놓았을 뿐만 아니라 재무부 장관이 당연직으로 위원회 의장을 맡게 했다. 한국은행장은 재무부 장관의 추천을 받아야 했으며 내각의 승인을 얻어야 임명되었다. 대통령은 재무부 장관의 요청에 의해 중앙은행장을 임기 중이라도 해임할 수 있게 되었다.

둘째 재무부는 한국은행의 정책 자원과 정책 결정을 통제할 수 있게 되었다. 즉 한국은행은 자신의 예산 계획을 내각에 보고해야 하며 내각은 이를 수정하거나 거부할 수 있게 되었다. 또한 재무부 장관에게 한국은행의 통화 및 금융 정책을 감독하고 판단할 수 있는 권한이 부여되었다.

셋째 한국의 중앙은행 제도를 설계했던 미국의 의도와 달리, 박정희 정부는 환율 관리를 한국은행이 아닌 재무부가 담당하도록 조치했다. 이로써 한국은행은 국경을 넘나드는 금융거래를 관리할 수 있는 능력을 상실한 반면, 재무부는 당시 한국 경제에 결정적인 엄청난 규모의 미국 원조와 해외 자본을 통제할 수 있는 기반을 마련했던 것이다.

이처럼 정부에 종속적인 한국은행은 산업화 시기 예컨대 한은특융과 같은 정책성 여신을 대기업에 적극적으로 제공했다. 중화학공업화가 선언되었던 1972년, 정부는 수출산업을 지원하기 위해 환율을 18%나 올렸다. 그러나 그 조치는 당시 해외 자본을 빌려왔던 시중 은행들에게 채무 결재의 부담을 증가시킴으로써 심각한 문제를 야기했다. 이에 정부는 시중 은행들이 2,000억 원 상당의 채권을 발행하도록 했고 이를 한국은행이 당시 시장이자율이었던 20%보다 훨씬 저렴한 5.5%로 매입하도록 조치했다. 이로써 시중 은행은 자신들에게 유리한 방식으로 채무 변제 일정을 연장할 수 있었다(한국은행 2000).

한국은행은 전두환 정부 시기에도 여전히 국가의 발전주의적 열정에 종속적이었다. 1985년 전두환 정부는 비효율적인 산업구조를 재조정하기 위해 한국은행에 금융 지원을 요구했다. 이에 한국은행은 재무부의 묵인하에 자신의 법령을 개정하여 산업합리화기금을 조성할 법적 근거를 마련했다. 한국은행은 1조 7,000억 원을 여섯 개 시중 은행에 3%라는 저렴한 이자율로 제공했다. 이후 시중 은행은 채무 결재의 부담으로 시달리던 산업자본에 다시 제공한 바 있다(정운찬 199, 274).

2. 중화민국 중앙은행

지방 군벌들이 장악한 조세제도 때문에 늘 재정 부족에 시달렸던 쑨원 정부는 1924년 중화민국 중앙은행을 설립했다. 당시 상업은행들은 근대적 금융기관이라기보다는 사채 기구였기 때문에 쑨원 정부로서는 중앙은행을 설립하여 국가의 재정 부족을 메우고 공산당과 일본군과의 전쟁에 필요한 금융 자원을 전국적으로 동원하려 시도했다. 전쟁은 각국 정부에게 엄청난 자원 동원의 필요성을 급증시키기 때문에 역사적으로 볼 때 중앙은행의 설립이라는 금융 혁명이 일어나는 것은 전시이다(Kindleberger 1984, 7). 그러나 이런 근대적 노력은 실패했는데 그것은 중화민국 중앙은행이 통화정책을 독점적으로 운용하지 못했을 뿐만 아니라 민간은행권으로부터 존중 받는 금융기관이 아니었기 때문이다.

1927년 프레더릭 레이스-로스 경이 장제스 정부에게 광범위한 통화개혁을 제안하자 정부가 이를 받아들임으로써 다시금 근대적 중앙은행 체제를 설립하고자 했다. 레이스-로스 경은 영미 계통의 금융 시스템에 기반을 두어 중화민국 중앙은행이 통화 발행, 재할인, 자금 시장과 여신을 관리하도록 초안을 마련했다. 그러나 이런 장제스 정부의 노력 역시 내전과 중일전쟁이라는 정치적 상황 때문에 쉽지 않았다. 특히 당시 상하이에 밀집했던 사적 금융자본은 상하이를 벗어나 군벌과 지방정부 통제하의 다른 지역에서 무거운 '정치적 세금'을 내면서까지 기업 활동을 하는 데 대해 회의적이었다.

중화민국 중앙은행(이하 타이완 중앙은행)은 중국 본토에서 제대로 중앙은행의 기능을 수행하지 못한 채 국민당 정부를 따라 다니다가 결국 타이완에 1949년 안착했다. 국민당 정부는 타이완으로 패퇴한 후 '정부의 재정 담당 기능'을 제외한 타이완 중앙은행의 모든 기능을 당시 타이완의 토착 상업은행이었던 타이완은행에 일임했다. 이런 금융·통화 권력의 위임은, 당시 타이완 중앙은행이 새로운 타이완 섬의 상황에 익숙하지 않다고 정부가 판단했기 때문이었다. 또한 국민당 정부는 적어도 1950년대에는 다시금 중국 본토를 회복할 수 있다고 여겼기 때문에 그런 위임은 잠정적인 조치로 취해진 것이었다. 일국의 중앙은행이 일개 조그만 섬에서 제도화되는 것을 원치 않았다.

1950년대를 지나면서 국민당 정부는 본토 회복이 더는 이뤄질 수 없다는 것을 깨달았다. 동북아의 지정학적 균열은 임시적인 것이 아니라 냉전 시대의 깨뜨릴 수 없는 대치선으로 굳어져 갔다. 미국의 해외 원조 정책 역시 군사·안보적인 측면보다는 반공 전초기지인 타이완과 남한의 사회·경제적 성장에 초점을 두고 이뤄졌다. 1959년 국제개발청 타이완지부장이었던 해럴드슨의 정책 제안으로 추진되기 시작한 19개조 경제 발전 프로젝트가 실행되면서 국민당 정부는 제대로 된 중앙은행의 역할이 필요하다고 판단했다. 1961년 국민당 정부는 타이완 중앙은행을 공식 출범시켰다.

한국은행과 비교할 때 타이완 중앙은행은 정부로부터 광범위한 금융·통화 권력을 위임받았다. 먼저 중앙은행의 권력 중추였던 상임집행위원회는 총재(위원장), 재정부 장관, 경제부 장관, 그리고 농업·산업·상업·은행업계 대표 각 1인으로 구성되었다. 민간 업계 대표가 전통적으로 총재의 영향력하에 있었다는 점을 고려하면 전체 7인 중 장관 2인만이 정부 측 인사였다.

둘째 타이완 중앙은행은 한국은행이 제대로 통제하지 못한 두 가지 기능을 수행했는데 그것은 금융기관 감독과 환율이었다. 타이완 중앙은행은 타이완 내 모든 형태의 금융기관의 업무를 감독할 수 있었던 반면 한국은행은 정부 주도의 발전주의 전략을 지탱하는 핵심적 금융기관이었던 산업은행과 특수 은행을 관리하지 못했다. 또한 타이완은 소국 개방형 경제였기 때문에 자국 화폐의 대외 가치에 상당히 민감했다. 따라서 재무부가 외환을 관리했던 한국과 달리, 타이완 중앙은행이 모든 국제통화 준비금을 보유했으며 외환 업무에 종사하는 모든 형태의 금융기관을 감독할 수 있는 권한을 가졌다

(Central Bank of China 1996).

셋째 타이완 중앙은행 총재는 전통적으로 정부 관료 사회에서 강력한 권한을 행사했다. 한 타이완 교수의 논평에 따르면, "초대 중앙은행 총재는 장제스의 친척이었다. 장제스 총통과 얼마나 가까운가가 사실상 권력의 정도를 말해 주는 타이완 정치에서 중앙은행 총재는 사실상 권력 서열 3위에 해당했다"(인터뷰, 2003, 타이베이). 2대 총재였던 유궈화(兪國華) 역시 장제스 가문 출신으로 역사상 가장 강력한 권한을 누렸던 총재였다. 그는 1969년부터 1984년까지 15년 동안 총재직을 수행했을 뿐만 아니라 다수의 경제 관련 부처를 총괄 조정하는 경제기획위원회 위원장이기도 했다. 1977년 2차 오일쇼크가 발생했을 때 국민당 정부는 국가기구 내 모든 경제 관련 기능을 경제기획발전위원회로 집중시켰는데, 이 역시 중앙은행장이 위원장직을 수행했다. 그 위원회는 한국의 경제기획원과 같이 미시·거시 경제의 기획, 산업과 금융 부문 간 자원 분배를 지휘하는 사실상 타이완 발전주의 경제의 총 지휘부였다. 위원회가 총재의 관리하에 있었기 때문에 중앙은행의 정책적 선호가 반영되었고 따라서 타이완은 경제 안정을 해치지 않는 범위 내에서 경제성장을 추진하게 되었다(Gold 1986, 92, 102).

3. 상이한 중앙은행 체제의 정치·경제적 조건

동북아 발전주의의 쌍둥이라 할 수 있는 한국과 타이완이 중앙은행 시스템에서 상이한 경로를 경험했다는 점은 흥미로운 사실이다. 비교적 관점에서 볼 때 타이완 중앙은행가들은 자신들이 경제성장에 바람직하다고 생각하는 정책을 수행할 수 있었다. 그러나 본 논문의 관심은 양국 중앙은행이 가졌던 권력이 상이하다거나 혹은 어떤 중앙은행 시스템이 더욱 바람직하다는 식의 논의가 아니라, 어떤 조건에서 왜 그런 차이가 발생했나를 분석하는 것이다. 사실 양국 중앙은행 모델이 하나의 정치·경제적 진공상태에서 출발한 것은 아니었다. 국민당 정부가 타이완 사회를 강력하게 통제할 수 있는 국가권력이 강했다는 점을 고려하면, 만약 원했다면 얼마든지 타이완 정부는 박정희 정부처럼 정책성 산업자금을 금융 억압을 통해 기업들에게 배분할 수 있었다. 어떤 조건에서 국민당 정부는 중앙은행에 강력한 권한을 위임했을까?

우선 정부 부문이 일반 민간은행에서 차지하는 비율이 달랐다. 한국은 대체로 국유화와 민영화를 오가는 사이클을 보여 준다. 즉 일본 식민지로부터 해방된 후 일본 소유의 기업들은 미 점령 당국으로 소유권이 이관된 후 한국 정부의 관리하에 들어갔다. 그 후 이승만 정부는 주요 상업은행들에 대해 민영화 조치를 단행했고 이에 대기업들에 유리한 조건으로 매각되었다(Woo 1991). 1960년 쿠데타 이후 박정희 군사정부는 이들 상업은행의 대주주들에 대해 부정축재의 혐의로 억압한 후 다시 국유화해 버렸다. 1970년대 한국 정부는 비공식 부문의 금융자본을 시장으로 끌어들이기 위해 투자금융사, 상호저축업 등과 같은 비은행 금융기관과 지방은행의 설립을 허가함으로써 민간 금융자본의 비율을 높였다. 다시 1980년대 초에 재무부는 한일은행, 제일은행, 서울은행, 조흥은행과 같은 주요 상업은행들을 민영화했다. 이런 과정에서 대재벌들은 자신들이 소유하던 비은행 금융기관들을 통해 이들 상업은행의 주식을 매입함으로써 사실상 주요 상업은행을 간접 지배하게 되었다(Cole and Park 1983). 한 재무부 관료에 따르면 한국 정부는 대체로 은행 자산의 35% 이하를 소유했으며 그 비율 역시 유동적이고 일시적이었다(인터뷰, 2011년 2월, 서울).

이와 반대로 타이완의 경우 국민당 정부는 국내 은행의 대부분을 소유하고 관리했다. 16개 은행 중 네 개 은행에 대해서만 50% 이하로 정부가 소유했다. 상업은행의 자산 중 정부의 소유는 1962년부터 1986년까지 평균 95%에 달했으며, 정부가 통제하는 여신은 같은 기간 평균 87.9%였다(Central Bank of China 1996). 비교적 관점에서 볼 때 타이완 정부는 국내 금융 자원의 대부분을 직접 소유했기 때문에 사실상 정부가 바로 금융자본가였다. 이론적으로 볼 때, 금융기관은 통화 규제와 가격 안정을 선호하기 때문에 강력한 중앙은행을 지지한다(Posen 1995). 인플레이션은 채권자인 은행자본보다 채무자인 산업자본에 유리하고 또한 가격 불안이 발생하면 금융자본은 적절한 이윤을 보장하는 투자처를 찾기 어려워진다. 이런 점에서 높은 인플레이션과 가격 불안정은 금융자산가들이 가장 혐오하는 현상인 것이다(Frieden 1991). 타이완 정부가 곧 금융자본가였다는 조건을 고려하면, 정부가 자신이 소유한 금융 자원을 안정적으로 관리하는 국가기구인 중앙은행에 강력한 권한을 주었다는 점은 당연하다.

양국의 중앙은행이 상이한 권력을 가지게 되는 다른 조건은, 양국의 국가가 서로 상이한 사회적 지형 위에 존재했다는 점이다. 한국의 경우, 박정희 정부는 쿠데타를 통해 집권했기 때문에 정치적 정당성이 부족했다. 따라서 정부는 이를 보상하기 위해 이전 정권이 제대로 추진하지 못했던 경제성장을 국가적 목표로 내세웠다. 이때 정부가 직면한 문제는 자신의 경제적 정당화를 실행할 발전주의 파트너를 선택하는 것이었다. 당시 지주들은 이승만 정부가 미국의 제안을 받아들여 실천했던 토지개혁으로 인해 하나의 사회계급으로서 존재하지 않았다. 도시 노동자, 농민, 중소 상공인들로 구성되는 민중 부문과 동맹을 맺지도 않았는데 그것은 정부가 희소한 경제적 자원을 그런 분배 동맹(distributional coalition)에 낭비하고 싶지 않았기 때문이다.

1960년대 초 군사정부가 선택할 수 있는 집단은 산업자본가였다. 이들은 이미 1950년대 이승만 정부하에서 저렴한 가격으로 적산을 불하받으며 성장의 기반을 잡았다. 박정희 정부는 막대한 정책성 자금을 민간은행과 산업은행을 통해 이들 대기업 산업부문에 제공하는 방식으로 경제 부문 간 자원 배분을 관리함으로써 성장 위주의 발전주의 모델을 창출해냈다. 이론적으로 볼 때 자본집약적 산업가들은 금융자본가와 반대로 정부 주도의 유리한 가격 변화, 느슨한 통화정책을 선호한다. 또한 인플레이션 역시 채무자인 산업자본은 채권자인 금융자본에 비해 유리하다. 따라서 이들은 정부에 종속적인 중앙은행을 선호하게 된다.

국민당 정부가 1949년 타이완으로 패퇴했을 때는 한국과 다른 정치·사회적 조건에 직면했다. 먼저 국민당에게는 자신들의 산업화 프로젝트를 담당할 산업가가 존재하지 않았다. 일본 제국은 한국에 식민지형 산업 기반을 설치하여 중국 진출의 군사적, 경제적 전초기지로 삼았지만, 식민지 타이완은 일본 제국 내 농산물 수출 기지로서의 역할을 부여받았기 때문에 의미 있는 산업 기반이 존재하지 않았던 것이다.

무엇보다 특기할 만한 것은 외성인(外省人) 국민당과 내성인(內省人) 타이완 토착민 사이에 하위인종적 균열(sub-ethnic cleavage)이 존재했다는 점이다. 국민당 정부는 일종의 망명정부였고, 외성인은 전체 인구의 15%밖에 되지 않는 소수였다(Cheng 1993, 59). 한 연구자의 관찰에 따르면, 이런 균열 때문에 "타이완 토착민 출신의 민간 제조업자들은 외성인 노동자를 고용하지 않으며 반면에 국영기업은 내성인을 경영진에 임명하지 않는다. 타이완 정부는 내성인들로부터 충성심이나 협조를 얻어내지 못했다"(Simon 1988, 147).

국민당 정부는 시장에서 토착민 출신의 강력한 사적 자본가 집단이 등장하는 것을 자신들의 정치적 패권을 위협하는 것으로 간주했다. 따라서 정부는 한국처럼 자신들의 발전주의적 산업화 프로젝트에 사적 자본가들을 초청하지 않았다. 대신 정부는 일본 제국이 남긴 주요 적산 기업을 국유화하여 국영기업체로 전환했다. 이들 기업은 타이완으로 국민당을 따라온 수많은 정부 관료들에게 직장을 제공했기 때문에, 국영기업은 주요 산업의 경제적 기반이자 정치적 충성심의 근거지가 되었다. 한편 국민당은 토지자본가 혹은 지주들과 연대하지도 않았다. 한국과 마찬가지로 타이완은 다른 제3세계 농업 수출국과 달리 미국의 제안에 따라 토지개혁을 단행하여 상업적 대지주들의 계급적 기반을 제거했다. 그럼으로써 망명정부는 당시 농촌 사회였던 타이완의 수많은 자영농으로부터 정치적 충성심을 획득할 수 있었다.

그런데 국민당 정부가 해협을 건너 타이완으로 후퇴하는 과정 역시 정부가 타이완에서 대자본가들과 발전 동맹을 맺지 않았다는 사실에 일조했다. 당시 본토 출신의 자본가들과 부패한 관료들은 불안한 국민당 정부를 따르지 않았다. 이들은 미국과 홍콩으로 이주 혹은 망명했던 것이다. 만약 이들이 국민당과 같이 해협을 건넜다면 타이완 정부는 자신과 같은 외성인 출신 자본가를 적극 지원함으로써 예컨대 말레이시아와 같은 발전 경로를 채택했을지 모른다. 말레이시아는 인구의 대다수가 농촌과 도시 저소득층을 이루는 말레이인이며 소수의 토착 혹은 이주 중국인이 도시 상공인과 부유층을 구성한다. 이들 간의 인종 갈등으로 인해 말레이 정부는 중국인에 대항하여, 국가가 인위적으로 자신과 같은 인종인 말레이인을 경영 및 직업교육을 통해 상공 계층으로 육성하는 전략을 취한 바 있다.

이처럼 산업자본가의 부재는 강력한 중앙은행의 존재를 설명해 준다. 즉 타이완 정부는 이들 자본가로부터 느슨한 통화정책, 저렴한 정책 자금, 인플레이션을 고려하지 않는 성장 정책 등의 요구에 직면하지 않았고 따라서 중앙은행의 독립성이 가능했다는 것이다. 한편 타이완 경제의 근간이 되는 중소기업가들은 존재했기 때문에 이들이 거대 산업가들과 유사한 정책 요구를 했을지도 모른다(Maxfield 1997, 22). 그러나 이들의 대정부 영향력은 미미한 편인데 그것은 이들 집단의 자산은 자본집약적 대기업보다 소규모이며 자산 특화성(asset specificity)이 낮기 때문이다. 즉 중소기업들은 해당 부문 내로의 진입과 퇴거 장벽이 낮기 때문에 그들이 선호하는 정책을 위해 정부에 이익 집단으로서 로비를 추진할 유인이 적다. 또한 중소기업 부문은 대개 전국적으로 흩어져 있으며 단위 기업의 수가 많기 때문에 무임승차자(free rider) 문제가 빈발한다. 따라서 중소기업 부문의 조직화 비용은 자본집약적 산업보다 더 크다. 이런 점에서 볼 때 국민당 정부는 강력한 중앙은행 시스템에 저항하는 중소기업 부문의 압력을 경험하지 않았다.

IV. 양국의 금융 부문 비교

금융 부문의 발전 수준은 금융매개율(financial intermediation ratio), 즉 국민총생산에서 기업과 개인의 금융자산이 차지하는 비율로(Patrick 1994, 325) 측정할 수 있다. 이 수치는 얼마나 많은 경제적 거래가 제도화된 금융기관을 통해 이뤄지는가를 말해준다. 〈그림 1〉을 보면, 동북아의 성공적인 후발 산업국인 한국과 타이완은 전반적으로 비슷한 수준의 금융 발전을 경험했다. 그런데 흥미로운 사실은, 타이완의 금융매개율은 지속적으로 증가하는 패턴인데 한국의 그것은 1960년대 후반의 빠른 증가, 1970년대의 정체, 1980년대의 증가를 보여 준다. 일반적으로 타이완의 금융 부문은 초기부터 높은 저축율과 낮은 인플레이션을 강조했던 정책 덕분에 많은 이득을 보았다. 이런 정

그림 1 | 국민총생산 대비 금융자산, 1965-90

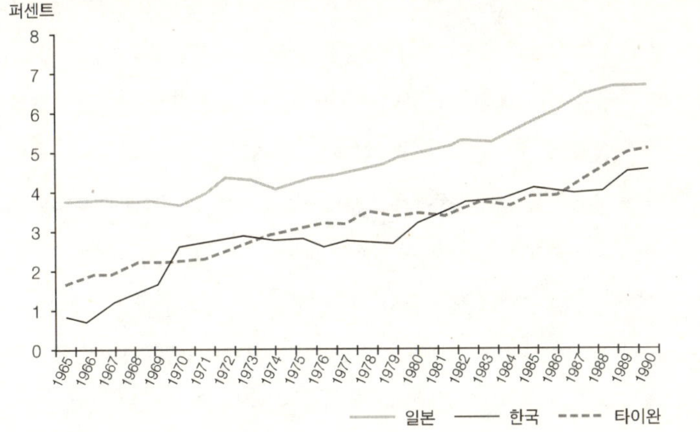

출처: World Bank(2003); National Statistical Office(1995); Republic of China(1984, 1990, 1997a); Republic of China(1990, 1997b)

책들은 타이완 시민들이 금융기관에 자신의 소득 중 상당 부분을 저축하게 하는 동기를 부여했고 따라서 금융 부문은 꾸준하게 발달할 수 있었다.

한국의 경우, 박정희 정부는 투자 자금의 부족에 시달렸기 때문에 시중 자금을 금융기관에 동원하기 위해 1965년 높은 이자율을 설정하는 개혁 조치를 단행했다. 이 조치는 사실 한국에 파견된 미국 경제자문관들의 정책 제안에 기반을 둔 것이었다.[2] 이로써 금융기관의 정기적금은 14%에서 30%로 두 배 이상 급증했지만 상업은행의 낮은 대출이자와 높은 예금이자의 차액으로

2_이런 정책은 휴 패트릭(Hugh T. Patrick), 쇼(E.S. Shaw), 존 굴리(John G.Gurley)가 제안했다(McKinnon 1973, 108).

금융기관이 이자소득에서 오히려 손해 보는 현상까지 발생했다. 이런 조치는 사적 예금을 증가시켰을 뿐만 아니라 사적자본을 지하경제에서 제도권 금융 부문으로 동원하는 데 꽤나 성공적이었다(McKinnon 1973, 108). 이는 위의 그래프에서 금융매개율이 1960년대 후반에 급증하는 현상을 설명한다.

그러나 박정희 정부는 기업들의 재무 상태가 1970년대 초에 악화되자 1972년 8·3조치를 통해 정책적으로 산업자본이 금융기관에 채무불이행(moratorium)을 강제적으로 허용하는 전격적인 선언을 했다. 이 조치는 그 동안 "부분적으로 실현되던 금융 자유화의 종결과 금융 억압(financial repression)으로의 완벽한 복귀"(Cole and Park 1983, 159)를 의미했다. 이런 이유로 1970년대 는 8·3 조치와 인플레이션을 유발하는 중화학공업화 프로젝트로 인해 금융매개율이 정체되거나 혹은 감소하는 현상을 보였다. 또한 70년대 평균 21%에 달하는 높은 인플레이션과 −3.1%에 이르는 실질이자율로 인해 금융자본가들과 예금자들은 금융기관에서 자산을 운용하기를 꺼려하는 현상도 발생했던 것이다. 그러나 1980년대에 들어 전두환 정부가 시장 친화적 금융 자유화를 실행하면서 시장의 자금이 은행으로 복귀했으며 이로써 한국 금융 부문은 타이완의 금융매개율을 따라잡기 시작했다.

1. 금융 자원의 동원과 분배

비유하자면 금융은 산업이라는 근육에 영양분과 산소를 공급하는 혈액이라 할 수 있다. 진지하게 산업화 프로젝트를 추진하는 국가라면 경제성장을 위해서 금융 자원을 동원한 후 정부가 보기에 적절한 비율로 각 경제 부문에 배분하는 능력이 필요하다. 그런데 산업 성장을 위해 국가가 금융을 동원하게 되면 금융 부문은 시장 합리성이 지배하는 영역이 아니라 고도로 정치화된 영역으로 변형된다. 따라서 금융 부문은 부패와 비효율적인 자원분배라는 대가를 치를 가능성이 높아지는데 이런 현상을 신자유주의 경제학은 시장을 왜곡시키는 지대추구행위(rent seeking)로 비판한다. 그러나 만약 경제자원이 빈약한 저개발 국가의 정부가 지대추구를 적절하게 활용할 경우 기업들로부터 협조를 끌어내고 정부 정책을 지지하게 만드는 강력하고 효율적인 정책 도구가 될 수 있다. 더구나 합리적인 지대추구적 정부 정책으로 시민들의 여유 자금을 소비에서 산업 생산 활동으로 동원할 수 있다면 일국 경제의 자본축적을 원활하게 할 수 도 있다(Cheng 1990). 신자유주의 경제학자들이 비판하는 지대추구적 정책은 사실 저개발 국가이건 선진 산업국가이건 모든 나라가 활용하는 정책이고 또한 국가별로 각기 상이한 수준의 효율성과 정책 성과를 낳기 때문에, 그것은 이론적으로나 이데올로기적으로 선악의 문제가 아니라 정책적 효율과 성과로 판단되어야 하는 경험적인 문제이다. 이런 의미에서 저개발 국가들이 경제성장을 위해 금융자본을 동원할 경우 현실적으로 지대추구적 정책을 회피할 수는 없다. 문제는 어떻게 금융 자원의 동원과 분배에서 부패 없이 산업화를 위해 금융 부문을 촉매로 사용할 것인가이다.

한국과 타이완의 금융 발전은 두 가지 기준, 즉 각국 금융 부문이 금융자본을 얼마나 동원했으며 또한 어떻게 그 자원을 배분했는가에 따라 비교할 수 있다. 첫째 금융 동원의 정도는 인플레이션을 고려한 실질이자율로 측정할 수 있다. 금융기관이 더 높은 실질이자율을 책정할수록 예금자와 금융자산가들은 예금할 인센티브가 커지기 때문이다. 타이완 정부는 고금리 정책을 꾸준히 실행하여 인플레이션을 낮추고 예금 및 투자를 강조했다. 그럼으로써 대부분의 개발도상국들이 이자율을 인위적으로 억압하고 신용을 배분하

그림 2 | 한국과 타이완의 실질이자율, 1960 ~ 1990

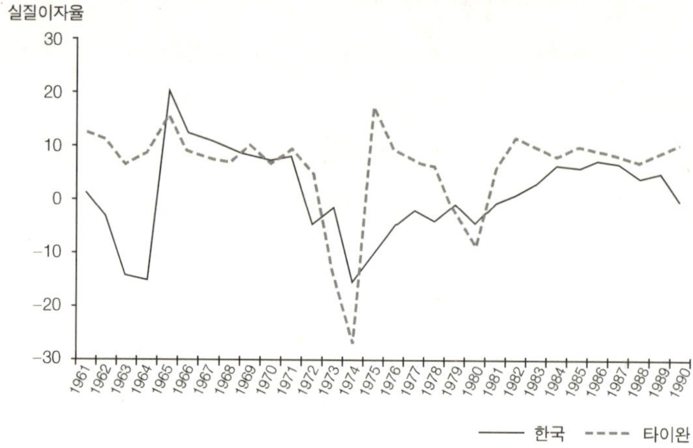

출처: World Bank(2003); National Statistical Office(1995); Republic of China(1984, 1990, 1997a); Republic of China(1990, 1997b)

는 정책을 취한 나머지 자본집약적 산업과 대기업에 저렴해진 자본을 제공하는 그런 현상은 타이완에 두드러지지 않았다(Park and Johnston 1995, 195). 〈그림 2〉는 타이완이 오일쇼크가 발생했던 1970년대 중반과 1970년대 말을 제외하면 플러스(+) 실질이자율을 유지해 왔다는 것을 보여 준다. 이에 비해 한국의 금융 부문은 1960년대 전반, 1970년대와 1980년대 초반에 마이너스(−) 실질이자율을 가졌다. 30년 동안 양국의 평균 실질이자율은 타이완이 6.1로 1.1인 한국보다 훨씬 높다. 비교적 관점에서 볼 때 한국은 인위적으로 이자율을 낮추는 금융 억압 정책을 취했기 때문에 산업부문에서 과도한 신용 요구가 쉽게 발생했고 이에 따라 정부는 시장 합리성이 아닌 정책적 판단에 기반을 두어 금융 자원을 배분하는 특혜성 여신체제(preferential credit schemes)를 만들어 냈다(McKinnon 1973).

두 개의 발전주의 국가가 상이한 이자율 체계를 가졌기 때문에 양국의 산업화 시기 국내 저축과 투자 간의 관계도 달랐다. 1970년부터 1990년 사이에 타이완은 오일쇼크가 발생했던 1974년, 1975년, 1980년을 제외하면 시민들의 국내 저축으로 국내 투자를 충족시킬 수 있었다. 반면 한국은 이 시기 대부분 국내 저축만으로 투자를 감당할 수 없었기 때문에 해외 자본에 의존할 수밖에 없었다. 한국이 끌어들인 해외 자본은 이 시기 동안 국민총생산의 2.5%에 달했던 반면 타이완은 오히려 국민총생산의 5.8%에 달하는 자본을 수출했다(World Bank 2003).

금융체제를 비교하는 두 번째 기준은 신용 배분의 패턴이다. 타이완의 경우 1950년대 수입대체산업화 시기 특정 산업부문에 대한 정책성 자금 지원이 있었지만 이는 단기간에 그쳤다. 이후 타이완 정부는 수출 증진, 산업구조 개선, 환경오염 통제와 같이 산업 전반에 걸친 거시적이고 광범위한 목표에 초점을 맞추는 여신 정책으로 바뀌었다. 정보, 기계, 전자업계와 같은 특정 산업부문을 지원하는 여신 정책은 1980년대에도 다시 재등장했지만 자금 지원은 정부의 총여신 규모에서 4.4%만 차지하는 소규모였을 뿐만 아니라 이마저도 중앙은행과 경제학자들이 늘 비판했다. 정부의 여신 대부분은 다양한 비전략적 산업부문들을 대상으로 하여 자동화 장비 구입, 국내 기계 생산, 환경보호를 위해 사용되었다(Shea 1994, 252-253).

국민당 정부는 자신들의 발전주의 동맹의 파트너인 중소기업과 농민을 재정적으로 지원하기 위해 꽤나 노력했다. 특히 민중주의적 정책을 옹호했던 장징궈 총통은 합리적이고 공정한 금융 자원의 배분을 강조했다. 중소기업 부문을 위한 정부의 금융정책은 1950년대 타이완-미국기금(Sino-American Fund)이 중소기업을 집중적으로 지원하면서 시작되었다. 경제성장이 가속되었던 1970년대에는 타이완 중앙은행이 오일쇼크로 인한 재무악화에 시달리던 중소기업 부문에 대규모 자금을 지원했고 중소기업은행을 1976년에 설립했다.

농업 부문은 1971년대에 상당한 지원을 받았다. 장징궈 총통은 농민들로부터 자신의 권력을 지지받기를 원했기 때문에 1970년대 들어 농업 부문을 지원하는 금융정책을 실시했다. 농민들은 당시 가장 체계적이었던 농업협동조합의 금융 사업을 통해 상당한 지원을 받았다. 중화농민은행과 타이완 토지은행, 우체국예금 역시 중앙은행의 관리하에 농민들에 대한 금융 지원을 맡았다(Cheng 1993, 70).

한편 한국의 금융 자원 배분은 주로 특혜성 정책 자금 지원으로 이뤄졌다. 이 정책성 지원금이 총여신에서 차지하는 비율은 1962~66년에 65.2%, 1967~71년에 44.1%, 1972~76년에 53.7%, 1977~81년에 57.1%, 1982~86년에 55.6%, 1987~91년에 53.0%였다. 정책성 여신은 주로 자본집약적 대기업에 저렴하게 집중되었다. 예컨대 전체 제조업 부문에 대한 자금 지원액에서 중화학공업 부문이 차지하는 비율은 1976년에 74.2%, 1977년에 75.4%, 1978년에 82.5%에 달했다. 이로써 기업 규모가 커질수록 평균 자산 대비 채무 비율이 높아지게 되었다. 1976~90년에 소규모 기업은 84.7%, 중간 규모의 기업은 272.9%, 대규모 기업은 356.0%였다(이윤호 1999, 409; Woo 1991, 162).

2. 금융 자원의 소유와 대출

한국과 타이완의 금융 자원은 누가 소유하는가? 앞서 지적한 것처럼 타이완의 금융기관은 사실상 대부분 국가 소유다. 16개의 시중 은행 중 4개만이 50% 이하의 자산을 국민당 정부가 소유한다. 사실상 국영기업인 은행들이 타이완 금융시장 전체의 예금액에서 차지하는 비율이 1970년에 98.5%, 1975년에 97.2%, 1980년에 90.0%, 1985년에 88.3%, 1990년에 84.0%였다. 따라서 타이완에서 동원될 수 있는 금융 자원의 거의 전부를 국민당 정부 소유 하의 은행 기관이 통제하고 있는 셈이다(Central Bank of China 1995). 민간 상업은행은 타이완의 금융기관 위계질서에서 주변부 역할을 맡고 있다. 그것은 사적자본이 금융 부문으로 진입하는 문턱을 높이는 각종 규제를 국민당 정부가 설정해 두었기 때문이다. 1991년 시점에서 국내 전체 금융자산의 기관별 비중은 다음과 같다. 타이완 중앙은행(20.2%), 시중 은행(42.4%), 중소기업은행(5.8%), 신용조합(12.7%), 우체국예금(9.2%), 해외은행(2.3%), 기타 보험회사 및 투자사(7.6%)(Central Bank of China 1992). 이 중에서 국민당 정부의 영향권 밖에 있는 기관은 해외 은행과 보험회사 및 투자사 정도다. 이들 비은행 금융기관들은 정부의 의도적인 금융자유화 지연정책 때문에 발달하지 못했다.

흥미롭게도 국민당 정부 엘리트들은 산업화 과정에서 새로운 자본이 금융 부문에 진입하여 금융기관을 설립하는 과정에서 일종의 우선순위를 정책적으로 설정했다. 우선 정부는 새로운 자본이 들어오기 전에 금융업계에 최대한 국영 부문을 팽창시킨다. 만약 이것이 가능하지 않을 경우에 한해서 해외자본-화교 자본-국내 사적 금융가의 순서로 진입을 허용했다. 왜 이런 우선순위가 있을까? 첫째 외국자본은 국민당의 권력에 도전하지 않는 집단이기 때문에 망명정부인 국민당의 입장에서 볼 때 정치적으로 안전했다. 게다가 국민당 정부는 국제사회에서의 외교적 고립을 보상할 수 있는 해외 자본의 존재가 반드시 필요했던 것이다. 둘째 화교 자본에 금융업을 허가하는 것은 화교 자본이 국민당 정부에서 중국공산당 정부로 정치적 지지와 경제적 투자를 전환하지 못하게 하는 일종의 인센티브였다. 셋째 해외 자본과 화교 자본이 활용되지 않을 경우 국내 민간자본의 금융기관 설립을 허용했는데 이마저도 신용조합, 지방 중소기업은행, 투자신탁회사 등과 같은 주변부 금융시장에 국한해서 기관 설립을 인정했다. 금융시장 내 이들이 차지하는 비율은 낮았고 그 운영은 국민당 정부에 의해 많은 규제를 받았다(Cheng 1993, 75-77). 이처럼 국내 사적자본이 금융 부문에 진입하지 못하도록 정부가 인위적으로 금융 자유화를 지체시키는 이유는 무엇인가? 내성인 출신의 국내 금융자본이 성장하여 거대한 금융-산업-권력 동맹을 맺게 될 경우 망명정부인 국민당의 정치적 지배에 위협이 될 것이라 판단했기 때문이다. 우선순위는 경제적 가치보다는 정치적 위험 계산에서 나온 정책이며 또한 세 가지 금융 집단이 국민당 정부에 대해 가지는 상이한 협상력 때문에 나온 현상이다(Cheng 1993, 75).

한국의 금융기관들은 1980년대 초반 전두환 정부의 민영화 조치에 영향을 받았다. 1990년 금융자산시장에서 기관별로 차지하는 비율은 다음과 같다. 시중 은행(31.0%), 특수은행(11.8%), 산업은행(8.0%), 투자사(13.3%), 신용조합 및 협동조합(24.0%), 보험사(7.5%), 증권사(4.6%)(Park 1994, 185). 여기에서 정부가 소유하는 금융기관은 특수은행과 산업은행이란 점을 고려하면 전체 금융 자원 중 고작 19.8%만 국가가 통제한다고 볼 수 있다.

그렇다면 한국에서는 누가 금융권의 주요 소유자인가? 관련 통계를 보면, 전체 금융자산 중 시중 은행이 소유하는 비중이 1975년에 50% 정도였는데 1992년에는 20%로 급격하게 감소했다. 반면에 비은행 금융기관이 차지하는 금융자산의 비중은 같은 기간 10%에서 60%로 급증했다. 그런데 재벌 집단은 이런 대규모 비은행 금융기관에 집중 투자함으로써 지배적 주주로 등장했다. 예컨대 삼성그룹은 1997년에 12개 전국 규모의 은행의 지배적 주주였다. 상위 5대 재벌 집단(삼성, 현대, 대우, LG, SK)은 1996년에 증권시장의 32.1%, 생명보험시장의 35.6%, 종금사 부문의 13.7%를 소유했다.

그렇다면 왜 재벌 집단은 상업은행을 직접 소유하지 않는가? 그것은 재벌의 은행 소유가 법적으로 쉽지 않을 뿐만 아니라 시중 은행은 통화 공급, 지불 준비, 은행의 운영 등에 대해 중앙은행의 직접적인 행정 통제를 받기 때문이다. 이런 이유 때문에 재벌 집단은 그런 규제를 우회하면서 금융 자원을 동원하는 전략을 취했다. 즉 그들은 비교적 규제가 느슨한 비은행 금융 부문에 진입한 후 이들에게 영향력을 행사함으로써 자신들이 필요한 산업자금을 확보하는 방법을 선호했던 것이다.

양국의 상이한 자금 대출 방식과 그 효과도 논의될 필요가 있다. 타이완의 경우 대부분의 금융기관이 적어도 1990년대 중반까지 국가 소유였기 때문에 은행 직원은 공무원으로서 만약 부실 대출이 발생하면 행정적 제재와 심지어 사법 처리를 받을 수 있었다. 따라서 은행원은 위험부담이 있는 대출을 가급적 하지 않으려 했기 때문에 대출 여부는 늘 수익률이 아닌 안전한 상환 가능성(예컨대 담보물)에 기반을 두었다. 은행원들은 위험 회피적이었고 그들은 "창조적이고 주도적인 대출 결정은 하지 못했다"(Ralp 1970, 11-12).

그러나 비교적 관점에서 볼 때 한국의 은행은 대출 시 담보를 덜 엄격하게 설정하는 경향을 띠었다. 은행가들은 대출 수요자가 장래성 있는 사업계획서를 제출 할 경우 담보물 없이 대출해 주었던 것이다. 부동산, 예금, 그리고 다른 형태의 담보물 없는 대출이 전체 대출에서 차지하는 비율은 1970년에 26.5%, 1975년에 34.9%, 1980년에 30.8%, 1985년에 43.8%, 1987년에 49.2%, 1989년에 46.7%였다(Park and Kim 1994, 206). 은행이 부실 대출로 곤란해지면 정부가 개입하여 부실 대출을 자산으로 전환한 뒤 상환 일정을 늦

표 1 | 한국과 타이완의 부실 대출(1971~1990) 단위: %

기간	한국	타이완
1971~75년	1.33	-
1976~80년	2.36	1.21
1981~85년	8.77	2.26
1986~90년	7.38	1.63

자료: 변영학(2006).

추어주거나 혹은 새로운 추가 대출을 해줌으로써 상환을 용이하게 했다. 한국의 경우 시장의 수요공급 메커니즘보다는 정부가 금융 자원의 배분 결정을 궁극적으로 주도하기 때문에 은행의 도덕적 해이가 심각해진 경우가 종종 있다(인터뷰, 한국은행 간부, 2003). 〈표 1〉은 한국과 타이완 양국에서 발생한 부실대출율을 보여 준다. 비교적 관점에서 볼 때 한국은 타이완보다 자금 대출에 있어 느슨한 정책을 취하며 이로써 높은 부실 대출의 경향을 보여 주었다.

V. 결론

본 논문은 지금까지 동북아에서의 미국 헤게모니가 한국, 타이완과 어떤 동태적인 관계를 맺으면서 두 발전주의 국가의 국가 건설과 경제 발전이 이뤄졌나를 중앙은행과 금융 시스템을 비교하여 살펴보았다. 사회주의국가와 대치하는 동북아에서 미국은 한국과 타이완이 종전 이후 자본주의와 반공주의라는 두 개의 조건을 충족하는 정치·경제적 질서를 확립하도록 설계했다. 주요한 수단은 군사적, 경제적 원조였다. 그러나 미국의 영향력이 모든 분야에 걸쳐 관통된 것은 아니며 양국은 각국의 상이한 조건에 조응하여 미국과 관계를 맺었다.

한국과 타이완의 발전주의 전략이 제대로 실천되기 시작한 것은 대체로 1960년대 초라 볼 수 있다. 1950~53년 한국전쟁이 말해 주듯이 1950년대에 동북아의 주권적 경계는 유동적이고 갈등의 원천이었다. 1950년대 국민국가 건설을 둘러싼 갈등이 잦아들면서 냉전이 안정화되었고 이로써 한국과 타이완의 분단국가적 국경은 굳어졌다. '잃어버린 영토의 회복'이라는 민족주의적 열정이 잦아들었을 때 양국은 국내적 경제성장을 강조하기 시작했다. 비교적 관점에서 볼 때 한국보다 타이완이 보다 협력적인 관계에서 패권국과 정책 조율이 되었다. 이승만 정부 시기 한·미 간의 원조 갈등, 민주당 정부 내의 당내 갈등, 초기 박정희 정부의 민족자립경제 등은 한·미 간의 정책 조율을 어렵게 했다. 타이완은 중국 본토에서의 패전이라는 역사적 학습효과 때문에 타이완의 경제안정화 정책은 미국의 경제 전략과 잘 맞았던 것이다.

양국에서 본격적으로 산업화를 시작할 때 중앙은행의 제도화는 필수불가결한 조건이었기 때문에 바로 그 시기, 1950년대 말 혹은 1960년대 초에 양국의 중앙은행이 안정화되었다. 국민당 정부는 1961년에 미국 국제개발청의 정책 제안에 기반을 두어 중앙은행과 경제 발전 프로젝트가 출범했다. 한국의 경우 이승만 정부 시기, 중앙은행이 먼저 설립되었지만 정작 중앙은행이 한국의 발전주의 전략에 동원되어 종속적이지만 안정적으로 작동하기 시작한 것은 1962년 〈중앙은행법〉 개정을 통해서이다.

그러나 양국의 중앙은행 시스템은 서로 상이한 방식으로 각국의 발전주의 전략에 활용되었다. 국민당 정부는 그 자체로 대다수 금융기관을 소유한 금융자본이었고 사적 (금융)자본의 등장을 정치적으로 막았기 때문에 중앙은행에 강력한 권한을 허용하여 통화 보수주의적 정책을 운용했다. 이런 상황으로 인해 타이완 중앙은행은 독립적이라기보다는 사실 국가기구에 융합된 방식으로 강력했다. 타이완 중앙은행장은 한국의 경제기획원 기능까지 담당했던 것이다. 박정희 정부는 미국의 설계자가 제안한 독립적인 중앙은행 시스템을 정부에 종속시키는 법 개정을 단행하여 국가의 발전주의적 열정에 종속시켰다. 자본집약적 산업에 대해 한 사회의 금융 자원을 집중 지원하는 경제 전략을 채택했기 때문에 민간은행과 중앙은행은 시장 합리성에 기초한 자율적인 정책 결정을 하지 못했던 것이다. 본 논문은 타이완의 중앙은행/금융시스템이 한국보다 우월하다고 주장하는 것이 아니다. 양국은 미국의 영향력하에 동일하게 위치했지만 각국 내부의 조건이 달랐으며 그 조건에 따라 서로 다른 발전주의적 경로를 걸어간 발전주의의 이란성 쌍생아였다는 것을 말하고자 한다.

5장

전후 일본의 동아시아경제공동체 구상의 전개와 동아시아 공간

김현성

I. 서론

전후 55년 체제로 형성된 일본의 자민당 정권이 2009년 민주당 정권으로 교체되었다. 새로운 민주당 정권은 동아시아공동체의 추진을 선거 매니페스토(manifesto)의 주요 공약으로 제시했기 때문에 이를 기점으로 한국과 중국은 일본의 동아시아 우선주의로의 회귀를 기대한 바 있다. 그러나 일본이 동아시아공동체 구상을 제기한 것은 2009년이 처음은 아니다. 전후(戰後)만 한정하면 1960년대부터 지역경제협력과 관련한 자유무역지대안(案)을 제기해 왔다. 2000년대 이후에도 2002년과 2003년에 이미 고이즈미(小泉) 수상

• 이 글은 2009년 졸고 "전후 일본의 동아시아공동체 구상의 전개와 인식의 변용"(『日本思想』 제17호)을 수정 가필한 것이다.

이 동아시아 공동체(East Asia community)의 추진 필요성을 표명한 바 있다.

그러나 전후 일본에서 주장되어 온 동아시아공동체 혹은 동아시아의 지역경제협력체 관련 구상들은 2002년 일본-싱가폴 EPA협정[1]이 탄생하기까지 담론 수준에서 벗어나지 않은 것이 대부분이다. 2009년 출범한 민주당 정권의 구상도 이에 크게 벗어나고 있지는 않다. 본고에서 풀고자 하는 퍼즐은 전후 일본의 지역경제협력체 관련 구상들 속에서 동아시아라는 공간내의 여타 국가들이 어떻게 인식되고 있는가, 그리고 그 교류메커니즘에 대해 어떻게 상정하고 있는가를 파악하는 것이다. 특정한 지역공동체 구상 속에 나타난 사실만을 바탕으로 그 인식의 기초와 더불어 상정된 동아시아공동체 구상의 범위와 내용을 판단한다는 것은 일반화의 오류를 높일 수 있다. 따라서 본고는 전후 일본의 동아시아를 둘러싼 지역경제협정이나 지역공동체 구상과 관련한 담론들을 장기적 관점에서 투영해 보고자 한다. 이를 통해 일본에서 지역경제공동체 구상이 어떤 배경에서 대두되었고 어떤 내용으로 전개되어 왔는지를 역내에서의 공동체 구성원에 대한 인식과 그 기제의 변용이라는 논점에서 접근하고자 하는 것이다.

분석 방법에 있어서는 동아시아경제공동체와 관련된 일본 학계의 주요 구상뿐 아니라, 중요한 분기점으로 정계의 주요 구상들의 배경과 내용 검토를 채용하기로 한다. 그 범위에는 공동체라고 명명된 것이 아닌 "역내 경제협력체"와 관련한 구상들도 포괄하기로 한다. 시기적으로는 전후부터 최근까지의 동아시아공동체 구상을 대상으로 한다. 물론 후쿠자와 유키치(福澤諭吉)

1_1999년 당시 오부치(小渕) 총리와 싱가포르의 고촉통(吳作棟) 총리의 정상회담에서 처음으로 산·관·학 전문가 검토회의 출범을 합의하면서 준비하기 시작했고, 원 협정은 2002년 발효했으나, 발효 후 재협상 과정을 거쳐 2007년 9월 수정의정서가 발효하게 된다.

의 탈아입구론(脫亞入歐論), 이후 제2차 세계대전기에 공식적으로 발표된 대동아공영권(大東亞共榮圈) 구상[2]도 공동체 구상의 사상적 토대를 제공했다는 측면은 부정할 수는 없으나, 본고는 전전과 전후에 있어 특정 구상의 연속성과 단절성 파악을 주된 논점으로 하지 않기 때문에 전후에 한정하여 검토하기로 한다.

분석 시각에 있어서는 시기별로 주요 구상을 둘러싼 담론들이 다음의 사항에 대해 어떻게 인식하고 있는지와 그 변용의 방향성 파악에 초점을 두기로 한다. 첫째는 각 구상이 상정하고 있는 동아시아라는 공간에 있어서 그 구성원 범위에 대한 인식이고, 둘째는 각 구상의 공동체 내 교류 기제(mechanism)에 대한 인식이다. 이를 통해 각 동아시아경제공동체와 관련된 구상들의 범위 및 내용에 대한 인식의 변화를 추적해 보기로 한다. 그 결과를 토대로 21세기 이후 실체의 빈약 속에서 담론만의 다양화를 크게 벗어나지

2_일본에서는 만주사변부터 태평양전쟁에 이르는 15년간을 대동아공영권의 실행기로 하여 통사적으로 보는 견해도 많다. 이는 1930년대 소위 동아협공동체론(東亞協同体論)을 대동아공영권 구상의 출발로 보는 견해와 동일선상에 있다. 보다 자세한 것은 三輪公忠編(1981), 小林英夫(1975) 및 오자키호츠미(1997) 참조. 한편 한국에서는 일련의 과정 속에서 대동아공영권의 사상적 배경을 찾는 견해도 있다. 예를 들어 김혜승(2005, 242)은 1930년대 이후 민족주의가 초국가주의로 나아가는 과정의 결과물을 대동아공영권으로 파악하고 있다. 그러나 일본에서 대동아공영권이라는 용어가 공식화된 것은 1940년부터이다. 1940년 7월 26일 고노에 후미마루(近衛文麿)가 이끄는 제2차 근위(近衛)내각에서 내건 〈기본국책요강〉(基本國策要綱) 기본 방침에서 "대동아 신질서"를 주창한 사실(원문: 基本國策要綱は, 皇國の國是は八紘を一宇とする肇國の大精神に基き世界平和の確立を招來することを以て根本とし先づ皇國を核心とし日滿支の强固なる結合を根幹とする大東亞の新秩序を建設するに在り之が爲皇國自ら速に新事態に卽応する不拔の國家態勢を確立し國家の總力を擧げて右國是の具現に邁進す)과 이에 대해 당시 마쓰오카 요스케(松岡洋右) 외상이 8월 1일 라디오 연설에서 "대동아공영권"이라는 용어를 사용한 것에서 유래한다(원문: 皇道の大精神に則り, 先ず日滿支をその一環とする大東亞共榮圈の確立を図る).

못하고 있는 일본의 동아시아공동체 구상의 전개 방향을 추론해 보는 것이 본고의 연구 목적이다.

II. 태평양자유무역지대안과 환태평양경제협력 구상

1. 배경

전후 일본은 1951년 9월 샌프란시스코 강화조약에서 공식적으로 독립을 인정받아 자주적인 통상 정책의 추진이 가능하게 되었고 1950년 한국전쟁 특수[3]에 힘입어 1955년부터 1973년 제1차 오일쇼크까지 연 10%에 육박하는 고도성장을 달성했다. 경제적으로 1950년대 후반부터 1960년대 중반까지는 기본적으로 원자재를 수입, 가공하여 조립, 생산하는 구조가 중심이었기 때문에 1960년대 중반까지의 고도성장 전반기는 내수 중심의 경제성장기라고 할 수 있다. 즉 1966년에야 무역수지가 흑자로 돌아섰고, 이전까지는 수입된 원자재를 가공하여 내수로 소비되는 구조였다.[4] 경공업을 중심으로

3_經濟企畵廳(1958)의 『特需契約に關する統計』에 의하면 1951년부터 1958년까지 미군 발주에 의한 전쟁 특수로 수취한 달러 비중은 1952~54년 일본의 연평균 총 외화수취액의 38% 정도에 이른다.

4_일본은 1965년부터 경상수지 흑자가 고착화된다. 1964년 4억 8,000만 달러 적자에서 1965년 9억 3,100만 달러 흑자로 반전되었고, 1967년과 오일쇼크의 영향하에 있던 1973~75년, 1979~80년을 제외하면 흑자가 지속되어 왔다(三和良一·原朗 2007, 5).

일본 기업의 경쟁력이 향상되고, 집적회로 등 전자기계공업의 발달이 본격화하는 1960년대 중반부터 비로소 무역수지가 흑자로 돌아서게 된다. 흑자로 획득한 자본을 수출재에 재투자하면서 선순환을 야기하고, 그 투자가 수출형 산업에 집중되면서 대외경제는 수출중심형 구조로 전환되기 시작했다.

한편 정책적으로 일본은 1960년대에 진입하면서 시장 개방을 시작했기 때문에 1960년대 전반은 개방체제로 이행하던 시기였다고 할 수 있다. 원래 전후 일본은 1949년 〈외국환 및 외국무역관리법〉(外國爲替及び外國貿易管理法)에 의한 수출입 통제 구조하에 놓여 있었다. 이후 1960년 6월 〈무역 및 외환자유화계획 대강〉(貿易·爲替自由化計畫大綱)이 발표되면서 통제경제 체제가 개방경제 체제로 전환되기 시작했다. 이런 대외 개방의 배경으로는 크게 두 가지에 주목할 수 있다. 첫째는 당시 미국의 무역수지 악화이고, 둘째가 유럽의 외환자유화 진행이었다(土志田制一 2007, 5). 그 결과 일본은 1963년 GATT 체제에 편입했고, 익년도인 1964년에는 GATT 14조국에서 선진국 조항이라 불리는 GATT 8조국으로 이행했으며, OECD에도 가입하면서 본격적인 개방경제 체제로 들어섰다. 그 결과 실제적인 개방화 정도는 비록 약했을지라도 개방화도가 급속히 상승하는 한편, 1960년대 후반부터 일본 기업의 국제경쟁력도 강화되면서 대외진출이 상품 수출은 물론 자본 진출에 있어서도 활성화되던 시기였다.

당시의 무역상대국에서는 전형적인 북미 의존형 구조였다는 점을 대외무역의 지역별 통계를 통해 알 수 있다. 일본의 전체 수출액과 수입액에서 북미지역이 차지하는 비중을 보면, 1962년의 경우 각각 33.7%, 41.1%, 1965년은 34.7%, 37.2%, 1970년은 36.7%, 36.5%에 달했다. 즉 대외무역 지향형의 고도 경제성장에 있어서 북미지역은 주요 무역 상대국이었기 때문에 이 지역 시장과의 연대가 중요하게 인식되었던 것이다.

2. 태평양자유무역지대 구상

저명한 해외 직접투자 이론가 고지마 키요시(小島清)는 1966년의 논문에서 태평양자유무역지대(Pacific Free Trade Area)의 구축 필요성을 교역 이익의 관점에서 분석하여 제안했다(小島清 1966, 4-20). 이보다 앞선 1964년 학술적 성과를 발표하는 자리인 태평양무역개발회의에서 관련 구상안을 발표한 바 있다. 이들 구상의 저변에는 당시 세계경제를 주도하던 북미와 유럽의 경제 패권의 다툼 가능성이 내재되어 있다. 즉 1960년대 중반 영국은 유럽공동체(European Economic Community, EEC)에 가맹을 추진한 바 있고, 만일 영국이 공동체 가맹에 실패하는 경우 미국, 영국, 캐나다를 중심으로 대서양을 횡단하는 새로운 경제공동체가 태동할 움직임이 있다고 보았다. 따라서 이 움직임에 앞서 일본은 미국, 캐나다, 오스트레일리아, 뉴질랜드와 태평양자유무역지대를 창설할 필요가 있으며, 만일 미국이 이에 동참할 경우 미국을 지지할 필요가 있다고 보았고, 그 결과 1960년대 중반 태평양자유무역지대 구상과 같은 새로운 지역협력체의 구축이 제기되었다.

태평양자유무역지대 구상은 기본적으로 일본의 경제적 후생 이익의 관점에서 접근했다. 즉 국가 간 혹은 지역 블록 간 관계에 대한 인식의 바탕에는 '경쟁'이 토대로 자리 잡고 있었다고 할 수 있다. 고지마 키요시는 태평양자유무역지대 구상의 이유로, 첫째 미국의 보호무역주의로의 회귀 가능성, 둘째 자유무역이 강화되는 가운데 비관세장벽의 철폐가 급진되기는 어렵기 때문에 이를 자유무역지대의 창설로 만회할 수 있다는 점, 셋째 자유무역지대 창설에 의해 자본, 기술, 경영의 자유로운 이동이 가능하여 동태적 이익을 기대할 수 있다는 점, 넷째 동남아 원조와 무역 확대를 위한 역내 공동 정책이 필요하다는 점을 제기했다(小島清 1969). 동남아 원조에 관해서는 경쟁보다는 협력을 강조하고 있으나 전자(前者)의 세 가지 이유에 자리 잡고 있는 인식의 바탕에는 협력보다는 경쟁의 차원에서 일본 경제의 활로 확보의 필요성이 존재했다고 볼 수 있다.

구성국으로는 일본, 미국, 캐나다, 오스트레일리아, 뉴질랜드를 염두에 두었다. 경제원조의 피동체로서 동남아 국가들의 참가도 주장하고 있으나, 이는 옵서버 참가에 불과하다. 일본을 제외하면 소위 앵글로색슨 계열의 태평양 연해 지역 선진국이라는 공통점이 있다. 이는 유럽 경제권에 대항하는 새로운 경제공동체를 상정한 것이라고 할 수 있고, 실질적 의미에서 동아시아 공동체와는 거리가 있다.

동 구상이 상정하고 있는 공동체 내 교류 기제는 무역중심적 성향이 강했다. 당시 일본은 가공무역 체제하에서 주로 자원을 수입하여 완성품을 수출하는 무역 구조였다. 고지마 구상은 1차적으로는 무역 입국 확대를 위해 일본에 안정적인 에너지 공급을 유지하기 위한 목적이었고, 2차적으로는 최대 수출 시장인 미국 시장의 개방화 폭을 넓히기 위한 것이었다(土志田制一 2001, 30).

한편 고지마 키요시는 발라사(B. Balassa)의 경제통합 이론을 확대하여 태평양통화권(Pacific Currency Area, PCA) 구상도 제언했다(小島清 1969). 그 구상은 구체적으로는 다음과 같은 네 가지의 내부 기제를 상정했다. ① 최적 통화권의 하나로서 태평양통화권을 결성한다. 그 구성 국가는 미국, 캐나다, 일본, 오스트레일리아, 뉴질랜드의 태평양 지역 선진국 5개국으로 하고, 이에 공통 관심을 가진 환태평양의 저개발국이 연합 멤버로서 참가하는 것도 환영한다. 또한 별도로 검토되고 있는 태평양자유무역지대와 동시에 혹은 그 전후에 추진시키는 것을 전제로 할 필요가 있다. ② 태평양자유무역지대의 구성 국가는 금-달러 외환 준비의 풀(Pool)제를 채택한다. ③ 통화권 내의 국가 간에는 필요한 경우 환 평가의 조정을 거친 후에 고정환율제를 유지한다. 이런 점에서 달러 통화권의 성격을 가지고 있다. ④ 태평양자유무역지대 소속 국가들은 역외 국가와의 국제수지 조정 단계에서 달러의 금 평가 상하 5% 정도의 밴드 안에서는 자유로운 환율 조정을 허용한다. 소폭의 밴드 안에서만 변동하도록 하기 위해 풀화한 금에 의한 외환 조정을 수행한다. 이런 역외 국가와의 대외 결제 통화 부분에 있어서는 금(金) 기준 시스템과 유사하다(小島清 1969, 244-245).

그러나 태평양통화권 구상은 어디까지나 무역량 확대를 위해 고정환율제를 기본으로 한 역내 통화의 안정화 관점에 입각한 구상이었다고 볼 수 있다. 이를 위해 당시 국제적으로 제 기능을 못하고 있던 통화인출권(SDR)을 아시아태평양 지역에서 대체할 수단으로 태평양통화권의 창설을 주장했던 것이다. 결국 공동 통화권 자체를 목적으로 한 것이 아니라 무역 확대를 위한 수단으로서 역내 통화권의 필요성을 인식했던 것이다.

3. 환태평양연대 구상

학계의 지역 경제협력 구상은 1960년대 후반 정치권의 공동체 구상의 출발을 견인했다. 1966년 12월 당시 미키 타케오(三木武夫) 외상은 앞선 고지마 구상에 반응하여 외무성에 아시아태평양 지역협력체 구상의 입안을 검토할 것을 지시했다. 또한 1967년 3월 14일 제55회 국회 외교연설에서 아시아태평양 지역의 협력을 제창하고, 1967년 5월 아시아태평양 외교와 일본의 경제협력에 관한 경제동우회(経済同友會) 강연에서 일본이 태평양 지역에서의 공동체 구상에 주요한 매개체 역할을 수행할 필요성을 강조했다(丸山静雄

1967). 미키 구상에서 아시아태평양 지역은 일본과 미국을 포함한 선진국과 아시아의 개도국까지 포함한 개념으로 설정되었다. 또한 1969년 5월 경제기획청의 미야자와 기이치(宮澤喜一) 장관은 하와이에서 개최된 로터리클럽 세계총회 연설에서 아시아태평양기구 구상을 제창했는데, 앞에서 말한 미키 구상의 제도화를 역설한 것이라고 할 수 있다. 이와 같은 구상 제기와 비슷한 시기에 일본은 일련의 제도화 조치들을 취하기 시작했다. 1966년에는 제1회 동남아시아개발 각료회의를 도쿄에서 개최하고, 1967년과 1968년에는 태평양경제협력위원회와 태평양무역개발회의를 출범시켰던 것이다(末廣昭 2005, 143).

이어 1977년 8월 필리핀 마닐라에서 후쿠다 수상은 일본과 동남아 제국을 같은 아시아의 일원으로서 대등한 관계로 인식하고 있다는 점을 강조하게 된다. 즉 과거에는 공동체 구상에서 부수적 존재였던 동아시아 국가와의 파트너십을 인정한 점은 공동체 구상의 전 단계로서의 경제협력의 대상을 보다 넓게 인식한 결과라고 할 수 있다. 이런 과정에서 1979년 오히라 마사요시(大平正芳) 수상은 환태평양연대(Pacific Ocean Community) 구상을 공식적으로 발표하게 되었다.

환태평양연대 구상은 상기 고지마를 비롯한 학계 주장은 물론, 미키 구상을 한 단계 더 발전시킨 것이었다.[5] 오히라 수상은 정권 출범 이전부터 환태평양 구상에 대한 지론을 가지고 있었는데, 정권 출범과 동시에 환태평양연대 구상의 중간보고서가 나온 점이 이를 대변한다. 1980년 1월에 나온 환태평양연대 구상의 이념은, "교통·통신 수단의 현저한 발달에 의해 태평양 지

5_이하 환태평양연대구상에 대한 검토는 內閣官房內閣審議室分室·內閣總理大臣補佐官室 編(1980)을 바탕으로 작성되었다.

역은 내해(內海)로 변하고 있으며, 태평양 지역의 제 국가가 하나의 지역사회를 형성할 수 있는 조건은 어느 정도 정비되었다. 태평양 제국 간에는 양국간 혹은 다국 간 협력 관계가 다양하게 전개되고 있으며 여기서 하나의 지역사회 건설을 구상하려는 움직임이 있다"[6]에서 알 수 있듯이 태평양 지역의 국가적 다양성을 인정하면서 협력체를 건설할 경우 상호 간 발전에 기여할 수 있다는 보완 관계에 주목했다.

한편 동 구상의 최종 보고서는 그 실현을 위한 선결 과제로서 일곱 가지 사항을 제안했다. ① 국제 교류 및 상호 이해의 촉진, ② 지역 연구의 추진, ③ 인적 협력 및 기술협력, ④무역 협조 및 확대와 산업조정, ⑤자원 개발 협력, ⑥자금의 원활한 교류, ⑦교통·통신 체계의 확충 및 정비가 그것이다. 전체적으로 정치 및 군사 중심보다는 경제·사회·문화 분야의 소프트한 협력의 강화가 요구된다는 점을 강조했다.

환태평양연대 구상은 그 실현을 위한 방법으로 기능주의에 입각한 점진적 어프로치의 필요성을 주장했다.[7] 먼저 구상 실현을 위해 일본은 물론 관련 국가들이 내부 위원회 설립과 민간 차원 협의 기구의 창설로 국내 콘센서스를 도출한 후에 초국경적 정부 간 협의가 필요하다고 보았다. 정부 간 협의 과정에서도 비교적 타협이 용이한 부문부터 개별적으로 연대를 추진하는 방안을 제언했다.

환태평양연대 구상 보고서는 구성 국가를 구체적으로 한정하지 않았는데, 그 이유는 열린 지역주의를 표방한 점에 기인한다. 물론 주된 구성국은 미국, 일본, 오스트레일리아, 뉴질랜드를 중심으로 한 태평양 지역의 선진국과 동

6_內閣官房內閣審議室分室·內閣總理大臣補佐官室(1980, 17-24).

7_內閣官房內閣審議室分室·內閣總理大臣補佐官室(1980, 91-95).

남아 여러 나라를 암묵적으로 상정하고 있다. 여기에는 중국도 포함된다. 1979년 정권 출범과 동시에 환태평양연대 구상의 중간보고서가 나오고, 곧바로 오히라 수상이 중국과 오스트레일리아를 방문한 것에서 그 개연성을 판단할 수 있다. 여기서 중요한 특징은 정책적 구상으로서는 처음으로 공동체 구상의 협력 파트너로 동남아를 중심으로 한 아시아 국가들을 인식하기 시작했다는 점이다. 종전의 태평양 중심의 공동체 구상에서 벗어나 공동체의 대상이 될 수 있는 국가의 범위에 대한 인식이 남남에서 남북으로 진전될 수 있는 가능성을 열어 둔 것이다.

일본의 대(對)아시아정책은 전통적으로 동남아 지향적이라는 특징이 있다. 반면에 동북아 국가들에 대해서는 지역주의라는 공동체적 접근보다는 양자주의에 근거한 접근이 주류적 방식이었다. 이와 같이 일본이 공동체 구상의 파트너로 한국이나 중국과 같은 동북아 국가들보다 동남아 국가들을 보다 중요하게 인식한 배경에는 기본적으로 미국의 패권하에서 일부 지역에라도 지역 리더십을 발휘하겠다는 의도가 내재되어 있다. 1960년대부터 인도차이나 정세가 급변하고 미국의 정치·군사적 개입이 적극화하는 상황에서 미국과의 협력을 토대로 역내의 공산화를 막아 자유주의적 가치관을 이식시키는 한편 일본이 자금이나 기술 제공과 같은 경제적 측면에서 주도권을 가질 수 있다는 인식이 깔려 있던 것이다. 뿐만 아니라 동북아 국가에 비해 이 지역의 반일 감정이 상대적으로 덜하다는 점도 무시할 수 없다. 그러나 동남아에 대한 이런 일본의 관심은 이들을 협력의 파트너로서보다는 원조의 대상으로 그 가치를 중요하게 인식하는 자기중심적 경향도 어느 정도는 내포되어 있다(김기석 2008, 166).

연대 구상에서 설정된 공동체의 주된 교류 기제는 정치, 군사가 아닌 경제, 사회, 문화 분야가 중심이었다. 그중에서도 무역과 자본 같은 경제적 이익보다는 실질적인 인적 교류의 확대를 주된 방향으로 했다. 아래로부터의 교류 확대가 상층부의 협력, 나아가서는 연대의 강화로 연결된다는 인식에서 나온 것이라고 할 수 있다. 환태평양연대 구상의 경제적 기초를 고지마 구상이 제시했다면, 실제적 적용 단계에서 그 구상 실현의 방법을 보다 연성적 부문으로 변용한 것이다. 이는 국가 간 관계에 대한 인식의 전환으로도 해석할 수 있다. 경제적 후생 효과라는 이익을 둘러싼 자유무역지대 구상안은 국가 간 관계가 경쟁에 기초하고 있다고 보는 데 비해, 환태평양연대 구상은 국가 간 경쟁이 협력을 가져올 수 있다는 소위 기능주의적 접근을 공동체 구상의 접근 방법에 적용한 것이다. 이런 인식은 현재 일본의 공동체 구상의 기본 이념으로 자리 잡고 있는 기능주의에 사상적 바탕을 제공했다.[8] 1980년 6월 오히라 수상이 급사한 것을 계기로 환태평양연대 구상의 구체적 실현은 볼 수 없었으나, 전후 일본의 동아시아공동체 구상의 방법론적 기초를 형성했다는 점에서는 의의가 있다고 할 수 있다. 또한 1989년에 아시아태평양 지역에서 성립된 APEC의 출범은 오스트레일리아가 주도적이었으나, 그 저변에는 오히라 수상의 환태평양연대 구상에 근거한 일본의 협력이 있었다는 점도 무시할 수 없다.[9]

8_2006년에 발표된 外務省, "東アジア共同体構築に係るわが國の考え方"에서는 동아시아공동체 구상의 실현을 위한 일본의 기본 입장으로 ① 열린 지역주의 원칙(開かれた地域主義の原則), ② 기능적 접근(機能的アプローチ), ③ 보편적 가치의 존중과 글로벌 룰의 준수(普遍的価値の尊重, グローバルなルール遵守)를 표명한 바 있다.

9_1989년에 아시아태평양 지역에서 성립된 APEC 출범은 오스트레일리아가 주도했으나, 오히라 수상의 환태평양연대 구상에 근거한 일본의 적극적 협력이 있었다.

III. 동아시아 경제 권역 구상

1. 배경

1973년 제1차 오일쇼크와 1979년 제2차 오일쇼크에 따른 원자재 가격 상승에도 불구하고 소위 감량 경영으로 일본의 경상수지 흑자는 오히려 확대되었다. 뿐만 아니라, 1985년 플라자 합의에 의한 엔화의 평가절상은 일본기업의 해외 진출을 가속화했다. 그 결과 일본의 해외 직접투자는 1985년부터 1990년 사이에 급증했다. 1980년 46억 달러에 불과하던 해외 직접투자액이 1985년에는 122억 달러, 1990년에는 569억 달러까지 증가했다(〈표 1〉). 지역별로 보면 선진국인 북미와 유럽은 물론 아시아 지역으로의 진출이 두드러진다. 선진국으로의 진출은 주로 기업합병을 통한 자산 차익을 노리는 경우가 많았던 반면에, 자산 가치가 낮은 아시아 제국으로의 진출은 일본기업의 생산기지 해외 이전이 보다 강한 영향을 미쳤다고 할 수 있다.

또한 일본은 아시아를 중요한 시장으로도 인식하기 시작했다. 1980년대 후반부터 중국의 개방화 물결이 강해지고, 동남아 국가들의 경제성장에 힘입어 일본 제품의 수요처로 향후 성장 가능성이 높은 시장으로 인식하게 된 것이다. 즉 종전 부품의 하청 생산기지로서의 아시아와 새로운 수요처로서의 아시아라는 관점이 동등한 수준까지 높아졌음을 의미한다.

이에 따라 아시아 대륙과 면하고 있는 니가타(新潟)나 호쿠리쿠(北陸) 3현[10] 등에서는 한국, 중국, 북한과의 교류에 대한 요구가 더욱 강해졌다. 그 배경에는 지역적 근접성은 물론 동 지역에 위치한 전통 산업의 특수성에 기인한 산업 공동화의 심화가 존재하고 있다. 이 지역은 상대적으로 섬유산업

표 1 | 일본 기업의 해외 직접투자 추이(지역별)

	북미	중남미	아시아	중동	유럽	대양주	아프리카	합계
1951~1962 누계	118	153	107	158	12	4	1	553
1965	44	59	53	11	5	1	2	157
1970	192	46	176	28	336	123	14	913
1975	905	371	1,101	196	333	182	192	3,280
1980	1,596	588	1,186	158	578	448	139	4,693
1985	5,495	2,616	1,435	45	1,930	525	172	12,217
1990	27,192	3,628	7,054	27	14,294	4,166	551	56,911
1994	17,823	5,231	9,699	290	6,230	1,432	346	41,051

주 : 해외직접투자 신고승인액 기준.

자료 : 財務省(各月)『財政金融統計月報』에서 작성.

등 경공업이 발달했는데, 경공업은 중화학공업에 비해 노동생산성이 낮아, 임금이 낮은 아시아 국가로의 공장 이전에 대한 유인이 보다 강했다. 해외로의 생산기지 이전에 따른 산업 공동화의 부작용을 막고자, 인근 동북아 권역의 새로운 시장 개척과 국제분업의 네트워크화에 대한 요구가 보다 강한 지역이었다.

한편 동아시아 정세 관계에 눈을 돌리면 일본은 물론 관련 국가 상호 간에 새로운 경제권 구상들이 표출되기 시작했다. 유럽 경제권 통합이 가시권에 접어든 1980년대 후반부터 동아시아에서는 지역경제권 구상들이 연구되기 시작했다. 일본의 동아시아경제권 구상 혹은 환일본해경제권(環日本海経濟圈) 구상, 한국의 황해경제권 구상이나 동북아경제권 구상, 홍콩과 타이완의 대중국경제권 구상 혹은 화인경제권 구상 등이 바로 그것이다(樊勇民 1992, 156). 이와 같은 구상들이 동북아 국가들 사이에서 동시다발적으로 나온 것

10_도야마현(富山縣), 이시카와현(石川縣), 후쿠이현(福井縣).

은 전후 처음이라고 할 수 있다. 이는 일본은 물론 한국과 중국 및 타이완에서도 동북아공동체에 관한 '필요성' 자체에 대해서는 인지하기 시작했다는 것을 의미한다.

2. 동아시아경제 권역 구상의 내용

환일본해경제권 구상[11]으로도 지칭된 바 있는 일본의 동아시아경제 권역 구상[12]은 1988년 당시 경제기획청 산하 경제심의회가 『세계와 공존하는 일본: 경제운영 5개년 계획』(世界と共に生きる日本: 經濟運營5ヵ年計畫)라는 보고서에서 동아시아경제권 구상을 공표한 때를 기점으로 1990년대까지 학계와 정계에서 추진 논의가 전개되기 시작했다. 특히 동해에 해당하는 일본해 연안의 현을 중심으로 활발하게 논의되었고, 환동해권 연구기관인 니가타 소재 환일본해경제연구소(ERINA)의 설립 배경이 되기도 했다.

동 보고서[13]는 안행형(雁行型) 경제 발전[14] 모델을 기초로, 일본을 포함하

11_환일본해경제권 구상의 변천에 관해서는 環日本海學會(2008, 105-109) 참조.

12_嶋倉民生(1992, 2-4)는 환일본해경제권 구상보다는 동북아시아경제권 구상(東北アジア經濟圈構想)이라는 용어가 보다 타당하다고 하면서, 그 이유로 ① 중국은 동해[日本海]에 면한 국가가 아닌 점, ② 1985년 운수성 물류조사에 의하면 동해 연안의 8개현에서 출하되는 해운 물류량은 일본 전체의 1%에 지나지 않는다는 점, ③ 이 지역의 경제 교류는 단순히 동해에 한정하지 않고 예전부터 광역에 미치고 있었다는 점, ④ 일본의 동해 연안 현들은 모두 연안에 면해있는 소련의 연해주, 중국의 동북3성, 한반도만을 교류 대상으로 한정하고 있지는 않는데, 예를 들어 가나자와시(金澤市)는 중국 강남 지역의 장쑤성(江蘇省) 쑤저우시(蘇州市)와, 후쿠이시(福井市)는 저장성((浙江省) 사오싱시(紹興市)와 자매도시 관계를 맺고 있다는 점, ⑤ 이 지역을 '환일본해경제권'으로 불러야 할 국제적 배려도 필요하다는 점 등을 주장한 바 있다.

여 당시 신흥경제국인 NICs와 아세안을 포함한 경제공동체 구상을 제언했다. 즉 시장경제 메커니즘을 바탕으로 하여 직접투자, 무역, 기술이전 등을 통해 일본, NICs, 아세안의 삼자 간 경제 관계를 심화해 종국에는 경제공동체로 발전할 것을 내용으로 했다.

구상의 배경으로는 1985년 엔고 시대에 접어들어 시장 개방 압력이 미국 등지에서 강해지면서 일본의 주된 경제적 역할이 아시아태평양 지역의 자본재·중간재의 공급 기지에서 소비 시장으로 변화할 것이 요구된다는 점이 강조되었다. 또한 일본 국내의 산업구조를 조정한 결과 많은 일본 기업이 해외로 진출하고 있는 상황에서 인근 NICs와 아세안 국가들의 부존 상황에 상응하여 자본집약적 제품을 생산해야만 하는 배경을 주장했다. 결국 이 동아시아경제권 구상의 본질은 소위 원세트(one-set) 체제를 일본만이 아닌 동남아를 포함한 동아시아 전역으로 확대시킬 필요성을 전제하고 있었다. 이런 새로운 동아시아 분업 체제는 일본이 가장 앞에 서고 다음으로 NICs와 아세안이 각각 후발에서 질주하는 안행형 발전 모델을 상정하고 있는 것이다. 당시 일본의 기술 수준은 여타 동아시아 국가에 비해 높았기 때문에 시장 메커니즘을 도입해서 철저한 자유무역을 실시하게 되면 일본이 동아시아 시장을 독점할 여지가 높았다. 따라서 안행형 경제 발전에 의한 국제분업 체제의 형성에 의해 아시아태평양 지역의 개도국이 일본 경제의 하나의 종속국이 될 가능성도 높았다. 일본 구상은 평등 원리에 기초한 경제 교류와 협력을 주창

13_『世界とともに生きる日本-経濟運營5ヵ年計畵-の推進狀況と今後の課題』(経濟企畵廳編, 1989)로 출간되었다.

14_1956년 赤松要의 경제 발전 모델로, 원래 R. Vernon의 제품수명주기설을 기반으로 산업 간 발전 단계 격차와 선발 및 후발 관계를 전제로 한 구상이었으나, 이후 小島淸나 山澤逸平 등이 국가 간 경제 발전 모델로 재해석하고 있다.

했으나, 역사적 경험과 당시의 상황을 보면 일본의 동아시아경제권 구상은 일본이 경제적 기술 우위를 이용해서 아시아의 경제 발전에 주도권을 쥐기 위한 것이라는 점은 부정할 수 없다(樊勇民 1992, 157-158).

구성 국가의 범위 측면에서 동아시아경제권역 구상이 1970년대까지의 구상과 다른 점은 아세안뿐만 아니라 한국, 홍콩, 타이완, 싱가포르라는 아시아 신흥 개도국을 주요 주체로 인식한 점이다. 그러나 위의 보고서에서는 '아시아태평양 국가'라는 표현을 다수 사용하고 있는 점에서 일본 구상은 여전히 미국이나 오스트레일리아 같은 비아시아 선진국을 배제하고 있지는 않았다. 즉 환태평양연대 구상의 범주 안에서 신흥 개도국을 주요 주체로 새롭게 인식한데 지나지 않는다.

또한 이들 국가 간 관계에 있어서는 기본적으로 국제분업 과정의 필요성을 인정하고 있으나, 그 저변에는 분업 과정에서 누가 주도권을 확보하느냐의 문제를 암시하고 있다는 점에서는 국가 간 관계에서 경쟁이 밑바탕에 깔려 있다고 볼 수 있다. 만일 일본이 먼저 자국 시장을 개방하면 여타 아시아의 신흥국들도 시장을 개방할 수밖에 없다고 보았기 때문에 일본 기업의 해외 생산기지 이전과, 국제분업의 형성에 필요한 자본 이동 개방을 동아시아경제 권역 구상의 주요 내용으로 했던 것이다.

한편 동아시아경제 권역 구상의 영향은 중앙정부가 아닌 지방정부 차원에서 동아시아 교류를 확산시킨 점에서 의의가 있다. 특히 니가타와 호쿠리쿠 지역의 지방정부들은 러시아 극동 지방, 중국, 한국과의 지리적 근접성으로 인해 동아시아경제 권역 구상의 실현을 위한 제도적 장치를 마련하게 되었다. 환태평양연대 구상과 동아시아경제 권역 구상은 공통적으로 민간 차원의 교류 확대를 기초 요소로 인식하고 있는 점과 맥락이 닿아 있다. 즉 구상 실현을 위한 구체적 조치들이 지방정부 차원에서도 강구되면서, 국가주의를 기초로 한 종래 공동체 구상에서 나아가 '국가' 이하 수준에서의 공동체 논의도 태동하기 시작한 것이다.

IV. 동아시아공동체 구상

1. 배경

1990년대 후반부터 일본의 지역경제공동체 구상의 중심은 아시아태평양이라는 광역에서 동아시아라는 보다 한정된 지역으로 전환을 보이기 시작하는데, 그 사상적 배경에는 소위 지적공헌론(知的貢獻論)과 다자주의 논리가 내재되어 있다. 1980년대 천문학적 대일 무역 적자를 기록한 미국은 일본의 장기 불황에 대한 우려가 세계적으로 확산되던 1990년대 후반까지 일본 때리기(Japan bashing)로 불리는 전방위적 무역 압력을 행사했다. 미국의 통상 압력에 대한 일본의 대응 논리는 양자 간 협상이 아니라 GATT 체제를 중심으로 한 다자 간 협상을 통한 통상 문제 해결이었다는 점에서 일면 정합성을 갖는 것이었다. 또한 일본은 1990년대 초반 지적공헌론의 이념을 내세우면서 국제통화기금(IMF)이나 세계은행(IBRD) 같은 국제기구에서의 영향력 강화를 시도하는 한편, 개도국에 대한 정부개발원조(ODA)를 강화했다. 국제기구에서 제고된 위상을 활용하여 금전적 기여뿐만 아니라 일본식 발전 모델을 확산시키고 국제경제의 질서와 규칙의 수립에 영향력을 행사하겠다는 의지를 표명하게 된다. 그 대상이 된 것이 아시아 지역이었고, 그 결과 통상백서에서 NICs를 중심으로 한 아시아 지역에 대한 정책 마련이 강화되었다(김기석 2008, 167-168).

1997년 타이와 한국을 비롯하여 아시아 국가들은 금융 위기를 맞이하게 되었다. 당시 일시적 국제수지 위기에 봉착한 국가들에 대한 자본 원조를 담당하던 IMF는 실질적으로 큰 역할을 하지 못했다. 다자 간 관계에 의한 국제 금융 질서의 주체가 공백 상태였고, 이에 대해 일본은 1997년 9월 홍콩에서 개최된 국제통화기금 및 세계은행 총회에서 아시아통화기금(AMF)의 설립을 제의하고 1998년 10월에는 금융 위기를 맞은 아시아 현지 통화와 엔화의 통화스왑 폭 확대 용의가 있음을 밝히는 신미야자와 구상(新宮澤構想)을 발표했다. 그 결실의 하나로 2000년 5월 치앙마이 이니셔티브(ChiangMai Initiative, CMI)가 합의되었는데, 일본이 발표했던 통화스왑을 네트워크화 하는 데 아세안과 한국, 중국의 동의를 얻었음을 의미한다. 2009년 5월에는 CMIM (ChiangMai Initiative Multilateralization)으로 발전되어 ASEAN+3 국가 간에 총 1,200억 달러 수준의 상호 통화스왑의 다자화가 결정되었다.[15]

일본 내부적으로 1990년대 후반은 장기 불황이 현실적 우려로 나타나는 시기였다. 1996년과 1997년에 일시적으로 불황 타개의 기운을 보였으나, 1998년 금융 개혁 이후로는 금융권의 구조조정이 전 산업 분야에 확산되면서 경기 침체가 보다 심각해졌다. 뿐만 아니라 1980년대 중반부터 시작된 일본 기업들의 아시아 진출 여파로 국내 생산액의 증가량이 감소했고, 그 결과 국내 고용 수요도 감소하면서 내수시장 전반이 정체되는 시기였다. 그 원인

15_총 1,200억 달러 중에서 20%만이 역내 구성 국가의 독자적 합의에 의해 인출 가능하고, 나머지 80%는 IMF 융자 조건에 합치하도록 하여 결국의 IMF 구제금융과의 병행을 조건으로 하게 되었다는 측면에서 한정적 의미에서의 지역통화안정협정이라고 할 수 있다.

은 1985년 플라자 합의에 의한 엔고를 극복하기 위해 다수의 일본 기업들이 해외시장, 그중에서도 성장세가 높은 아시아 시장에 적극적으로 진출했던 바에 기인한 측면이 크다.

2. 학계의 동아시아공동체 구상

1) 모리시마 미치오의 동아시아공동체론

모리시마 미치오(森嶋通夫)[16]는 1995년 『일본의 선택: 새로운 국가 건설을 향해』(日本の選擇: 新しい國造りにむけて)에서 동아시아공동체의 필요성을 강조하고, 이를 보다 체계화한 구상을 2001년 『일본이 가능한 것은 무엇인가: 동아시아공동체를 제안한다』(日本にできることは何か: 東アジア共同体を提案する)를 통해 모색했다. 종래 일본의 공동체론은 그 배경으로 무역 편향적 담론이 주류였던 것에 반해, 모리시마 미치오는 일국으로서의 공동체 건설에 대해 초국가적 이익 차원에서 접근할 필요성을 역설했고, 구체적으로 하나의 정부로서의 동아시아공동체 구상과 그 역할을 모색했다.[17] 먼저 그 필요성에 대해 동아시아 각국에 편재하는 자원, 기술, 자본, 노동력을 동일한 범주 안에서 유용하게 결합시킬 수 있는 체제가 형성된다면 참가 국가들은

16_모리시마 미치오는 수리경제학자로 영국 LSE 교수로 근무하면서, 동태적 거시 분석의 업적으로 1990년대 후반부터 일본 최초의 노벨 경제학상 후보에 주목받았다. 1990년대부터는 동양과 서양의 장기적 경제 발전 방식의 차이에 주목하여 동아시아 정책에 대한 제언을 하기도 했다. 그의 동아시아 공동체 구상에 관해서는 森嶋通夫(1995) 및 森嶋通夫(2001) 참조.

17_예를 들어 森嶋通夫(2001, 178)는 동아시아공동체 성립 시 오키나와를 일본에서 독립시켜 수도를 오키나와에 두자는 주장도 하고 있다.

더욱 높은 효율성을 거둘 수 있는데, 이미 그런 조건은 충분히 갖추었다고 보았다. 조건 충족의 배경으로는 교통 및 통신 기술의 발달과 인적 교류의 증가로 인해 이동 비용이 낮아졌다는 점에 주목했다(森嶋通夫 2001, 92-93). 그러나 동아시아 국가 간에는 아직 통합을 저해하는 요소들이 남아 있는데, 대표적인 것으로 역사 문제에 대한 상호 이해의 부족을 내세우고 이는 일본 정치권의 도전적 결단이 필요한 문제라고 보았다.

모리시마 미치오는 동아시아의 국가 간 관계에 대해 경쟁보다는 보완 관계를 더 중시했다는 점에서 의의가 있다. 1995년 구상은 일본 재생의 시나리오로서 동아시아공동체의 필요성을 주장했는데, 2001년 구상과 공통되는 점은 동북아 국가 간 소유자원의 편재에서 구상을 출발했다는 것에 있다. 공동체 구성원으로는 자원이 풍부한 중국, 노동력과 자원의 북한, 기술과 자본의 한국·일본·타이완을 상정하고, 문화적으로는 동일한 한자 문화권이라는 점을 결합의 충분조건으로 본 것이다. 이에 의거하여 동아시아공동체에 포함되는 국가를 한국, 북한, 중국, 타이완으로 한정시켰다(森嶋通夫 2001, 172-173). 동남아시아 국가들을 포함시키지 않은 이유로는 종교적 관점을 제기했다. 즉 한국, 일본, 중국, 타이완에 전파된 불교는 히말라야 산맥을 넘어 중국을 거쳐 전래된 것으로 기본적으로 이타주의 관점과 평등을 강조한 불교이다. 그러나 동남아에 전래된 불교는 인도에서 직접 수입된 것으로 평등보다는 수도자의 우월성을 강조한 것이라는 점에 주목했다. 이는 인간과 사물에 대한 근원적 인식의 차이를 발생시키기 때문에 공동체 형성에 있어서 적지 않은 사상적 저해 요인이 될 수 있다고 보았던 것이다.[18]

18_한편, 모리시마 미치오는 그 역사적 배경에 관해서 다음과 같이 보고 있다. "동남아시아는 타이를 제외하면 모두 서구 제국의 식민지였으나, 동아시아 국가들은 일본의 식민지 경험을 제

교류 기제에 있어서는 우선 공동체 건설의 조건을 물적 기반과 인적 기반으로 분류하고, 전자(前者)의 교통·통신 인프라는 정비되었다고 보고, 후자(後者)의 교류는 확대되고 있으나, 과거 문제에 대한 인식적 기반은 정비되지 않았다고 보았다. 따라서 이런 인식의 차이는 본래 교육 문제에서 근원하기 때문에 공동체 의식을 함양시키기 위한 교육이 중요하다고 보았다. 무역이나 금융과 같은 교류보다는 인적 및 그 사상적 교류의 발전이 교류 기제에서 보다 중요한 요소라고 했다. 이는 모리시마 미치오의 구상이 무역 관점에서만 본 국익이 아니라 초월적 국익을 공동체 목적의 필요성으로 전제했다는 점과 연관성을 가진다. 즉 무역과 금융 부문에 편중된 공동체 구상은 현실적 달성도는 높일 수 있으나, 특정 공동체 참가자의 후생 증가가 부각될 가능성이 많아 모두의 초월적 이익에 대한 도전이 발생할 수도 있다. 반면에 비경제 부문의 교류는 초월적 이익의 존재 자체에 대한 도전이 약화될 수 있기 때문에 연성 부문의 교류 기제를 더욱 강조했던 것이다.

2) 다니구치 마코토의 동아시아공동체론

일본인 최초로 OECD 사무차장을 역임했던 다니구치 마코토(谷口誠)는 국제기구에서의 경험과 학자로서의 분석을 통합하여 2004년 『동아시아 공동체: 경제통합의 향방과 일본』(東アジア共同体: 経済統合のゆくえと日

외하면 서구 제국의 식민지는 되지 않았다. 물론 중국의 일부분은 그러한 바 있다. 그러나 그 중국의 일부분은 중국 영토 규모에 비하면 무시해도 좋은 정도로 작다. …… 동아시아공동체 지역은 제2차 세계대전 이후 미국의 영향력은 상당히 커졌으나, 동남아시아와 비교하면 서구 제국의 영향력은 상대적으로 적다고 할 수 있다. 이런 사실은, 독자적으로 발전할 수 있고 세계경제에 어떤 형태의 공헌을 할 수 있는 지역이라는 것을 말해 준다"(森嶋通夫 2001, 172).

本)에서 동아시아공동체의 조건을 가능성과 저해 요인의 차원에서 검토한 후, 공동체 실천을 위한 거시적 과제를 제안한 바 있다. 공동체 구상을 위한 저해 요인들은 기본적으로 정치권에서 해결할 수밖에 없고, 현실적 접근은 먼저 경제 부문의 공동체를 형성시키기 위한 역내 국가 간 경제 제휴 협정을 네트워크화하는 것이라고 주장했다. 그 후에 정치면과 안보 공동체에 필요한 기제가 추가됨으로써 동아시아공동체가 실현될 수 있는 것이라고 보았던 것이다(谷口誠 2004, 76-77, 214). 구체적으로 동아시아 경제공동체 성립을 위해서는 환경과 에너지 분야의 지역 협력에 대한 일본의 적극적 공헌뿐만 아니라, 동아시아 공통 농업 정책과 아시아 공통 통화권도 필요하다고 제시했다.

다니구치 마코토의 동아시아공동체 구상은 1960년대 고지마 구상의 연장선상에 있다고 볼 수 있다. 그 이유는 유럽 경제권을 의식하여 동아시아공동체의 필요성을 도출했다는 점, 국제분업 구조의 심화 속에서 일본의 활로를 모색하고 있다는 점에 있다.

공동체의 범위에 관해서는 한국, 중국, 일본을 주요 참가자로 상정했으나 동남아를 배제하지 않고 있으며, 공동체 실현을 위한 출발 상황에서는 동남아 국가들을 매개할 필요성이 현실적임을 강조했다. 이는 환태평양연대 구상과는 달리 미국이나 오스트레일리아는 구성원으로 상정하지 않았다는 점에서 차이가 있고, 동아시아에서도 유교와 같은 공통적 가치관이 존재함을 긍정했다는 점에 그 특징이 있다.

이 구상은 국가 간 관계를 '경쟁'과 '이익'의 관점에서 유리시켜 무엇보다도 공동체라는 조직 자체의 제도화에 앞서서 공동체 의식의 배양이 더욱 중요한 공동체 구축의 요건이 된다고 보았다. 만일 동아시아 국제관계의 전개를 국가 간 경쟁의 관점에서 접근하면 일본과 중국의 패권 다툼이 지역 내에서 전개될 가능성이 크다. 이에 대해 다니구치 마코토는 일본 외무성 주류파의 인식을 비판했다. 즉 주류파는 미-일 간에는 민주주의, 시장 주의, 인권 존중이라는 공통된 지향점이 있는 반면에 중-일 간에는 경제적 이익이라는 공통된 이익만 존재한다고 인식했다는 것이다. 이에 대해 미-일 관계에서는 최근 수십 년간 실제 교류가 있었던 데 비해 중-일 간에는 2000년 이상의 사상적 교류가 있어 왔으며, 이것은 공동체 의식 배양의 기초로 작용할 가능성이 크다고 보았다(谷口誠 2004, 48-49).

3. 정계의 동아시아공동체 구상

1990년대 초반까지 일본은 동아시아공동체 및 역내 협정에 대해 소극적이었다. 1980년대 대미 통상 압력에 대항한 논리가 GATT 체제에 기초한 다자주의적 해결이어서 지역 협정의 인정은 그 대응 논리의 모순을 잉태할 여지가 컸기 때문이다. 이런 자세에 변화가 온 것은 1997년 아시아 금융 위기였고, 역내 안정화와 패권을 위해 앞에서 언급한 1998년의 신미야자와 구상과 그 결실인 CMI 가 발표되었다. 더불어 일본은 1998년경부터 멕시코와의 경제교류협정(Economic Partnership Agreement, EPA) 혹은 자유무역협정(Free Trade Agreement, FTA)을 추진하기 시작했다[19]. 그리고 정계의 논의는 2002

19_한국과의 FTA 협상은 1998년 11월 당시 요사노(与謝野) 통산산업성 대신과 한국 외교통상부 한덕수 통상교섭본부장과의 회담에서의 공동 연구 제의로 시작되었다(關澤洋一 2008, 41-42). 한편 2011년 2월 말 현재 일본의 FTA/EPA협정 대상국은 싱가포르, 멕시코, 말레이시아, 칠레, 타이, 인도네시아, 브루나이, 필리핀, 아세안 전체, 필리핀, 스위스, 베트남이 발표국이고, 인도와는 2011년 2월 16일 서명을 완료했으나 미발효 상태이다. 2011년 3월 말

년 고이즈미 수상의 구상이 커다란 기폭제가 되었다. 2002년 1월 14일 동남아 순방 연설에서 "共に歩み共に進むコミュニティ"(a community that acts together and advances together)라는 표현으로 역내의 공동체 필요성을 강조했다. 2003년 12월 일본-아세안 특별수뇌회담의 도쿄선언에서는 공동체를 위한 일본의 역할을 보다 더 강조하면서 역내 '동아시아공동체'(東アジアコミュニティ, East Asian community)[20]의 구축에 노력할 것을 밝혔다.[21]

고이즈미 수상의 동아시아공동체 구상의 범위는 ASEAN+3+'α'를 전제하면서 'α'에는 인도, 오스트레일리아, 뉴질랜드, 미국까지를 포함할 것을 내용으로 했다. 동아시아의 지역 범위를 확대해서 설정한 점에서 그런 인식을 파악할 수 있다. 이는 동아시아라는 지역 개념의 충돌보다는 동아시아 지역을 둘러싼 국제관계와 깊은 연관을 가지고 있다. 2005년부터 개최된 동아시아정상회의(East Asia Summit, EAS)에 대해 미국은 수차례 우려를 표명한 바 있다(防衛廳 2006, 31-34). 물론 중국은 미국의 참가를 반대하고 있으나, 일본은 용인하는 자세를 취했다.[22] 일본의 동아시아공동체 구상의 대전제가 '열

현재로는 한국, 페루, GCC와 협정 교섭 중에 있는 상태다.

20_2004년 9월 고이즈미 수상의 유엔총회 연설에서 동아시아공동체 라는 용어를 사용한 이래로 일본 정부 및 언론에서 사용하는 용어로 정착되었다. 그러나 동아시아공동체의 '공동체'는 소문자 'community'로 표기하여 유럽공동체의 대문자 'Community'와는 다른 일반명사로 구체성은 결여되어 있다는 비판론(谷口誠 2004, 34)도 있다.

21_2002년 1월 14일 고이즈미 수상의 아세안 방문 시 정책 연설 "東アジアの中の日本とASEAN－率直なパートナーシップを求めて－"(http://www.mofa.go.jp/mofaj/press/enzetsu/14/ekoi_0114.html, 검색일: 2011년 1월 5일).

22_2009년 9월 출범한 하토야마(鳩山由紀夫) 정권의 동아시아공동체 구상은 명시적으로 미국 배제를 주장하고 있지는 않다. 이는 2009년 9월 17일 하토야마 수상의 임시국회 발언에서 확인할 수 있다. "(질의) 동아시아공동체에 대한 총리의 견해에 대해, 미국에서는 '미국 이탈'이나'달러 이탈'이 아닌가 하는 의구심이 존재하고 있는데, 이에 대해 어떻게 생각하는가? (수상

린 지역주의'라는 점에서는 그 논리적 정합성을 긍정할 수 있다.

공동체 내의 교류 기제에 관해서 일본은 공동된 이념의 추구에 상호 협력을 강조하고 있다. 즉 종전의 무역을 기반으로 한 공동체 구상에서 환경, 에너지, 교육과 같은 비경제적이면서도 공통의 이익을 찾기 쉬운 분야의 공동체적 협력에 중심을 둘 것을 내용으로 하고 있다.

한편 2009년 9월부터 시작된 하토야마 정권은 주요 공약 사항의 하나로 동아시아공동체 추진을 전면에 내걸었다. 2000년대 초중반의 학계 논의는 아시아만의 동아시아공동체 구상에 대한 이론적 단초를 제공했다. 예를 들어 스에히로 아키라(末廣昭)의 아시아 한정 파트너십론은 아시아만의 구상과 더불어 특정 국가의 이익을 넘어서는 차원에서 아시아를 인식할 필요가 있다고 주장하기도 했다(末廣昭 2005, 135-161). 현재로서는 동아시아공동체에 관한 신정권의 새로운 인식을 파악하기는 쉽지 않고, 가시적인 구체적 구상은 전면적으로 내세우고 있지 않으나, 동아시아 국제관계에 있어서 미국의 존재는 큰 인식적 갈등 요인으로 개재되어 있는 점은 사실이다. 이에 일본은 정치·군사 및 경제 부문과 같이 첨예한 국익의 대립이 예상되는 분야와, 환경·문화 부문과 같은 공통적 이념을 위한 기반 구축을 구분하려는 시도를 하고 있다. 즉 교류 기제에 있어서는 수정된 공동체 구상의 추진이라고 할 수

의 답변) 초월적 공동체는 우애(友愛) 정신은 그 출발점이고, 유럽연합에 있어서도 공통 통화인 유로화 출범으로까지 연결되었다. 상정하는 공동체 내에는 체제가 다른 국가들도 있으나, 아시아에서, 특히 동아시아공동체라는 것을 중장기적 관점에서 보고, 구상하는 것이 올바른 길이라고 생각한다. 이런 발상은 결코 달러화 지역 혹은 미국이라는 국가를 제외한 것은 아니다. 오히려 이 구상에 앞서서 아시아태평양공동체를 구상해야 한다고 생각한다는 점에서 미국을 제외하고는 거의 실현이 불가능하다." 『요미우리신문』(讀賣新聞)(2009/09/17) On-line 기사에서 재인용.

있는 것이다. 이를 통해 모리시마 미치오와 다니구치 마코토가 주장한 바와 같이 공동체 의식의 함양이라는 토대가 보다 중요하다는 인식에는 그 방향성이 정해진 것으로 해석할 수 있다.

V. 결론

이상에서 1960년대 이후 일본의 동아시아공동체 구상의 전개에서 나타난 공간 인식의 변화에 대해 고찰했다. 그 결과는 다음과 같이 정리할 수 있다.

첫째, 공동체 혹은 지역경제연대 구상에서 주된 공간이 추이적으로 태평양에서 동아시아로 이동하고 있음을 알 수 있다. 즉 1990년대 중반까지 일본은 아시아는 물론 태평양 지역까지를 포괄한 지역 개념을 전제했고, 국가 간 관계를 협력보다는 무역 이익이라는 경쟁 관점에서 접근했으나, 점차 아시아·태평양에서 동아시아로 그 중심이 이동하는 방향으로 전개되어 왔다. 일본 학계에서 촉발된 논의는 선험적으로 이런 변화의 기초를 제공하기도 했다. 1960년대와 1970년대 고지마 구상이 1979년 환태평양연대 구상과 이어진 아시아·태평양까지를 전제로 한 경제공동체 구상에 미친 영향, 그리고 1990년대 후반과 2000년대 초반 학계의 아시아 중심의 새로운 지역 개념의 설정에 이은 동아시아공동체 구상이 바로 그것이다. 결국 이런 전개 방향을 달리 표현하면 일본의 동아시아공동체에 대한 구상은 19세기 후반 탈아입구(脫亞入歐)론에서 시작된 인식이 탈구입아(脫歐入亞)로 재구축되는 과도기라고 평가할 수 있는 것이다.

둘째, 공동체 내 교류 기제에 대한 인식의 변화이다. 1960년대와 1970년대 일본은 경제적 후생 증가라는 국익에 주된 초점을 둠으로써 경제 분야에 한정된 공동체 논의가 활발했다. 그러나 서서히 국익 관점과의 유리(遊離) 과정을 통해 사상과 문화 분야의 교류(김형국·김석근 2005)로 확대되어 왔다. 이는 무역 창출 효과에 의한 이익이라는 관점에 앞서 공동체 의식의 함양이라는 과제가 선결되어야 실제적인 공동체 구축이 가능하다는 인식의 전환에 기인한 것이라고 할 수 있다.

이상을 종합하면, 국가 간 관계 관점에서 동아시아공동체에 관한 일본의 구상은 지역 범위는 한정되는 과정인 데 비해, 교류 기제는 확대되는 과정이라는 양면적 스펙트럼에서 전개되어 왔다고 요약할 수 있는 것이다.

6장

한·중·일 경제통합(FTA) 논의의 역사적 고찰

정인교

I. 서론

제2차 세계대전 이후 형성된 냉전체제하에서 미국과 서유럽을 중심으로 한 서방국가들은 소비에트 연방하의 사회주의국가들과의 체제 경쟁 차원에서 시장경제 질서 수립 및 국제 교역 확산 증가를 위한 다각적인 방안을 모색했다. 특히 아담 스미스 이후 발전된 국제무역 이론에 따라 서방의 시장경제 국가들은 비교 우위에 따른 국제교역의 신장이 자원 배분의 왜곡을 시정하고 국가 간 산업 발전과 생산 특화를 촉진시킴으로써 계획경제 체제하의 사회주의국가보다 국민 후생을 더 증진시킬 수 있는 경제체제임을 현실적으로

• 이 글은 2008년 정부(교육과학기술부)의 재원으로 한국연구재단의 지원을 받아 수행된 연구다(KRF-2008-362-A00001).

보여 주고자 했다.

이 과정에서 다자 간 무역자유화를 위한 "관세와 무역에 관한 일반협정"(GATT)을 국제기구 형태로 1948년 스위스 제네바에 설치했다. 1989년 베를린 장벽이 와해되면서 냉전체제가 종식되어 세계 대부분의 국가들은 시장경제 체제를 도입하게 되었고, 상품 분야 교역 확대에 이어 늘어나는 국제적인 투자와 서비스 교역 환경을 원활하게 만들기 위한 다자 간 협상이었던 우루과이라운드(UR) 타결로 세계무역기구(WTO)가 1995년 출범하게 되었다.

한편, 두 차례의 세계대전으로 수천만 명의 인명이 살상당한 유럽 국가들은 독일이 더는 군사 대국화하지 못하도록 하고[1] 전쟁을 억제하기 위한 효율적인 수단으로 유럽에서의 경제통합을 추진하게 되었다. 가장 기초적인 전쟁 물자인 철강과 석탄의 생산과 관리를 위한 기구(ECSC)를 1952년 설치했고, 2차 세계대전 종전 후 형성된 소비에트 연방(소련)과의 냉전체제에 대응하기 위해 독일의 재무장 필요성을 인식하는 동시에 재무장한 독일의 군사력이 또 다른 전쟁의 원인이 되는 것을 억제하기 위해 유럽의 경제통합을 본격적으로 추진하게 되었다.[2] 1958년 유럽경제공동체(EEC)가 결성되고, 이를 확대·발전시키는 작업이 1960년대부터 최근까지 이어져 현재는 사실상 완전 통합체로 평가받는 유럽연합(EU)으로 발전했다.

유럽이 완전 통합을 위하여 논의하고 있던 1980년대 하반기 미국은 캐나

1_제2차 세계대전으로 인한 사망자 통계가 정확하지 않으나, 대체로 5,000만 명 사망설이 가장 유력하며 사망자 기준 최대 피해 국가는 러시아(약 2,500만 명)인 것으로 알려져 있다.

2_소비에트 연방은 1917년 러시아 볼셰비키 혁명으로 로마노프 왕조가 축출된 이후 4년간의 전쟁을 거쳐 1922년 12월 창설되었다. 2차 세계대전 이후 소련의 중앙 유럽 점령, 위성국가 확대에 이어 1949년 바르샤바조약기구를 결성하여 자본주의 국가와 대결 구도(즉, 냉전)를 형성해 나가자 미국은 마셜플랜을 통해 서유럽 부흥에 나서게 된다.

다 및 멕시코와의 자유무역협정(FTA)인 북미자유무역협정(NAFTA)을 체결했다. 이 시기에 오세아니아, 남미, 아프리카 등에서도 지역 내 경제통합체를 구축하기 시작함에 따라 세계경제에서는 지역주의가 확산되었고, 이런 현상은 1990년대 초반까지 이어졌다. 1994년 UR 타결로 다자 간 무역자유화가 확대되고, 이에 따라 지역주의가 주춤해질 것으로 예상되기도 했으나, WTO 출범 이후 지역주의는 오히려 더 확산되는 추세를 보였다.

하지만, 동아시아 국가들은 다른 대륙에서의 지역주의 확산을 지켜만 볼 뿐 지역 차원에서의 실천력 있는 조치를 강구하지 못한 채 1997년 말 동아시아 금융 위기를 맞게 되었다. 동아시아 경제의 85%를 차지하는 한·중·일은 중국의 사회주의 체제, 과거사 문제, 영토 분쟁 등에서 마찰과 상호 견제가 심해 어느 국가도 지역 차원의 경제통합을 제안하고 추진할 수 없는 정치적 환경에 놓여 있었다. 1990년대 동아시아 차원의 유일한 지역주의는 동남아 지역의 아세안 국가들 간 FTA인 아세안자유무역지대(AFTA)였다.

1990년대 후반 한·중·일 경제통합에 대한 논의가 시작될 수 있었던 계기는 아세안이 주도했던 ASEAN+3 정상회의였다. ASEAN+3 프로세스를 통해 1998년 한·중·일 정상은 역사상 처음으로 공식 회동하게 되었고 이후 다양한 채널을 통해 한·중·일 FTA 및 경제통합 방안을 논의해 오고 있다.

최근 들어 동아시아 및 동북아 지역 경제통합 논의가 활성화하고 있어 한·중·일 경제통합 논의 과정을 역사적으로 고찰하는 것은 향후 통합 논의의 실질적인 진전을 위해 의미가 클 것으로 생각된다. 하지만 본 연구에서의 분석 기간은 지난 20여 년으로 한정하고자 한다. 일본에 의한 국권 침탈기는 강제 합병이었지 경제통합이 아니었고, 경제통합은 시장경제 질서를 바탕으로 해야 하고, 중국이 시장경제를 도입한 시점이 1990년대이기 때문이다.

1990년대 이전으로 시점을 앞당겨 살펴보더라도 동북아 지역 차원에서 경제통합을 논의한 내용이 그다지 많지 않기 때문에 의미 있는 고찰이 어렵다. 1970년대 말 오일쇼크 발생 이후 일본 경제가 세계에서 두각을 나타내기 시작했고, 미국에 이어 세계 제2위 경제 대국으로 발전하면서 일본은 환태평양 지역 경제통합체 구축 논의를 주창한 바 있으나 지역 경제통합에 큰 의미를 부여할 수 있는 수준은 아니다. 1980년 일본 수상 오히라 마사요시가 태평양경제협력회의(PECC)를 주장하여 오늘날까지 회의가 지속되고 있으나 아직도 민간단체의 수준을 벗어나지 못하고 있다.[3]

아직 한·중·일 경제통합이 논의 중이고, 통합체 결성을 위해서는 앞으로도 상당한 시간이 소요될 것으로 보여 한·중·일 경제통합(혹은 FTA)을 예단하기 어렵다. 지금까지의 논의보다는 앞으로 해결해야 할 과제가 더 많다는 의미에서 역사적인 측면 등의 다양한 분석이 필요할 것이다. 특히 중국은 상이한 정치체제를 바탕으로 하고 있어 과연 수준 높은 경제통합이 가능할 것인가가 관심 사항이 아닐 수 없다.

이 장에서는 한·중·일 경제통합(혹은 FTA)의 역사적 발전 과정을 상호이질적인 경제의 통합을 위한 여건 형성 및 발전 관점에서 분석하고자 한다. 또한 지역 경제통합을 위한 논의를 경제통합의 제도화 과정에서 분석할 필요가 있을 것이다. 협정의 효율성, 구속력 등에서 진전을 이뤄내기 위해서는 제도화가 필요하다. 마지막으로 유럽과 같은 다른 지역의 경제통합으로 본 한·중·일 경제통합을 평가하는 것도 의미가 있을 것으로 보인다. 유럽 통합 과

3_1980년 오스트레일리아 캔버라에서 개최된 아시아 11개국 민간 차원의 태평양공동체 세미나에서 당시 오스트레일리아 수상 말콤 프레이저(Malcolm Fraser)와 일본 수상 오히라 마사요시의 제안으로 1982년 PECC가 설립되었다. 정부·경제계·학계 인사로 구성된 민간 주도의 태평양 국가 간 협의체로서, 자원·투자·무역·기술협력 등을 주제로 23개 회원국이 돌아가면서 매 2년마다 총회를 개최한다.

정을 가장 바람직한 통합으로 보는 견해가 있으나, 유럽과 동아시아는 배경이 다르다는 점을 고려하면 한·중·일에 적합한 경제통합 방식이 있을 수 있을 것이다.

II. 한·중·일 경제통합과 중국의 시장경제화

먼저 한·중·일 3국 간 경제 관계를 무역의존도를 중심으로 고찰해 보자. 한·중·일은 동아시아 지역 경제의 핵심으로서 3국 간 경제통합은 우리 경제의 성장 프런티어 확충 및 국내 경제 구조조정에 중요한 동인(動因)으로 작용할 것으로 생각된다. 특히 글로벌 금융 위기 이후 세계 소비 시장에서 차지하는 중국의 비중이 커지고 있어 중국 내수시장 진출의 필요성이 높아지고 있다. 중국은 지난 30년간 약 10%(세계 경제성장의 3배) 경제성장을 지속하고 있어, 현재의 성장세를 지속할 경우 7년마다 GDP 규모가 두 배로 증가하여, 2년마다 한국 경제 규모에 해당되는 GDP 규모가 확대될 것으로 예상된다. 중·일과의 시장 규모 차이, 우리의 높은 무역의존도 등으로 한·중·일 경제통합 시 우리나라는 최대 수혜국이 될 것으로 전망된다.[4]

또한 3국의 교역 의존도가 증가하는 가운데, 한·중·일의 역내 교역 비중도 증가하고 있어 경제통합의 여건이 개선되고 있는 것으로 평가하고 있다. 한국과 일본의 역내 교역 비중은 확대 추세인 반면, 역외국과의 교역 확대로

4_자세한 내용은 기획재정부(2010) 참조.

그림 1 | 한·중·일의 교역상대별 수출 비중 변화 단위: %

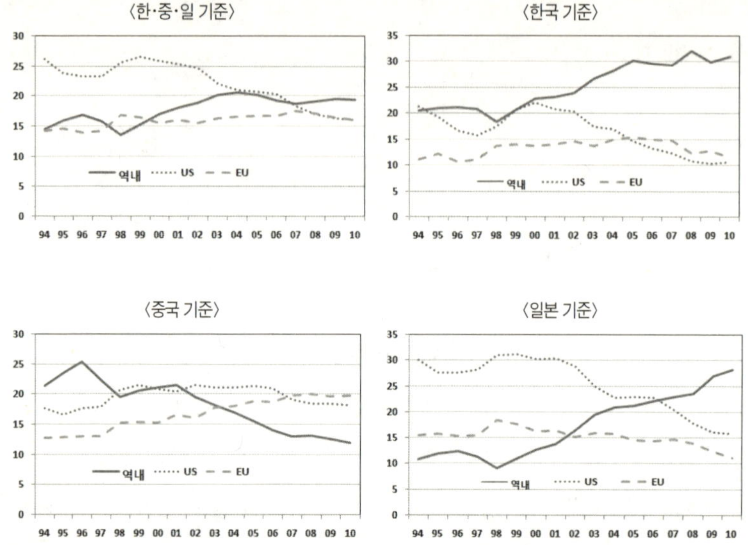

자료: 기획재정부(2010).

중국의 역내 교역 비중은 1996년 이후 지속적으로 감소세를 보이고 있어 한·중·일 경제통합의 필요성이 커지고 있다. 참고로 일본의 역내 수출 비중은 2009년 역대 최고치를, 우리나라의 역내 수출 비중도 2008년 최고치를 기록했다(〈그림 1〉).

1. 한·중·일 경제통합은 국익과 부합

2008년 기준 3국 간 역내 교역은 약 22%로, 유럽연합의 63.9%, 북미(NAFTA)의 39.9%에 비해 크게 낮은 수준이어서, 3국 간 역내 경제통합이 진전될 경우 교역 증가 가능성이 높다. 따라서 역내 무역·투자 활성화 논의를 진전시켜야 한다는 것이 우리나라 통상 당국의 입장이다. 정부는 경제 영향 분석 등을 통해 한·중 FTA 협상 개시와 한·일 FTA 재개 여부를 검토하고, 한·중·일 FTA의 경우는 현재 진행 중인 산·관·학 공동 연구를 2012년까지는 마무리한다는 계획을 수립하고 있다.

경제통합은 기본적으로는 지역적으로 인접한 국가 간 정치·경제·안보적 요건이 충족되어야 하고, 원활한 추진을 위해서는 인종, 문화, 언어, 역사 등 다양한 분야에서의 여건도 긍정적으로 작용해야만 가능하다. 경제통합에 대한 회원국 간 신뢰가 확보되지 않으면 통합 논의가 실질적으로 진전되기 어렵다는 점에서 보면, 동북아 정치·안보·역사 등에 관한 인식 차이도 경제통합에 있어 중요한 관건이 될 것이다.

유럽의 통합 사례로 보면, 제2차 세계대전 이후 평화유지를 위한 정치·군사·안보적 요소가 우선적으로 고려되어 지역 통합이 추진되었고, 이를 더욱 더 공고히 하기 위해 경제통합의 수준을 점진적으로 높여 왔다. 유럽이 수준 높은 경제통합으로 많은 경제적 이익을 누렸겠지만, 통합 초기부터 경제 이익과는 별개로 평화 유지 혜택에 더 주목했을 수 있다. 경제 이익 측면에서만 보면 역내 무역 통합, 서비스 투자 자유화, 무역 규범의 선진화 및 조화를 통해 충분한 이익을 실현했을 수 있다.

하지만 유럽이 통화 통합에 이어 정치 통합까지 추진한 것은 군사 재무장에 이어, 경제 강국으로 발전한 독일의 일방주의를 방지하기 위한 조치로 볼 수 있다. 일례로 유로화 도입을 살펴보자. 유로화 도입으로 유럽 국가들이 거래 비용을 줄이고 거시 정책의 안정을 도모할 수 있는 혜택이 있겠지만, 오늘날 그리스, 포르투갈, 이태리, 스페인 등 남유럽 국가(PIIGS) 사태를 보면 무리한 통화 통합이 가져온 폐해를 쉽게 목격할 수 있다. 독일 마르크화 가치와 연동된 유로화로 인해 산업경쟁력이 낮은 국가들에 경상수지 적자가 누적될 것이고 이로 인한 금융 불안 가능성이 예견되었지만, 독일이 동일한 화폐를 사용할 정도로 경제가 통합되고 기업 간, 개인 간 이해관계가 엮이게 된 국가를 상대로 전쟁을 벌이지 못할 것이란 점을 더 중시하여 유로화는 결국 채택되었다.

유럽의 통합 사례를 보면, 지역 경제통합은 경제적 판단보다는 평화 유지라는 정치적 이상이 더 크게 작용한 결과이다. 전쟁의 폐해와 고통을 겪고 어떤 수단을 동원해서라도 전쟁을 막아야 한다는 점에 공감대가 형성되지 않으면 통합은 추진되기 어렵다는 점을 유럽 사례는 시사한다. 물론 동아시아도 전쟁의 아픈 역사를 가지고 있으나 제2차 세계대전 이후 유럽과 같은 평화 유지를 위한 비용 지불의 논의가 한·중·일 간에는 있지 않았다. 따라서 동아시아와 동북아에서의 경제통합은 경제적 유인에 초점이 맞춰져 있다.

경제학의 한 분야인 경제통합론은 시장경제 통합의 경제 효과를 극대화하기 위한 방안을 연구하는 학문이다. 경제학에서는 경제적 유인이 있으면 경제주체들이 경제 유인을 좇아 합리적인 의사 결정을 하는 것으로 보고 있다. 한·중·일의 경우 경제통합의 이익이 클 것으로 다수 연구에서 제시하고 있는데, 경제통합에 대한 논의에도 불구하고 실질적인 진전이 이뤄지지 않고 있다. 이는 한·중·일 경제통합의 경제 효과 분석에서 고려되지 않은 사항이 있다는 점을 시사하는 것이며, 이론상의 경제 효과를 실현시킬 수 있는 경제통합을 위한 여건이 성숙되어 있지 않은 것으로 이해할 수 있다.

경제통합에 따른 경제적 실익이라는 요건이 충족되어야 논의가 진전될 수 있을 것이다. 경제적 요건은 경제 효과에 대한 이론적 전망과 이를 가능하게 하는 여건의 형성을 들 수 있을 것이다. 여건이 형성되어야만 경제적 이익이 실현될 것이다.

2. 경제통합 여건의 미성숙

경제통합의 경제 이익 실현 여건과 관련하여 다음 두 가지 이슈가 제기될 수 있다. 먼저, 경제통합은 회원국들이 합의해야 하는 것이고, 통합의 내용은 모든 회원국들이 경제 이익을 누릴 수 있도록 합의를 도출할 수 있을 것인가 하는 점이다. 이론적으로 가능성이 없는 것은 아니지만, 현재의 여건이나 역학 관계로 보면 용이하지 않은 과제로 보인다. 둘째, 한·중·일 경제통합에서 중국이 다른 국가에게 신뢰를 확보할 수 있을 것인가 하는 점이다.

세계 2위 무역 대국이고 향후 20년 이내에 미국의 경제 규모를 능가할 것이란 점에서 보면 일본과 우리나라가 중국과 경제통합을 추진하는 것이 경제적으로 바람직하겠지만, 경제통합에서 기본이 되는 시장경제화와 통상 정책 체계를 구축할 수 있을 것인가에 대해 확신하기 어렵다. 즉, 사회주의 정치제도와 시장경제로의 체제 전환국으로서 한계를 중국 당국이 얼마나 빠른 시일 내에 극복할 수 있을 것인가를 우려하지 않을 수 없다. 중국 당국이 사회주의 정치체제를 변경하지는 않을 것으로 보이고 이로 인한 한계는 앞으로도 지속될 것이란 전망이 우세하지만, 시장경제로의 전환은 상당 부분 진전되어 왔고, 지역 경제통합에 대한 중국의 의지에 따라 개선될 가능성도 있을 수 있다.

사회주의 정치체제가 문제되는 것은 통상을 담당하는 정부 부처의 합리적인 결정을 번복할 수 있는 힘과 권한이 공산당에 있기 때문이다. 사회주의국가에서 사업하는 외국인 사업가에 따르면, 당에서 정한 최종 결정을 확인하지 않은 상황에서는 행정부 내 주무 기관의 결정을 신뢰하지 못하는 경우가 적지 않다. 이로 인해 중국과의 통상 마찰에서 중국이 부당하게 힘의 논리로 밀어붙이는 사례가 최근 늘어나고 있다.

우리나라는 물론이고 많은 선진국들이 중국과의 통상 문제에서 일방적으로 불리한 조치를 당한 사례가 적지 않다. 10년 전인 2000년 우리나라는 중국산 마늘 파동에서 중국의 일방적인 조치를 경험한 바 있다. 우리 정치권이 무리하게 통상 당국을 압박하여 대 중국 관세를 10배 이상 올리는 긴급 수입 제한 조치를 취한 것이 뇌관으로 작용했다. 이에 중국이 핸드폰과 석유화학에 대한 무역조치를 취하자 결국 우리나라는 중국의 요구를 수용하지 않을 수 없었다.[5] 최근 일본도 중국의 일방적인 조치에 굴복함으로써 통상문제에 대한 중국의 의사 결정 체계(거버넌스)에 의심을 갖게 하는 사건이 발생했다. 2010년 9월 7일 중국과 일본 간 영유권 분쟁이 빚어지고 있는 동중국해 댜오위다오(釣魚島) 열도에서 발생한 중국 어선과 일본 순시선 간 충돌 사고 이후 중국 당국이 일방적으로 일본으로의 희토류 수출을 중단하자 일본이 중국의 요구를 수용한 사례가 있다.[6]

5_값싼 중국산 마늘 수입 급증으로 국내 마늘 가격이 폭락하자, 우리 정부는 2000년 6월 1일 중국산 마늘에 부과하는 관세율을 30%에서 315%로 10배 이상 인상했고, 일주일 후 중국은 한국산 휴대폰과 폴리에틸렌 수입 중단을 통보했다. 당시 우리나라의 중국산 마늘 수입액은 100억 원대였던 반면, 휴대폰, 폴리에틸렌 수출액은 6,000억 원으로 결국 우리나라는 연간 중국산 마늘 3만 2000톤에 대해 50% 미만의 낮은 관세율을 적용하기로 했다.

6_희토류는 반도체 등 첨단 부품의 핵심 소재이며, 중국은 희토류 전 세계 공급량의 90% 이상을

3. 한·중·일 경제통합과 중국의 정치체제

영토 문제가 경제 통상 문제보다 우선시될 수는 있지만, 중국의 과도하고 일방적인 조치는 정상적인 시장경제 국가에서는 발동되기 어렵다. 이런 조치들이 과연 중국 정부 내 통상 당국의 자체적인 결정인지 아니면 사회주의 정치체제와 관련된 것인지는 판단하기 어려우나, 만약 체제와 관련된 것이라면 향후 경제통합에 시사하는 바가 클 수 있다. 즉 경제통합은 상호 신뢰를 바탕으로 보다 긴밀한 경제 통상 관계를 구축함으로써 상호 간 경제 이익을 확대해 나가겠다는 취지에서 추진되는 것인데, 일방적인 조치는 상호 신뢰를 약화시키게 되고, 경제통합의 순기능 발휘에 대한 확신을 어렵게 만들게 된다. 더구나 경제통합으로 회원국 간 의존도가 높아진 상황에서 일방적인 조치가 발동될 경우 그 피해는 더 커질 것이고, 이를 의식하게 되면 경제통합 논의가 진행되더라도 실질적인 진전을 기대하기 어려울 것이다. 최근 중국 내수시장 진출 확대의 중요성이 강조되면서도 대 중국 리스크 관리의 필요성이 제기되는 것에서도 이런 시사점을 찾을 수 있을 것이다.[7]

동아시아 경제의 특징으로 다양성을 들 수 있지만, 한·중·일 3국에 국한시켜 보면 중국의 정치체제가 이질성을 가장 크게 만드는 요인이 되는 것으

독점하고 있어 희토류가 전략 무기화 될 수 있는 가능성이 있다.

7_1990년대 중국의 외교정책은 덩샤오핑(鄧小平)이 주창한 '도광양회'(韜光養晦)로 "어둠 속에서 사태를 관망하면서 실력을 쌓아 나가는 전략"으로 정해져 있었으나, 2002년 후진타오 주석 취임 이후 "적극적으로 참여해서 뜻을 이룬다"는 뜻의 '유소작위'(有所作爲)를 내세웠고, 2003년에는 "대국으로서 평화롭게 우뚝 선다"는 의미의 '화평굴기'(和平崛起)로 이어져 왔다. 여기서 굴기(崛起)는 패권주의의 의미를 담고 있어 중국 위협론이 제기되는 등 국제사회의 시각이 곱지 않자 국제사회와 조화롭게 발전한다는 취지의 '화평발전'(和平發展)으로 일부 수정됐으나, 중국의 정책이 화평굴기에서 크게 벗어나지 못한 것으로 보인다.

로 볼 수 있다. 특히 중국은 사회주의 정치체제를 유지하고 있으며, 그동안 시장경제화가 상당부분 이뤄졌으나 아직도 국영기업이 담당하는 분야도 적지 않다. 이와 관련하여 미국, 유럽연합 등은 WTO 가입에도 불구하고 중국을 완전한 시장경제 국가로 인정하지 않고 있다.

한·중·일 경제통합의 가장 기본적인 전제 조건 중의 하나는 이질성 극복이 될 수 있고, 특히 사회주의 정치체제하에 있는 중국의 시장경제화 확산은 동북아 3국 간 이질성을 최소화하는 데 필수적인 요건이 될 것이다. 그동안 한·중·일 경제통합에 대한 담론은 많았지만, 실천 가능한 대안이 제시되지 못하고 제도적인 경제통합을 위한 진전이 부족했던 것도 중국의 시장경제화 요건이 아직 만족한 수준으로 충족되지 않았다는 점과 관련이 있을 것이다.

그렇다고 중국의 시장경제화가 진전되지 않았다는 것은 아니며, 아직 경제통합을 위한 수준에는 미치지 못했다는 점을 강조하고자 한다. 공식적으로 중국은 1978년 덩샤오핑의 남순강화로 개방정책을 추진했고, 이후 선전, 상하이 등 특정 지역에 한정된 실험적 개방정책을 실시했다. 덩샤오핑은 1978년 계획경제 체제하에서 피폐해진 경제를 살리는 것이 우선이라는 '선부(先父)론'을 내세워 시장경제 체제로의 이행을 시도했다. 이는 사회주의하의 절대평등주의를 벗어나는 것을 의미하며, 외국자본을 적극 유치하기 위해 광둥성의 선전 등에 경제특구를, 상하이, 톈진, 광저우 등 다수 연안 도시에 경제기술개발구를 설치했다. 1989년 톈안먼 사건으로 주춤하던 개혁과 개방정책은 1992년 사회주의 시장경제 체제를 공식 도입하면서 가속화되었다.

이에 앞서 1991년 중국은 APEC에 가입했고, 이후 APEC에서 추진되었던 개별국실행계획(IAP) 활동을 통해 대외 관세 분야 자유화를 점진적으로 추진했다. 2001년 WTO 가입으로 중국의 개방정책은 최고조에 달했고, 이

그림 2 | 신규 회원국의 WTO 가입절차

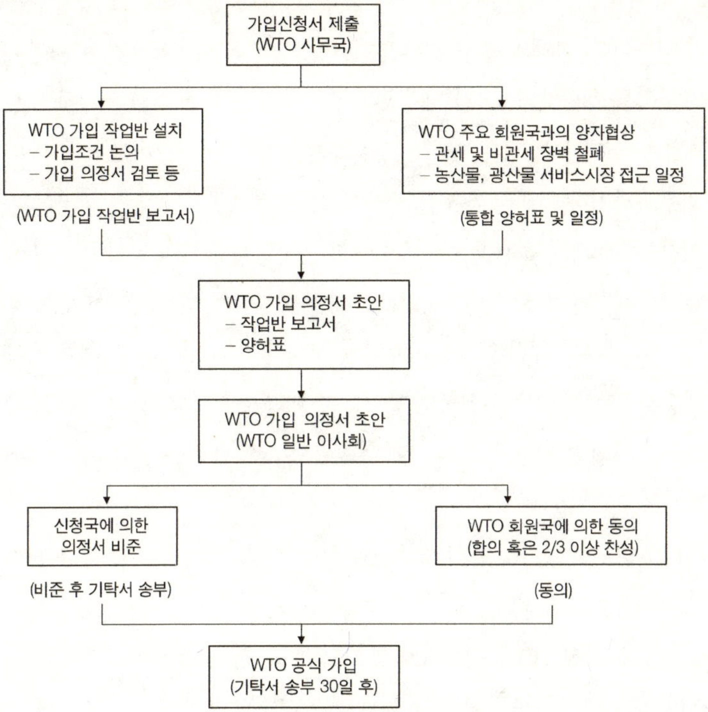

자료: 김익수, "중국의 WTO 가입이 동아시아와 한국 경제에 미치는 영향," 『정책연구』 99-09, 대외경제정책연구원, p. 25.

후 중국은 WTO 회원국으로 국제사회에서 최혜국대우를 받게 되었다.[8]

중국의 WTO 가입이 개방정책의 분수령이 되는 것은 가입 과정에서 기존

8_단 미국, 유럽연합 등 일부 국가가 중국의 시장경제지위(MES)를 인정하지 않는 분야에 대해서는 최혜국대우가 적용되지 않았다.

회원국이 중국의 경제·통상 제도를 종합적으로 평가할 수 있는 기회를 갖게 되고, 국제 수준에 비해 뒤떨어진 중국의 제도를 수정·개선하도록 요구할 수 있기 때문이다. 관세와 통상 분야만으로 보면, 중국은 APEC 활동 과정에서 많은 분야를 개방했다. 이런 개방은 WTO 가입 협상을 미리 고려한 것으로 이해될 수 있다. APEC은 자발적 자유화를 추진하는 기구이므로 개방 내용을 의무화하거나 회원국 제도를 심사할 수 있는 제도나 권한을 구비하지 않고 있다. 이에 비해 WTO 가입 과정에서는 엄격한 검토와 분석이 가능하고, 중국 당국에 답변을 요구할 수 있으며, 가입 협상을 통해 가입국에게 특정 분야 개선이나 무역 개방을 합법적으로 요구하게 된다(〈그림 2〉). 또한 합의된 내용은 구속력 있는 문건으로 작성되어 가입국 의회의 비준을 거쳐 WTO 사무국에 가입 의정서 형태로 기탁되므로 약속된 내용을 신규 가입국이 이행하지 않을 수 없다.

대외무역 관계에서나 협정의 체결과 수행에 있어 완전한 자주권을 행사할 수 있는 '국가'(state)나 홍콩, 유럽연합 등 '독립된 관세 영역'(independent customs area)이 WTO에 회원국으로 가입할 수 있다. 중국은 중화민국(현 타이완)이 WTO의 전신인 GATT가 1948년 출범할 때부터 GATT 정회원국이었고, 1950년 GATT를 탈퇴한 타이완의 지위를 이어받아 1995년 WTO 출범 시 회원국 자격을 가지고 있음을 주장하기도 했으나, WTO 기존 회원국들이 중국의 원 지위국을 인정하지 않음에 따라 신규 회원국으로 가입해야만 했다.

이에 따라 중국은 우루과이라운드 협상이 시작되었던 1986년 GATT 가입 의사를 밝혔고, 1994년 12월 중국의 GATT 가입 조건 초안이 발표되기도 했다. 하지만 기존 회원국들로부터 가입 동의를 얻지 못했고, GATT에 비해 권한과 관할 영역이 확대된 WTO가 출범하면서 중국은 보다 엄격해진

표 1 | 중국의 GATT/WTO 가입 협상 연혁

년도	주요 내용
1948. 5	중화민국, 원 가맹국으로 GATT 가입
1950. 5	중화민국(현 타이완), GATT 탈퇴
1964. 3	타이완, 옵서버로 GATT 참여
1983. 10	중국, GATT 옵서버 자격 획득
1986. 7	중국, GATT 가입(복귀) 신청
1986. 9	중국, 각료선언에 따라 UR 참가
1987. 3	중국의 GATT 가입에 관한 작업반 설치
1987	미·중 가입 협상 개시
1989. 6.	톈안먼 사건으로 7개월간 가입 협상 중단
1990. 1	타이완, GATT 가입 신청
1994. 12	중국의 GATT 가입에 관한 작업반의 보고서 초안 발표
1995. 1	WTO 출범, WTO 가입 협상 재개
1997. 8	한·중 양자 간 협상 타결(1,584개 품목에 대한 관세 인하 합의)
1997	아시아 금융 위기로 협상 부진
1998. 6	클린턴 대통령의 방중, 장쩌민(江澤民) 주석과의 가입 협상 무산
1999. 4	주룽지(朱鎔基) 총리의 방미, 1999년 11월 전 협상 매듭짓기로 합의
1999. 5	NATO의 유고 주재 중국 대사관 폭격으로 협상 중단
1999. 7	중·일 간의 가입 협상 완료
1999. 9	스광성(石廣生) 중국 대외무역경제합작부장, APEC 회담 후 미국과 협의
1999. 11.	클린턴 대통령-장쩌민 주석 간의 전화 통화, 가입 협상 재개 합의
1999. 11.	미국, 바셰프스키 USTR 대표 등 대규모 대표단 베이징(北京) 파견 및 협상
2000.5	미·중 WTO 가입 협상 타결
2000.5	유럽연합·중 WTO 가입 협상 타결
2000.9.19	미 의회(하원) 대 중국 PNTR 통과
	미 의회(상원) 대 중국 PNTR 통과

자료: 정인교(2001).

WTO하의 가입 절차를 다시 밟아야 하는 처지가 되었다. 통상적인 관례에 따라 중국의 가입을 심사하기 위한 작업반이 WTO 내에 설치되었고, 1995년 1월 시작된 중국의 WTO 가입 협상은 2000년 5월에 최종적으로 타결되었다.

신규 회원국은 기존 회원국 전체를 대상으로 양자 간 가입 협상을 진행해야 하며 미국, 유럽연합 등 강대국과의 협상 타결이 가장 어렵다. 실제 협상에서 경제적 소국은 자국의 관심 사항에 대한 양보를 가입국으로부터 받아내고, 국제무역 현안과 관련된 민감한 사안은 강대국이 처리해 주도록 떠넘기는 경우가 많다. 특히 중국의 WTO 가입 협상에서는 중국이라는 국가의 위상으로 인해 많은 국가들이 쉽게 동의를 해주었으나, 미국과 유럽연합은 최종 시점까지 중국의 경제·통상 제도 개선을 요구했다. 우리나라는 중국에게 가입 동의를 가장 먼저 해 준 국가로 1,584개 품목에 대한 관세 인하에 합의한 것이 가입 협상의 전부였다. 미국과 유럽연합은 관세양허와 무역규범 개선은 물론이고, 서비스와 투자, 지적재산권 등 광범위한 분야에 대한 중국의 개방과 제도 개선을 전제로 각각 1999년 11월과 2000년 5월 협상을 타결했다.

WTO에 가입했다는 사실은 경제통합에 필요한 최소한의 경제 통상 요건을 구비한 것으로 평가될 수 있으나, 아직도 불투명한 분야가 많아 한·중·일 경제통합은 탄력을 받지 못하고 있다. 경제통합 이론의 대가인 볼드윈(R. Baldwin)이 주장하듯이 2000년 이후 동아시아에도 지역 통합의 물결이 일기 시작했고, 일단 지역주의 결성이 시작된 이상 지역 전체를 포괄하는 단일 거대 경제통합체가 결성되기까지 지역주의화가 중단되지는 않을 것으로 주장하고 있다.[9] 볼드윈은 일본과 중국이 동아시아 경제통합을 주도해 나가겠지만, 일본보다는 중국의 역할에 무게감을 두고 있다. 즉, 중국 중심의 경제통합을 예상하고 있다.

볼드윈의 분석은 세계 2위 무역 대국이고 앞으로 20여 년 후 미국을 제치

9_이에 대해서는 Baldwin(2005) 참조.

고 세계 최대 경제권으로 발전할 수 있는 중국 경제의 위상에 큰 의미를 부여하고 있다. 여기서 그는 중국의 사회주의 정치체제 유지가 경제통합의 리더 국가로서 걸림돌이 될 수 있는 부분에 대한 고려를 간과하고 있다. 이런 현상은 현재 논의가 진행 중인 한·중 FTA와 한·중·일 FTA에서도 마찬가지다.

III. 한·중·일 경제통합 공식논의의 제도화 과정[10]

경제통합 이론에 따르면, 경제통합은 지리적, 경제적으로 비슷한 지위에 있는 국가들이 최적의 경제활동을 위해 교역 및 투자상의 장애 요인을 제거하고, 통합에 따른 상호 이익의 균형 및 이해 조정에 필요한 요소를 도입하는 과정을 의미한다. 시장 확대에 의한 규모의 경제와 경쟁 강화를 통한 생산성 향상을 위한 무역자유화뿐만 아니라, 통상 규범 조화 및 선진화, 자본이나 노동 등 생산요소의 이동 자유화 등 다양한 사항이 경제통합에 도입된다.

경제통합론의 분류에 따르면, 경제통합은 회원국 간 무역자유화를 추구하는 '자유무역협정', 회원국 간에는 자유무역을 실시하면서 비회원국에 대해서는 대외 공동 관세를 적용하는 '관세동맹', 관세동맹에 생산요소 이동을 허용하는 '공동시장', 공동시장의 바탕에 회원국 간 재정·금융 및 노동 정책까지 공동으로 적용하는 '경제동맹', 경제는 물론이고 초국가적인 기관까지 만들어 정치·경제적인 통합을 추구하는 '완전통합체' 순으로 통합의 정도가

10_한·중·일 정상회의와 3국 간 FTA 논의에 대해서는 정인교 외(2003)에서 발췌했으며, 구체적인 내용은 정인교 외(2003) 참조.

강화된다.[11]

1. 유럽 통합의 경험

이런 통합 단계는 유럽에서 50여 년의 기간에 걸쳐 점진적으로 실현되었을 뿐 다른 지역에서는 아직도 자유무역협정이 주로 체결되었다. 제2차 세계대전 이후 독일 발 평화 위협을 제거하기 위해 승전국들은 독일 내 중공업을 부분적으로 철거했고, 석탄과 철강 생산 지역도 분리하는 조치를 취했다. 1946년 윈스턴 처칠(Winston Churchill)의 '유럽합중국'(USE) 발언이 공감을 얻어 1949년 유럽이사회가 설립되었다. 1년 뒤인 1950년 5월 9일 프랑스 외무장관 로베르 쉬망(Robert Schuman)이 유럽의 석탄과 철강 산업을 통합하는 공동체 구축을 주요 내용으로 하는 쉬망 선언을 발표했다. 1951년 프랑스 주도로 이탈리아, 서독, 베네룩스 3국이 파리조약에 서명함으로써 이듬해인 1952년 ECSC가 설립되었다. ECSC가 바탕이 되어 1958년 1월 관세동맹 형태의 유럽경제공동체(EEC) 및 유럽원자력공동체(EURATOM)가 발족되어 유럽은 본격적인 통합의 길로 들어서게 되었다.

ECSC, EEC 및 EURATOM 세 개 기구를 하나로 통합하자는 안이 1965년 제기되어 1967년 7월 1일에 유럽공동체(EC)가 설립되었다. 1970년대와

11_이런 분류 방식은 1950년 발라사(B. Balassa)가 이론화한 것으로, 오늘날 경제통합 현실로 보면 이런 분류에는 다소 한계가 있다. 즉 최근 체결된 FTA에는 자유무역뿐만 아니라 투자와 서비스 분야가 포함되고 부분적으로 인적 이동도 포함되고 있어 이론상의 FTA에 비해 그 내용이 확대되어 있다.

1980년대에는 영국, 스페인 등 서유럽 국가들을 EC 회원국으로 포함시켰고, 1987년 7월 1일 단일유럽법령(Single European Act)이 발효되어 유럽은 경제동맹으로 발전하게 되었다. 1989년 베를린장벽이 와해되어 독일은 재통일되었고, 이후 동구권 국가들을 맞아들이게 되었다. 1993년 11월 1일 마스트리히트 조약(유럽연합조약)이 발효되어 완전통합체 수준인 유럽연합(EU)이 형성되었다. 1999년부터 유로가 공동 통화로 도입되었고, 회원국도 서유럽 15개 국가로 늘어났다. 2004년 5월 1일 유럽연합은 구 동구권 10개 국가를 회원국으로 맞아들여 25개 회원국으로 확대되었고, 2007년 루마니아와 불가리아가 유럽연합에 가입하여 현재의 회원국은 27개국으로 구성되어 있다.

1952년 6개국에서 출발한 ECSC가 1993년 유럽연합으로 발전했고, 유럽 대부분을 관할하는 세계 최대 경제통합체로 발전했지만, 최근 10여 년 사이 유럽의 통합은 예전과 달리 진전을 보지 못한 가운데 내부의 저항에 시달리고 있다. 2004년 10월 28일 승인된 유럽헌법이 2005년 프랑스 국민투표에서 58%의 반대로 부결되었고 곧이어 실시된 네덜란드 국민투표에서도 부결됨에 따라 유럽헌법은 수정되지 않을 수 없었고, 통합체의 권한을 일부 축소시킨 미니 헌법인 리스본조약이 2007년 12월 13일 체결되어 2009년 12월 1일 발효되었다. 그나마 수정 헌법이 발효된 것은 다행이지만, 그동안의 통합 속도에 비춰볼 때 진전이 느린 것으로 볼 수 있다. 이런 배경에는 과거 제2차 세계대전 이후 형성된 평화 유지라는 최고의 가치 실현을 위해 회원국들이 공동체로의 주권 양보 등에서 희생을 감내해 낼 수 있는 정치적 분위기가 작용하고 있다.

이런 점에서 미루어 보면, 논란이 있겠으나, 일정 기간 후 한·중·일은 FTA를 체결할 수 있겠지만 더 높은 수준으로의 통합은 많은 장애물을 극복해야 가능할 것으로 보인다. 경제통합은 회원국 간 무역자유화에서부터 완전통합체까지 포함하는 개념이고, 협정으로 보면 FTA가 가장 초보적인 통합 형태인 것으로 볼 수 있다. 동북아에서 한·중·일 경제통합과 한·중·일 FTA가 혼용되는 이유가 여기에 있다. 경제통합이 이뤄지기 위해서는 최소한 FTA 수준의 무역협정이 체결되어야 하고, FTA를 기본으로 더 높은 수준의 통합체로 발전해 나갈 수 있기 때문이다.

2. 한·중·일 FTA 논의

동북아 한·중·일은 지리적으로 인접하지만, 과거의 침략 역사로 인한 갈등과 반목으로 유럽의 경제통합체와 같은 공식적인 지역 협력을 추진하기 어려웠다. 제2차 세계대전에서 일본이 패망함에 따라 우리나라는 독립을 쟁취하게 되었지만, 한반도가 남북으로 갈리고 중국이 공산화함으로써 동북아는 냉전의 최전선이 되어 경제통합을 논의할 수 있는 여건이 형성되지 못했다. 냉전 종식 이후에도 일본이 과거사 문제를 해결하지 못하고 오히려 영토 문제, 역사 교과서 왜곡 등이 발생함에 따라 한동안 한·중·일 간의 신뢰 수준은 오히려 더 악화되기도 했다.

하지만, 금융 위기 이후 아세안 정상회의에 한·중·일 정상들이 초청되고 별도의 3국 간 정상회의를 개최하게 됨으로써 동북아 경제협력 강화를 위한 공식적인 논의를 시작하게 되었다. 1997년 12월 아세안 창설 30주년 정상회의의 주최국이었던 말레이시아는 한·중·일 3개국 정상을 동시 초청했고, 아세안 행사의 틀 안에서 동아시아 경제협력을 논의하게 되었다. 동아시아 차원의 경제협력체 창설을 주창해 왔던 마하티르 당시 말레이시아 수상의 한·중·일 정상 초청은 지역 차원의 일반적 의미의 경제협력 강화라는 목적이 작용했을 수 있으나, 당시 동아시아를 강타했던 금융 위기 극복을 위해 3국의 역할이 필요했기 때문이다.[12] 아세안의 요청에 따라 ASEAN+3(한·중·일) 정상회의가 정례화되었고, 일본 오부치 총리의 제의로 1999년 제3차 마닐라 ASEAN+3 정상회의 기간 중 사상 최초로 한·중·일 정상이 회동하게 되었다.[13]

한·중·일 FTA는 1997년 동아시아 금융 위기를 극복하는 과정에서 논의가 본격화되었다. ASEAN+3 정상회의에 이어 한·중·일 정상회의가 정례화되면서 3국 간 경제협력 논의가 시작되었다. 이후 2001년 브루나이 ASEAN+3 정상회의에서 한·중·일 정상들은 3국 간 경제 및 통상 협력을 구체적으로 검토하기 위해 관련 분야 한·중·일 경제장관 회의를 개최하기로 했다. 이후 다양한 분야에 대한 협력 논의가 전개되었고, 2010년 말 현재 3국은 외무장관 회의와 3국 간 각종 위원회를 포함하여 총 17개의 장관급 협의체와 50여 개의 정부 간 분야별 협의체를 운용하고 있다.

한·중·일 정상회의와 3국 간 FTA 논의는 상호 밀접한 관련이 있다. 3국 간 FTA 논의 자체가 3국 간 정상회의에서 공식 제안되면서 시작되었기 때문이다.[14] 정상회의에서 경제통합이 언급되기도 했으나 낮은 수준의 경제통합체인 FTA 추진 검토로 합의되었다. 2002년 11월 캄보디아에서 개최된 한·중·일 정상회의에서 중국은 한·중·일 3국 간 FTA에 대한 타당성 조사를 제안했고, 한국의 대외경제정책연구원(KIEP), 중국의 국무원 산하 발전연구중

12_1998년 ASEAN+3 정상 회의에서 마하티르 총리는 "국제금융체제의 개편이 중요하다. 세계적 차원에서 이에 대응해야 하나, 먼저 동아시아가 해결책을 사전에 논의하고 단결하는 모습을 보여야 한다"고 발언했다. 이에 대해서는 『매일경제신문』(1998) 참조.

13_관련 내용은 정인교(2007) 참조.

14_구체적인 내용은 정인교 외(2003) 참조.

심(DRC), 일본의 종합연구개발기구(NIRA)가 한·중·일 FTA에 대한 공동 연구를 2003년(3년의 연구 기간 설정) 연초부터 시작하였다. 일본은 당시에 논의가 진행 중이던 한·일 FTA를 먼저 추진하고, 향후 적절한 시점에 일·중 FTA를 추진하자고 제안했으나, 결국 중국이 제안했던 3국 간 FTA 연구가 채택되었다.

2003년 10월 발리에서 개최된 한·중·일 3국 정상들은 경제, 안보, 사회·문화를 중심으로 한 14개 분야에 대해 정상회담을 갖고 이들 분야에 대한 협력 이슈를 포괄하는 첫 공동선언문을 발표했다. 한·중·일은 3국 간 FTA 추진, 무역 및 투자 자유화 촉진, 금융·IT 등 다각적 측면의 경제협력 사업을 추진하기로 했다. 3국 역내국 간 무역 촉진을 위해 관세 및 물류·유통 분야의 협력과 무역 분쟁의 최소화를 위해 광범위한 분야에 대한 협의를 강화하기로 했다. 역내 물류 협력 강화를 위해 3국의 자유무역 지역, 수출 촉진 지역 등을 정비하고, 관련 법규의 조화를 통해 주요 공항과 항만을 중심으로 물류의 접근성과 신속성을 증대시키기로 했다.

정치·외교·안보적 측면에 대해서도 논의되었다. 북한 핵 문제가 동북아 안정을 위협하고, 동북아 경제협력에서 심각한 장애 요인이 될 수 있음을 고려하여 핵 문제 해결을 위한 공동의 노력을 강화하기로 했다. 또한 아세안지역안보포럼(ARF) 등을 통한 안보 대화와 함께 군축 협력을 강화하고 대량 살상 무기와 그 운반 수단의 확산을 예방하고 억제하기 위해 국제적 틀 속에서 효과적인 수출 통제를 포함한 정치·외교·행정적 조치를 취하기로 했다. 한반도 핵 문제의 평화적 해결과 한반도 비핵화 원칙 등 안보적인 사항을 재확인하는 한편, 인적 교류·문화·공공 위생·스포츠 및 지자체 간의 교류 협력 강화와 인신매매·마약 거래·돈세탁·국제경제 범죄 및 사이버 범죄 등 초국가적 범죄의 방지를 위한 협력을 강화해 나가기로 했다.

표 2 | 한·중·일 정상회의 추진 과정

일 시	장 소	주요 논의 사항
제1차 1999년 11월	필리핀	• 비공식 조찬 모임 • 중국의 WTO 가입 문제 등 경제협력 방안 논의 • 한·중·일 경제협력 증진에 대한 공동 연구 추진
제2차 2000년 11월	싱가포르	• 한·중·일 3국 간 정상회담 정례화 합의 • 한·중·일 국책 연구기관 간 경제협력 연구 합의
제3차 2001년 11월	브루나이	• 3국간 경제장관 회의 정례화 합의 • 비즈니스 포럼 개최 • 한·중·일 공동 연구 확대 합의 • 테러리즘, 국제 범죄, 환경 등 초국가적 문제에 대처하기 위한 3국 경찰 당국 간 협조 체제 인식
제4차 2002년 11월	캄보디아(프놈펜)	• 중국, 한·중·일 3국 간 FTA에 대한 타당성 조사 제안 • 한국은 동북아 3국의 연구기관 간 공동 연구가 활발히 이뤄지고 있음을 평가하면서 중국 측 제의에 동의
제5차 2003년 10월	인도네시아(발리)	• 한·중·일 공동선언문 채택(경제 분야 협력, 한반도 핵 문제, 사회·문화적 협력, 초국가적 범죄 행위 단속 협력 등) • 한·중 FTA 연구 결과 논의

자료: 정인교·방호경(2003).

당초 3년 시한으로 시작된 한·중·일 FTA 공동 연구는 의욕적으로 추진되었으나 중국이 정치·경제적으로 부상되면서 일본이 중국을 본격적으로 견제하기 시작했고, 한국에서는 노무현 행정부의 동북아 중심 정책이 집권 중반으로 접어들면서 혼선이 나타나기 시작했다. 3국 간 FTA 추진을 전제로 FTA 연구를 해야 한다는 중국에 대해 일본과 한국이 소극적인 입장을 보임에 따라 연구는 장기화가 불가피해져 연구 기간이 6년으로 늘어나게 되었다. 이 과정에서 중국의 지도급 인사가 한·중 FTA 추진을 강력하게 제안하자 우리나라는 대안으로 한·중·일 FTA 추진을 제안했고, 국내에서의 여건 미숙을 이유로 3국 공동 연구의 최종 보고서 채택 시한 연장을 요청하여 공동 연구 6년 만인 2009년 최종 보고서가 채택될 정도로 우리나라는 한·중·일

표 3 | 한·중·일 FTA 공동 연구 추진 경과

일시	내용
2003~2009	한·중·일 3국 간 민간 공동 연구 진행
2009.10.10	한·중·일 정상 회의 시 산·관·학 공동 연구 추진 합의
2009.10.25	한·중·일 통상장관 회의 시 2010년 상반기 중 산·관·학 공동 연구 개시 및 이를 위한 준비 회의를 2010년 초 한국에서 개최 합의
2010.1.26	한·중·일 산·관·학 준비 회의 개최(서울), 공동 연구 운영 규칙(TOR) 등 협의
2010.5.6~7	한·중·일 FTA 산·관·학 공동 연구 제 1차 회의 개최(서울)
2010.9.1~3	한·중·일 FTA 산·관·학 공동 연구 제 2차 회의 개최(동경)
2010.12.1~3	한·중·일 FTA 산·관·학 공동 연구 제 3차 회의 개최(웨이하이)

자료: 외교통상부 FTA 홈페이지(www.fta.go.kr).

FTA 추진에 대해 소극적인 입장을 견지했다.

2009년 한·중·일 정상회의에서 한·중·일 FTA 공동 연구를 산·관·학 공동 연구로 발전시키기로 했으며, 3국은 2012년 최종 보고서를 채택한다는 계획 아래 연구를 진행 중에 있지만 최종 시한이 연장될 가능성이 있다. 3국의 산·관·학 연구팀은 2010년 중에 세 차례 연구 회의를 개최했으며, 2012년 최종 보고서를 채택한다는 일정하에 연구를 진행 중이다. 제1차 회의에서 3국은 한·중·일, 산·관·학 공동 연구의 운영 세칙(TOR)을 채택하여 서명하고, 3국의 FTA 연구기관 간 공동 연구 결과를 검토하여, 향후 상품·서비스·투자·규범 및 협력 등 포괄적인 분야에 대한 연구를 진행하여 한·중·일 FTA의 실현 가능성과 FTA 체결 시 포함 가능한 분야를 검토하기로 했다.

3. 한국의 정책적 혼선

우리 정부의 동아시아 지역 협력 정책은 ASEAN+3 채널과 한·중·일 협력으로 동시에 추진되어 왔다. 특히 일본 고이즈미 전 수상이 우리나라와 중국의 우려에도 불구하고, 정치적으로 민감한 야스쿠니신사 참배를 강행함에 따라 2005년에는 한·중·일 정상회의가 개최되지 못했다. 한·중·일 협력이 용이하지 않을 것이란 점은 3국 간 정상회의 첫 회동에서부터 예상되었다. 당시 첫 회의에서부터 3국 간 경제협력 강화에 대한 공동 연구 개시에 합의했으나, 중국과 일본의 반목 때문에 우리나라가 이를 제의했고, 중국과 일본이 수용하는 형식을 취했다. 이후 연구 주제 선정 및 공동 연구에서도 중·일 간 갈등이 적지 않았던 사실은 잘 알려져 있다. 학술 연구에서도 이런 상황이 지속되었는데, 정부 간 협의가 용이하게 진행될 것으로 보기는 어려웠다.[15]

한·중·일 경제통합은 정치, 경제, 역사 등 다양한 장애 요인을 극복해야 가능할 것이다. 특히 중·일 간 갈등과 반목의 해소는 더는 언급이 필요 없는 사항이며, 동시에 당분간 개선을 기대하기 어려운 사안이다. 우리나라도 중국, 일본과 갈등 문제가 존재하고 있지만, 한·중·일 경제통합에 대한 우리나라 내부의 정책 혼선도 발생했다.

한·중·일 FTA 추진에 대해서는 일본도 소극적이지만, 우리나라는 공동 연구 초기에는 적극적인 입장을 보였다가 연구 중반으로 접어들면서 소극적인 태도로 바뀌었고, 중국과 일본의 양자 간 FTA 추진 제안에 대한 대응 논리 차원에서 한·중·일 FTA 추진을 언급하는 사례가 많았다. 상대국의 양자

15_정인교(2007) 참조.

간 FTA 추진 제안 요청을 '노'라고 말하기보다는 당분간 진전이 어려운 한·중·일 FTA를 추진하자고 제안하는 것이 외교적으로 편리했기 때문이다.

우리나라가 한·중·일 FTA 공동 연구에 참여하게 된 것은 경제적으로 약소국인 우리나라가 미국과 일본, 중국 등 경제 강국의 틈바구니에서 벗어나 '작지만 강한' 국가(강소국가)로 번영할 수 있는 생존 전략을 모색해야 한다는 신 통상 국가 구축과 관련이 있다. 2000년대 들어 신통상국가론이 제기되면서 허브(Hub) 항만과 공항을 구축하여 환적, 운송, 유통, 저장, 조립·가공, 정보 등의 복합 물류 서비스가 이뤄지는 세계 물류 수송망인 간선항로(Main Trunk Route)의 한 축을 우리나라가 담당하도록 해야 한다는 점이 부각되었다. 다국적기업의 지역 본부, 외국의 금융 회사, 교육 시설 등을 국내에 유치하기 위해 경제자유지역 및 국제자유도시를 설치해야 하고, 자유무역지대를 적극 활용해야 한다는 점이 강조되었다.

2002년 4월 김대중 정부는 '동북아 비즈니스 중심국가 실현 방안'을 발표했는데, 우리나라가 동북아 비즈니스 중심국가가 되기 위해서는 한·중·일 3국이 중심이 되는 동북아 FTA를 추구하는 한편, 미국, 유럽연합과의 FTA를 모색하는 등 적극적인 개방정책을 추진해야 함을 당시 고위 관계자들이 주장하고 나섰다. 동북아 FTA가 어려울 경우 한국이 일본 및 중국과 양자 간 FTA 추진하는 방안도 제시된 바 있다.[16] 이런 상황에서 한·중·일 FTA 공동연구는 당시 김대중 정부의 동북아 비즈니스 국가론과 부합했고, 동아시아 비전그룹(EAVG) 설치 제안과 더불어 김 대통령은 3국 경제협력 논의에 가장 적극적인 정상으로 비춰졌다.

16_정인교(2007) 참조.

동북아 비즈니스 중심국가 정책은 2003년 참여정부가 출범하면서 설정한 12대 국정 과제중의 하나인 '동북아경제중심 구상'으로 채택되었다. 하지만, 경제보다는 정치·외교적 개념이 더 상위 목표로 설정되면서 동북아 경제중심에 대한 우리 정부의 정책은 흔들리기 시작했다. 참여정부 인수위원회의 백서에 따르면, 동북아 시대가 도래했음을 전제로 경제적 측면을 초월, 변방의 역사를 극복하고 자주적 역사를 창출하는 계기로 만들고, 아시아의 번영과 통합의 질서를 구축하고, 유럽연합과 같은 지역 통합과 지역 공존적 발전을 우리나라가 선제적으로 도모해야 함을 정책 목표로 제시하고 있다. 이를 위해 확고한 경제 중심 역할과 함께 남북 관계 개선이 동북아 시대 개척의 선결 과제임을 들고 있다. 참여정부 출범 후 발족한 동북아경제중심추진위원회(동북아위원회) 및 동북아위원회를 확대·개편한 동북아시대위원회(2004. 6)를 통해 정치적 의미가 더 강해지게 된다.[17]

김대중 정부에서 논의되었던 동북아 비즈니스 허브 발전전략 구상을 수용한 노무현 정부는 정치·외교적 목표를 추가로 설정함에 따라 중국과 일본 등에 의해 논란이 제기되었다. 이들 국가들은 동북아 경제 중심 정책을 선의의 역내 지역 협력 의지로 보기보다는 우려의 대상으로 보게 되었다. 즉, 경제문제에 초점을 맞춰 우리 경제의 내부 개혁을 가속화시키고, 비즈니스 허브로 발전시킴으로써 경제적 실속을 확대해 나가야 할 정책이 우리의 의도와는 달리 대외 정치·외교적 과시용으로 변질되면서 중국과 일본의 반발을 불러오게 되었다. 노무현 정부의 동북아경제중심 구상에 대해 국내외적으로 우려가 제기되기도 했다.[18] 우리나라 학계와 교류가 많은 중국 학자들은 한국

17_정인교(2007)에서 발췌.

18_동북아 전문가 풀 분과회의(2004) 참조.

이 동북아 중심국가라면 중국은 세계 중심국가라고 말할 정도로 중국은 우리나라 당시 정부의 동북아 정책을 폄하하기도 했다.[19]

이에 따라 통상 정책을 주요 연구 분야로 하는 대외경제정책연구원은 동북아 비즈니스 중심국가 추진 정책은 경제 실익을 중심으로 추진되어야 함을 강조하고 주변국과 친화적인 정책을 제안하기도 했다. 동북아개발은행 설립과 동북아 물류 허브 구축을 주장해 온 남덕우 전 국무총리는 "동북아 중심국가니 동북아 경제 중심지라는 말을 좋아하지 않는다. 그 말은 쓸데없이 인근 국가를 자극할 우려가 있다"고 지적했다.[20] 또한 노무현 정부의 동북아 관련 정책에 대한 주변국들의 우려를 불식시키기 위해 정부 고위 인사가 주요 국제회의에서 해명하기도 했다. 2003년 11월 당시 재경부장관이었던 김진표(2003) 장관은 '보아오 포럼' 기조연설을 통해 "한국 정부가 국가적 과제로 추진하고 있는 동북아 경제 중심 전략은 지리적 이점을 활용하여 동북아의 물류 및 비즈니스 중심지 역할을 극대화하기 위한 것이다. …… 이런 구상은 기본적으로 배타적이 아닌 상생의 정신에 바탕을 두고 있다. 생산과 투자, 금융과 물류, 정보와 기술이 모여들고 퍼져 나가는 '번영의 허브'가 될 것이라는 데 누구도 이의를 달지 않는다"고 함으로써 주변국의 우려를 완화시키고자 했다.[21]

19_정인교(2007)에서 발췌.

20_관련 내용에 대해서는 『중앙일보』(2003) 참조.

21_자세한 내용은 김진표(2003) 참조.

IV. 결론 및 시사점

지난 20여 년 사이 한·중·일 경제통합의 여건이 개선되었는가? 한·중·일 교역 의존도가 강화되고 있고, WTO 가입 등을 통해 중국의 시장경제화가 진전되고 있으며, 3국 공히 다수 국가와 FTA를 체결함으로써 FTA 역량을 배양해 왔다는 점에서 보면 한·중·일 경제통합 여건이 개선되고 있는 것으로 볼 수 있다. 또한 우리 정부는 2009년 10월 베이징 한·중·일 정상회의에서 한·중·일 협력 사무국 서울 설치를 제안했고, 2010년 5월 제주에서 개최된 정상회의에서 중국과 일본의 동의를 받아냈다. 한국과 중국, 일본 3국은 2010년 12월 16일 서울에서 한·중·일 협력 사무국 설립 협정 서명식을 가졌다. 3국 협력사무국은 2008년 이후 세 차례의 한·중·일 정상 간 합의된 성과 중 가장 성공적인 사안으로 평가받을 수 있지만, 우리나라의 역량으로 중국과 일본의 협력을 어느 정도 유도해 낼 수 있을 것인가에 대해서는 확신하지 어렵다.

특히 중국과의 관계 설정이 한·중·일 협력에서 중요한 사안으로 대두되고 있다. 후진타오 정부 들어 외교·통상 분야에서 중국의 목소리가 커지고 있고, 글로벌 금융 위기 이후 중국에 대한 의존도가 높아지면서 대중국 리스크 관리의 필요성이 제기되고 있다. 또한 천안함 폭침 및 연평도 포격 이후 중국의 대한국 정책에 대해 의구심이 제기되면서 이런 우려는 더 커지고 있다. "그동안 한국의 경우 안보는 미국, 경제는 중국에 의존함으로써 틈새 이익을 누려왔지만 이젠 이들 국가 중 하나를 선택해야 하는 시기가 도래했다"는 주장이 나오는가 하면, "'한·미·일' 대(對) '북·중'을 나누는 건 냉전식 사고이고, 기존의 한·미·일 동맹을 중시하는 가운데에서도 한·중·일 협력을 이끌어내는 전략이 필요하다"는 의견이 제시되고 있어 우리나라로서는 대

중국 관계를 설정하기 어렵게 되었다.[22]

저임금에 기반을 둔 높은 가격경쟁력 등을 이유로 많은 우리 기업들이 중국 시장에 진출했지만 2010년 서해안에서 북한이 저지른 두 건의 사건을 기점으로 대 중국 인식이 달라졌고, 경제 논리로만 중국을 바라볼 것이 아니라 정치·안보 등을 종합적으로 고려하여 중국과 한·중·일 경제통합을 검토하는 것이 필요할 것이다. 중국에 대한 의존도를 완화시키기 위해 일본과의 FTA를 먼저 추진해야 한다는 점도 수긍할 수 있지만, 미국·유럽 등 전통적인 수출 시장이 위축된 상태에서 중국 경제의 고성장 지속과 중국 정부의 내수 확장 정책을 우리 기업이 활용하지 않을 수 없는 상황이란 점을 고려하면, 중국과의 관계를 소홀히 할 수도 없는 상황이다.

이런 정황을 종합하면 한·중·일 혹은 동아시아 FTA 체결을 통해 중국이 일방적인 조치를 취하지 못하도록 제도적 틀을 만들어 나가야 할 것이다. 유럽에서는 평화를 깰 수 있는 잠재적 위협국으로 인식되던 독일을 제도적으로 관리하기 위해 경제통합을 추진했다면, 동북아 및 동아시아에서는 중국 경제의 고성장을 다함께 향유하고, 더 나아가 중국의 경제·통상 제도가 글로벌 수준으로 개선되도록 유도하기 위해 경제통합이 필요한 상황이다. 동아시아에서의 리더십 강화를 위한 측면도 있지만, 수출 시장 확보 차원에서 중국은 동아시아 경제통합 추진을 희망하고 있다. 다만, 중국의 부상을 견제하는 일본이 동아시아의 범위를 인도, 오세아니아 등으로 확장하고 있어 지역적 범위는 논란의 대상이 될 수 있다. 동북아 및 동아시아 경제통합 추진에 가장 적극적인 국가가 바로 중국이란 점을 활용하면 3국의 이해관계를 반영

22_"특집 동아시아시대 7대 전략." 『매일경제신문』(2011/01/03).

시키는 내용의 협정 타결이 가능할 것이다.

지역 내 정치·경제 및 외교·안보적 역학 관계로 보면, 동아시아 경제통합을 당장 추진하기 어렵겠지만, 유럽의 초기 경제통합에서 프랑스, 독일, 이태리 등 통합의 코어 국가가 먼저 동맹을 결성하고, 이를 다른 국가로 확대해 오늘날 유럽연합을 구축한 사례를 보면, 동아시아 경제통합보다는 한·중·일 경제통합을 먼저 추진하는 것이 현실적인 접근 방법이 될 것이다. 또한 양자 간 FTA보다는 한·중·일 FTA를 추진함으로써 중국을 역내 다자 간 무역 체제로 끌어들이는 것이 중국 리스크를 완화시키면서 중국의 책임 있는 역할을 촉구하는 데 효과적일 것으로 예상된다.

한·중·일 FTA가 한·중·일 경제통합의 기초가 되고, 한·중·일 FTA 추진 시점을 정하는 것이 향후 우리나라 통상 정책의 현안이 될 것이다. 2012년 한·중·일 FTA 산·관·학 공동 연구가 완료될 시점에 동북아 정세가 어느 정도 한·중·일 FTA에 우호적으로 될 수 있을 것인가에 대해서는 예단하기 어려우나, 경제 효과는 물론이고 외교·안보적 측면을 고려하여 추진 시점을 정해야 할 것이다.

제3부

동북아 냉전 체제의 동학과 지역 질서

제3부에서는 냉전 시기 동북아 지역 평화와 갈등의 제도적인 특징을 분석함으로써, 탈냉전기 초국가적 정치 공간으로서 동북아를 이해할 수 있는 역사적 배경과 특징을 살펴보는 것을 목적으로 했다. 이를 위하여 동북아 지역에서 냉전체제의 형성과 국제관계의 동학을 살펴보고, 탈냉전기 동북아의 초국가적 정체성 형성 및 새로운 지역 질서를 이끌어낼 수 있는 제도화의 길을 탐색했다.

냉전기 동북아 평화·갈등의 제도화에 대한 분석은 탈냉전기 이 지역의 평화 정착을 이루는 데 있어 복잡한 현재 상황이 만들어진 역사적 배경을 밝히기 위한 것이다. 특히 탈냉전기 동북아 평화의 정착 과정에 냉전적 잔재가 여전히 힘을 발휘하고 있어, 냉전기 지역 내 평화와 갈등의 제도적 요인들이 어떻게 지속되고 변화하고 있는가를 밝히는 것은 탈냉전기 초국가적 동북아 평화질서의 모색에 있어서 출발점이 되어야 한다.

상술한 목적을 위하여 제3부는 다음 세 개의 장으로 구성되었다. 첫 번째 장 "1954년 제네바 회담과 동북아 냉전 질서"에서는 1954년 제네바 회담을 통하여 동북아 냉전 질서가 어떻게 형성되었는가를 살펴보고 있다. 제네바 회담은 세계적으로 전후 질서가 냉전 질서로 구조화되는 과정에서 열린 국제회의로, 동북아 냉전 구조 형성에 결정적인 전환점이 된 회의이기 때문이다.

두 번째 장 "냉전기 중국의 대북 정책과 북·중 동맹 관계의 동학"에서는 냉전 시기 북·중 동맹 관계가 하나의 고정된 형태로 존재한 것이 아니라, 갈등과 우호 사이를 오가면서 발전해 왔음을 분석했다. 이처럼 북·중 동맹 관계를 사례로 하여 냉전 시기 동북아 질서의 내부적 동학을 분석함으로써, 탈냉전기 동북아 평화 정착을 위한 다양한 행위자 간 관계의 제도화 방향을 모색하고자 했다.

세 번째 장 "동북아의 초국가적 정체성과 질서"에서는 상술한 냉전 질서의 형성과 국제관계의 동학에 대한 분석에 기초하여, 탈냉전기 동북아 평화 정착의 가능성을 모색하기 위하여 동북아의 초국가적 정체성과 새로운 질서의 수립을 가능하게 하는 길을 탐색하고 있다.

이런 점에서 볼 때 제3부는 동북아 지역에 있어, 냉전 및 탈냉전 시기 평화·갈등의 제도적 요인이 어떻게 지속되어 왔는지 고찰하고, 탈냉전 상황에서 냉전의 잔재를 극복하고 지역 내의 갈등과 균열을 조정할, 평화적인 지역 질서 수립을 위한 제도적 조건을 모색했다는 점에서 그 의의를 찾을 수 있다.

7장

1954년 제네바 회담과 동북아 냉전 질서

김연철

I. 1954년 제네바 회담의 의미

유럽은 경제공동체를 넘어 정치통합으로 나아가는데, 왜 동북아는 대립과 갈등을 지속하는가? 역사적 경험의 차이를 지적할 수 있다. 그러나 유럽은 두 차례의 세계대전을 겪었다. 전쟁의 기억과 과거사 문제 등 '기억의 정치'를 근본적 차이로 평가하기 어렵다. 과거사 처리와 관련, 독일의 적극성과 일본의 소극성을 대비할 수 있지만, 그런 경로의 차이를 결정하는 변수는 해당 국가의 개별적 특성만큼이나 지역 질서의 성격 차이도 중요하게 고려해야 할 것이다.

• 이 글은 『아세아연구』 54-1호(고려대 아세아문제연구소, 2011)에 실린 글을 재수록한 것이다.

유럽은 탈냉전 과정을 거치면서 협력과 통합의 지역 질서를 만들어 가고 있다. 그러나 동북아의 탈냉전 과정은 지역 내에서 비동시적으로 나타나고 있다. 자유무역협정(FTA) 논의를 비롯하여 지역 내 경제협력의 상호 연계는 높아가고 있지만, 여전히 전후 질서의 청산[1]은 미완의 과제로 남아 있고, '북한 문제'를 둘러싼 냉전 시대의 대립도 존재하고 있다.

동북아 탈냉전 구조의 복잡성은 냉전 질서의 특성에서 비롯한다. 동북아의 냉전은 세계적인 냉전 형성과 일치하지 않는다. 1954년 제네바 회담은 세계적으로 전후 질서가 냉전 질서로 구조화되는 과정에서 열린 국제회의로, 동북아 냉전 구조 형성에 중요한 의미를 가진다. 제네바 회담의 두 가지 의제, 즉 '코리아 문제'[2]와 '인도차이나 문제'는 동아시아 냉전 질서의 핵심 요소였다. 제네바 회담에서 확인되었지만, 동북아 냉전 질서는 '베트남 전쟁'으로 명명되는 '인도차이나 문제'에 직간접적 영향을 받았다. 그런 점에서 제네바 회담은 1960년대 이후 동남아의 열전이 동북아의 냉전에 미친 영향을 파악할 수 있는 중요한 주제다.

1954년 제네바 회담은 여러 가지 측면에서 흥미롭다. 휴전협정 이후 한반도의 통일 문제를 논의한 처음이자 마지막 다자 회담이었으며, 대한민국이 주권국가로 참여한 첫 번째 국제회의였다. 또한 국제정치사에서도 의미 있는 회담이다. 제네바 회담은 세계적 강대국이었던 영국의 은퇴 무대였다. 이

1_미국과 북한, 일본과 북한은 여전히 미수교 상태이며, 북한에 대한 미국의 경제제재가 한국전쟁 당시부터 현재까지 지속되고 있다.

2_기존 논문에서는 제네바 회담과 같은 국제회의에서 사용한 'Korea'를 '한국'으로 번역해 왔다. 그러나 당시 'korea'라는 용어는 대한민국만을 지칭하는 것이 아니라, 남북한을 포함하는 개념이었다. 따라서 '한국 문제'라는 용어보다 '코리아 문제'로 번역하는 것이 맥락에 적합하다고 판단된다.

후 세계는 미소 양극체제로 넘어갔다. 동시에 신생국가이면서 국가로 인정받지 못하고 있었던 중국이 국제 외교 무대에 처음으로 데뷔했던 회담이기도 하다(나종일 1988).

제네바 회담은 어떻게 열리게 되었을까? 근거는 1953년 7월에 맺어진 '휴전협정' 4조 60항이다. 이 조항은 "한반도로부터 외국군의 철수와 한국 문제의 평화적 해결을 위한 고위 정치 회담을 휴전 조약이 효력을 발생한 뒤 3개월 내에 개최할 것을 권고한다"고 규정했다. 이 조항은 휴전협정 체결 과정에서 '즉각적인 외국군 철수'를 주장하는 공산군 측 주장과 "철군안은 정전 성립 이후에 다뤄야 할 정치 문제"라는 유엔군 측 주장이 타협한 결과였다(홍용표 2006, 37).

물론 회담이 실제로 개최되기까지는 우여곡절이 적지 않았다. 1953년 10월 26일부터 판문점에서 열린 예비회담은 참여국 선정 문제를 둘러싼 공산국 측과 유엔군 측의 갈등으로 성과 없이 끝났다. 결국 1954년 1월 25일부터 2월 19일까지 베를린에서 열린 미, 영, 불, 소 4개국 외상회담에서 제네바 회담의 개최가 결정되었다. 당시 외상회담의 주요 의제는 독일과 오스트리아 문제였지만, 소련 외상인 몰로토프(Vyacheslav Molotov)가 중국을 포함하는 5대 강대국이 아시아 긴장을 다루기 위한 회담을 제안했다. 미국은 소극적이었지만, 영국과 프랑스가 아시아의 분쟁 해결 필요성을 촉구하면서 제네바 회담 개최가 결정되었다. 제네바 회담의 목표는 코리아 통일 문제와 인도차이나에서의 평화 회복이었다.

'코리아 문제'는 실패가 예정된 회담이었다. 1954년 4월 26일 시작되어 6월 15일까지 50여 일간의 논쟁이 계속되었지만, 아무런 합의도 이루지 못한 채 막을 내렸다. 물론 참여국 누구도 처음부터 합의를 기대하지 않은 회담이었다. 그러나 거의 두 달 동안 한국의 통일과 관련, 나올 수 있는 모든 방안이 거론되었다. 평화 체제의 실마리도 담겨 있고, 경제협력의 필요성도 거론되었으며, 중립화 방안을 포함한 상상할 수 있는 모든 종류의 통일 방안이 논의되었다.

그동안 1954년 제네바 회담에 대해 주로 통일 방안을 둘러싼 주요 당사국들의 입장과 전략에 대한 연구(라종일 1988; 홍용표 2006)와 남북한 통일 방안의 차이를 주목하는 연구(이신철 2006; 이신철 2008; 김보영 1997) 등이 대부분이었다.

본 논문은 제네바 회담에서 논의되었던 남북한 통일 방안의 구체적 내용이 아니라, 제네바 회담 전후의 동북아 질서 변화를 분석하고자 한다. 특히 두 가지 문제를 주목한다.

첫째는 '코리아 문제'와 '인도차이나 문제'의 관계이다. 제네바 회담은 '코리아 문제'만을 다룬 회담이 아니었다. 중국이나 미국, 혹은 영국이나 프랑스는 '코리아 문제' 이후 다룰 '인도차이나 문제'를 더욱 중요하게 고려했다. '코리아 문제'를 논의하고 있던 1954년 5월 7일 디엔비엔푸(Dien Bien Phu)에서 프랑스군이 패배하면서, '인도차이나 문제'는 주요 강대국의 사활적 이해가 걸린 현안으로 부상했다. 따라서 '코리아 문제'를 둘러싼 '협상의 정치'를 이해하기 위해서는 오히려 '인도차이나 문제'에 대한 각국의 협상 전략을 분석할 필요가 있다. 다시 말해 제네바 회담에서 드러난 동북아 지역 질서는 강대국들이 구상했던 동남아를 포함하는 세계 전략의 맥락 속에서 더욱 정확하게 이해할 수 있다.

둘째, 제네바 회담 전후 한·미 갈등에 대한 이해다. 1954년 제네바 회담은 세계적 수준, 동북아 지역 수준, 그리고 한반도 수준에서 냉전 질서의 복합 구조를 상징적으로 보여 주고 있다. 당시 아이젠하워 행정부와 이승만 정부는 '한·미상호방위조약', 한국군 증강, 그리고 동북아 냉전 질서를 둘러싸고 입장의 차이를 드러냈다. 이런 갈등의 성격을 이해하기 위해서는 한반도를 넘어선 한·미 양국의 동북아 지역 전략의 차이를 주목할 필요가 있다.

II. 한국전쟁 이후 체제와 제네바 회담

1. 한국전쟁 전후 체제의 형성

하라(Kimie Hara)의 개념 규정에 따르면, 냉전은 두 가지 의미로 사용된다. 하나는 강대국 혹은 대결 체제가 존재하는 상태(state)이고, 다른 하나는 대립의 구조(structure)이다(Hara 1999, 516). 유럽과 비교할 때, 동아시아의 대결 체제는 미소와 더불어 중국 변수를 고려해야 하고, 대립 구조 역시 미국의 대중 봉쇄가 중요한 비중을 차지한다.

동북아와 동남아의 냉전 구조의 차이 또한 존재한다. 나아가 동북아 내부에서도 각 국가의 역사적 경험 차이로 전후 냉전 질서로 전환하는 과정이 주체와 인식의 차원[3]에서 달라질 수 있다.

그러면 동북아에서 냉전은 어떻게 형성되었는가? 세계적으로는 1945년 2월 얄타 체제를 기원으로 볼 수 있으나, 동북아의 냉전 구조는 1951년 '샌프란시스코 체제'[4]를 기원으로 본다.[5] 샌프란시스코 체제는 한반도의 열전 상

3_일본에서 전후라는 개념은 패전 이후 미국에 의한 군사 점령기를 의미한다.
4_1차 샌프란시스코 평화회의는 1945년 4월 열렸다. 통상적으로 '샌프란시스코 체제'라고 부르

황에서 일본과의 전쟁을 조속히 종결하고자 하는 미국의 주도로 만들어졌다(김명섭 2007, 62). 미국은 당시 중화인민공화국(중공)의 성립(1949), 한국전쟁의 발발(1950)을 배경으로, 동북아 반공 전선에서 일본의 역할을 적극적으로 재평가했다.

특히 1949년 중화인민공화국의 성립은 미국의 동북아 전략 형성에 매우 중요한 변수였다. 분단 도시 베를린을 중심으로 했던 전후 냉전의 중심 무대가 동북아로 전환되는 중요한 배경이 되었다. 다시 말해 1945년에서 1949년까지 국공내전의 격화는 동북아 냉전의 성격을 재편하는 계기를 제공했다.

한국전쟁은 동북아 냉전 질서에 어떤 역할을 했을까? 한국전쟁의 발발과 전개에 대해서는 지속적으로 새로운 연구 성과들이 쏟아지고 있으며, 전쟁이 미친 영향에 대해서도 많은 연구들이 있다. 동북아라는 지역 개념에서 한국전쟁은 냉전이 열전으로 전환한 경우이고, 동시에 한국전쟁 이후 체제(The Post-Korean war system)라는 냉전 질서를 형성했다.

한국전쟁의 발발과 전개 과정에서 세계 질서, 동북아 질서, 그리고 한반도 질서를 둘러싼 행위자들의 인식과 입장의 차이도 발견된다. 스탈린은 전후 극동의 열전을 부담스러워했지만, 중국은 직접 교전 당사자로 전쟁에 참여했다. 특히 한국전쟁 과정에서 중국의 참전으로 형성된 북한의 중국화(Sinicisation) 현상[6]은 주목할 만하다. 한국전쟁 전후의 북·중 관계는 식민지

는 것은 2차 평화회의이다. 1951년 9월 4일부터 9월 8일까지 열린 2차 회의는 연합국 49개국 대표들이 참여했으며, 일본 대표 요시다 시게루가 평화조약(Treaty of Peace with Japan)을 체결했다.

5_하라는 샌프란시스코 체제를 유럽의 냉전과 비교하여, 세 가지 차원에서 구분한다. 첫째는 사회적 존재의 근본 가치로서의 이데올로기, 둘째는 군사적 발전과 안보 동맹을 포함하는 군사 체제, 셋째는 냉전 전선의 전초기지로서의 지역 분쟁 등을 들고 있다(Hara 1999, 517-518).

시기 초국가적 공간이었던 '동북 지역'(만주)의 존재, 1930년대 이후 동북 경제권으로 부를 수 있을 만큼 활발했던 경제적 연계(국경무역 등), 그리고 동북항일연군의 역사적 경험 공유를 배경으로 형성·발전되었다.[7]

미국 내부에도 한국전쟁 과정에서 동북아 전략에 대한 갈등이 표출되기도 했다. 트루먼 대통령의 제한전쟁론은 한반도 전장(戰場)이 동북아 지역으로 확대되어, 결국 3차 세계대전으로 전환할 가능성을 우려한 입장이었다. 그러나 맥아더 중심의 확전론은 장제스와 이승만의 북진론을 기반으로 반공 전선을 동북아 지역 전체로 확대하고자 했다.[8] 결국 이런 대립은 맥아더의 사임으로 정리되었지만, 미·중 양국은 한국전쟁 과정에서 직접 교전 당사국이었고, 양국의 대립은 한국전쟁 이후 체제 형성에 중요한 변수로 작용했다. 미국이 동북아에서 일본의 정치·경제적 역할을 재평가한 이유도 '공산 중국'의 존재가 중요하게 작용했다.

동북아 질서를 바라보는 시각의 차이는 1951년부터 시작된 휴전협정 협상 과정에서도 드러났다. 협상 과정에서 나타난 공산 측 내부의 삼각관계, 즉 소련, 중국, 북한의 입장 차이는 1950년대 중소 분쟁과 이 과정에서 드러난 북한을 둘러싼 북방 삼각 체제의 전개를 예고했다. 또한 한국전쟁의 전후 처리 과정에서 한·미·일 삼각 체제가 제도화되었으며,[9] 이는 미국의 동북아 동

6_전후 동북아에서 각국의 냉전 문화의 내면화에 대한 자세한 내용은 백원담(2008) 참조.

7_이런 점에서 1956년 8월 종파 사건을 계기로 본격화된 북한의 탈중국화 시도는 중국의 과도한 영향력에 대한 북한의 반발로 재해석될 수 있다.

8_트루먼 대통령과 맥아더의 갈등을 당시 미국의 동북아 전략을 둘러싼 인식의 갈등이라는 차원에서 다룬 저작으로는 헬버스텀(2009) 10부와 11부를 참조.

9_한국전쟁 당시 도쿄의 극동군 사령부는 이후 한반도 유사시 (일부) 주일미군의 전시 증원 역할을 제도화하는 배경이 되었으며, 주한미군과 주일미군의 협력 체제의 근거를 제공했다.

맹 전략의 기초를 형성했다.

그런 점에서 한국전쟁 이후 동북아 질서는 세계적 차원의 미소 양극체제보다 훨씬 복잡하다. 미소 냉전체제라는 세계적 차원과 달리, 동북아에서는 '공산 중국'의 등장으로 미·중·소 삼각 체제의 동학이 등장했다. 또한 진영론의 차원에서 보면, 동북아 냉전 질서는 한·미·일 남방 삼각 체제와 북·중·소 북방 삼각 체제의 대립 구조가 형성되었다.

2. 제네바 회담 참여국들의 전후 구상: 평화공존론과 대중 봉쇄론

1954년 제네바 회담에서 참여국들은 한국전쟁 이후 체제를 둘러싸고, 상이한 전략과 이해관계를 표출했다. 먼저 참가국의 선정을 둘러싸고 대립했다. 미국은 참가국의 범위를 한정하려 했고, 소련은 인도와 중국의 참여를 강력하게 주장했다. 특히 인도의 참여 문제는 미국과 영국 사이에 심각한 외교 갈등을 불러오기도 했다. 영국은 중립국인 인도를 참가시켜, 그 명분으로 중국의 유엔 가입을 추진할 생각이었다. 미국은 강력하게 반대했고, 결국 인도는 초청받지 못했다.[10]

참여국 문제를 둘러싼 최종 협상에서 결국 '코리아 정치 회담'의 경우, 4강대국(미·소·영·프)이 초청을 하는 형식으로 하되, 미국이 연합국 측의 초청자

10_그렇지만 인도 외무부 장관 메논(Krishna Menon)은 제네바로 갔고, 무대 밖에서 중재 역할을 했다. 메논은 남인도 출신의 지식인으로 영국에서 네루의 저작 출판을 도왔고, 1929년 이후 친국민회의 조직인 '인도연맹'을 이끌었으며, 네루 집권 이후 외교장관으로 비동맹외교를 적극적으로 펼쳤다.

가 되고, 소련이 중국과 북한을 초청하는 것으로 결정되었다(라종일 1997). 중국의 회담 참여 자격을 인정하지 않으려는 미국 측 입장과 중국을 국제 외교 무대에 등장시키려는 소련의 주장이 타협한 결과였다. 미국은 연합국 측에 참여했던 16개국 모두를 초청했지만, 남아프리카연방이 더는 '코리아 문제'에 개입하지 않겠다는 입장을 고수하여 결국 15개국이 참여했다.

제네바 회담에 대한 각 국의 전략은 국내 사정을 반영했다. 우선 소련은 스탈린 사망과 흐루시초프 체제 등장으로 대외 정책에 변화가 불가피했다. 소련은 다시 한국전쟁과 같은 대규모 전쟁이 일어날 경우, 국내 정치적으로 스탈린 체제의 유산을 정리하고, 국내 경제 발전에 집중하기 어렵다고 판단했다. 제네바 회담을 준비하면서 소련은 인도차이나의 평화 정착을 희망했고, 중국과 미국의 긴장 완화의 계기를 마련하고자 했다. 소련은 제네바 회담 개최를 결정한 베를린 외상회담에서 미국에 중국을 승인하라고 요구하기도 했다(Qiang 1992, 113).

중국이 제네바 회담에 사활적으로 참여한 이유는 국제적 지위 격상이 필요하기도 했지만, 국내적인 이유도 컸다. 중국은 우선적으로 한국전쟁 기간 동안 연기되거나 축소된 국내 경제 복구에 집중할 필요가 있었다.[11] 중국의 당면 정책과제는 우선적으로 1차 5개년 계획을 안정적으로 준비하는 것이었고, 그러기 위해서는 대외 환경의 안정이 필요했다. 중국에서 이른바 '평화공존론'이 나오게 된 배경도 여기에 있다. 중국은 한국전쟁 직후 '평화공존'의 필요를 인식했으며, 저우언라이(周恩來)가 1953년 12월 인도 대표단을 면담

11_흐루시초프에 따르면, 저우언라이가 제네바 회담 직전 모스크바에 들렀을 때 호치민이 중국의 지원을 요청했지만, 자신이 "우리는 한국전쟁에서 너무 많은 것을 잃었고, 지금 다른 전쟁에 끼어들 여지가 없다"고 대답해 주었다고 전했다(Qiang 1992, 109).

하면서 밝힌 5원칙은 ① 영토와 주권 존중 ② 불가침 ③ 내정간섭 금지 ④ 평등과 호혜 ⑤ 평화공존이다.[12]

중국의 평화공존 전략에서 가장 중요한 것은 미국과 유럽을 분리하는 것이었다. 미국은 중국을 인정하지 않았으며, 중국에 대해 강한 압력을 행사해 중소 관계를 분열시키고자 했다. 따라서 중국은 우선적으로 유럽 국가들과의 관계를 개선해서 대중 봉쇄를 미국에 제한하려 했다. 유럽 국가들은 2차 세계대전 이후 전후 복구와 국내적인 경제 발전에 집중하고자 했으며, 그렇기 때문에 중국과의 무역이 필요했다. 1950년 1월 '공산 중국'을 승인한 바 있는 영국이 제네바 회담에 중국의 참여를 주장한 이유도 경제적 동기가 중요하게 작용했다. 당시 영국과 중국은 대리공사를 교환했고, 양국의 정치적 관계가 개선되면서 무역도 증가하고 있었다.

그런 점에서 미국과 영국의 냉전 전략은 달랐다. 미국은 당시 인도차이나에 군사적 개입을 검토하고 있었다. 그러나 영국은 인도차이나의 긴장을 심각하게 우려하면서, 아시아의 평화 정착이 전후 질서 형성에 중요하다고 평가했다(Brands 1987, 84). 영국이 인도의 참여를 주장하고, 중국의 유엔 가입을 지원한 이유도 전후 질서를 바라보는 기본시각을 반영한 것이었다.

중국의 제네바 회담 전략은 한마디로 "아시아인들이 서로 싸우게 하는" 미국의 전략을 '평화공존론'으로 반격한다는 것이었다. 제네바 회담은 그런 점에서 중국의 대외 전략을 국제사회에 보여 줄 수 있는 중요한 계기였다. 중국은 200명 이상의 대규모 대표단을 구성했고, 값비싼 가구를 중국에서 직접 공수하는 등, 그들의 첫 번째 국제 외교 무대를 빛내기 위한 위신과 체면을

12_저우언라이의 평화공존 정책에 대해서는 Shao(1986) 참조.

고려했다.

그러면 제네바 회담 당시 아이젠하워 행정부의 구상은 무엇인가? 대 중국 강경정책이 중요한 비중을 차지한다. 행정부 내에서 대중국 정책의 유연성이 필요하다는 의견도 존재했으나, 국내정치적으로 그것은 어려웠다. 의회 보수파와의 관계를 고려해야 했고, 소련 관계를 개선할 수 있는 수단으로 대중 강경책을 활용할 수 있다고 판단했다.

아이젠하워 행정부는 소련과 중국의 평화공존 주장을 '공산주의자들의 선전'으로 규정했으며, 케넌의 주장처럼, 평화공존이란 "소련이 공산주의를 포기할 때" 가능한 것으로 해석했다(Kennan 1960, 190). 1953년 4월 16일 아이젠하워가 취임 후 첫 번째 외교안보 관련 연설인 '미국 신문편집인협회'에서 행한 연설에서도, "스탈린 사후 소련의 새로운 지도부가 평화 추구의 진실성을 입증하려면 말이 아니라 행동으로 보일 것을 촉구"하면서 관계 개선을 위해 소련이 취해야 할 조치들을 열거했다.[13]

제네바 회담 직전인 1954년 3월에 작성된 '특별국가 정보평가'(Special National Intelligence Estimate)라는 문서는 한반도에서 미국의 군사전략으로 "한반도에 공산 군대를 축출하고, 공산주의 침략에 대응하여 핵무기를 포함한 공습, 육해공군의 합동작전을 활용하며, 중국 해안을 봉쇄할 것"을 제안했다(정준갑 2002, 142).

물론 아이젠하워 행정부는 한국전쟁이 끝날 무렵, 국방비의 실질적 감축을 위한 대외 전략의 필요성을 이해하고 있었다(Stueck 2009, 572). 아이젠하

13_요구 조건에는 제2차 세계대전 포로 석방, 한반도에서의 협상, 오스트리아 상황 해결, 동유럽의 독립, 독일 통일, 인도차이나에서의 직·간접적 공격 중단 등이 포함되었다(박인숙 2005, 168).

워 행정부가 한국전쟁 이후 새로운 냉전 전략으로 추진한 뉴룩(New Look) 정책은 재정 적자를 축소하고 균형예산을 추구해야 하는 악화된 재정 상황에서 추진해야 했다. 재정지출을 줄이기 위해서는 대외 개입을 자제할 수밖에 없었다. 인도차이나에서 프랑스의 쇠퇴가 예상되는 시점에 미국이 개입을 꺼려했던 이유도 국내 상황 때문이었다.

그러나 당시 상황에서 아이젠하워 행정부가 고립주의 경향을 선택하기는 어려웠다. 결국 값싸게 공산주의를 봉쇄할 수 있는 방안을 찾을 수밖에 없었다. 그런 점에서 뉴룩 정책은 공산주의의 팽창을 허용해서는 안 된다는 원칙과 그러나 공산주의를 봉쇄하는 과정에서 자본주의경제가 파산해서는 안 된다는 현실을 결합했다(권오신 2005, 157). 구체적으로는 CIA의 해외 활동을 증가시키고 재래식 군비를 감축하는 대신 핵탄두를 증가시키며,[14] 무기의 현대화를 추진하고 대외 원조 재원에 개인기업의 참여를 활용하는 방안들이 추진되었다(박태균 2009, 93-94).

냉전에 대한 현실적 이해와 동북아에서 대중 봉쇄정책을 추진하던 아이젠하워 행정부의 입장에서 '제네바 회담'에서의 기대감은 없었다. 미국은 제네바 회담에 중국이 참여하는 것을 부정적으로 생각했고, 회담 기간 중에도 가능하면 중국과의 직접 대화를 거부했다. '코리아 문제'와 '인도차이나 문제' 모두 중국과 밀접한 관계가 있었다는 점을 고려하면, 미국의 대 중국 무시 혹은 적대 정책은 협상의 결과를 어둡게 했다. 결국 제네바 회담에서 미국은 '코리아 문제'와 관련 연합국 측의 서로 다른 의견이 표출되자 종결을 서둘렀고, 인도차이나 평화 협상이 이뤄지는 과정에서도 소극적 입장을 유지했다.

14_미국의 핵탄두는 1953년의 1,000개에서 1961년 1만 8,000개로 증가했다(권용립 1997, 551).

제네바 회담에서 미국의 최소 전략은 아시아 동맹과 유럽 동맹의 균열을 피하는 것이었고 그것은 성공했다. 코리아 문제와 관련해 의미 있는 성과가 없었기에 차이도 현실화되지 않았다. 그러나 더 중요한 전략적 목표인 인도차이나에서 유럽과의 공동 행동을 위한 지지 기반을 확보하는 데는 실패했다.[15] 중국이 적극으로 개입한 인도차이나 평화 협상의 결과는 미국이 원하는 것이 아니었다.

III. 중국의 제네바 회담 전략: 코리아와 인도차이나의 관계

중국은 제네바 회담을 준비하면서, 회담 전략을 "미국, 영국, 프랑스의 '인도차이나 문제'에 대한 차이를 이용하고, 잠정적이라도 최종 합의를 추구하는 것"으로 정했다(Qiang 1992, 107-108). 즉 '무익한 회담을 피하는 것'이 중국의 회담 전략이었다. 중국은 미국의 대 중국 고립정책을 무력화할 필요성이 있었고, 동시에 강대국간 회담을 통해 국제 문제 해결의 선례를 남기고 싶어 했다. 그래서 가능하면 합의에 도달하고 싶어 했다.

'코리아 문제'와 관련, 중국이 적극적으로 개입할 여지는 크지 않았다. 물론 당시 북한에 대한 중국의 영향력은 결코 작지 않았다. 정전 당시 중국인민지원군 120만 명이 북한에 주둔하고 있었다. 1958년 최종 철수할 때까지 단계적인 철군이 이뤄졌지만,[16] 최소한 중국이 직·간접적으로 북한 정치에 개

15_제네바 회담의 결과에 대해 보수적인 공화당 의원들은 '극동의 뮌헨'(Far Eastern Munich)이라고 투덜거렸다(Brands 1987, 81).

입한 1956년 8월 종파 사건을 계기로 북한이 대 중국 자주노선을 선택할 때까지 군사와 경제 분야에서 영향력을 갖고 있었다. 1956년 당시 김일성의 유일 지도 체제에 도전했던 다수의 인사들은 중국으로 망명하기도 했다.

북한에 대한 중국의 영향력의 행사 방식은 일방적이지 않고 협의를 중시했다. 제네바 회담 전략을 둘러싸고도 마찬가지였다. 북한은 제네바 회담에 대해 대중을 동원하여 기대를 표명했고 중국과 긴밀한 협의를 거쳤으며, 중국의 제안을 기초로 자신들의 방안들을 다듬었다(이신철 2008).

그러나 북·중 양국은 제네바 회담에 임하는 전략적 우선순위가 달랐다. 중국의 제네바 회담 전략은 성과를 기대하기 어려운 '코리아 문제'가 아니라, 사활적 이해관계를 가진 '인도차이나 문제'에 집중한다는 것이었다. 그렇기 때문에 최소한 '코리아 문제'의 논의 과정에서 서방과의 근본적 입장 차이가 부각되는 것을 원하지 않았다. 회담 자체가 무산되어 '인도차이나 문제'를 논의할 기회를 잃는 것을 우려했기 때문이다.

그것이 제네바 회담에 임하는 중국과 북한의 차이였다. 북한은 제네바 회담 전략을 한반도 문제에 국한했지만, 중국은 인도차이나를 포함하는 포괄적 회담 전략을 세울 수밖에 없었다. 중국은 '코리아 문제' 토론 과정에서 합의를 중시했지만, 북한은 '정치 선전의 장'으로 충분히 활용했다.[17] 북한 측 대표인 남일은 회담이 시작되면서, '미 제국주의'를 시종일관 비판하기 시작

16_1958년 최종 철수 당시 북한에 주둔했던 중국인민지원군의 규모는 25만 명 수준이었다. 정전직후 비공개로 대략 16개 사단이 철수했지만, 공개적으로는 1954년 9월에서 10월 사이 7개 사단 총 8만 7,894명, 1955년 3월과 4월 사이에 총 6개 사단 5만 2,192명, 1955년 10월에는 6개 사단 총 6만 3,257명이 철수했다. 『로동신문』(1954/10/07), 박영실(2006)에서 재인용.

17_북한은 제네바 회담에 적극적이었다. '인물이 고운' 다섯 명의 '여자 수행원'을 포함해 대규모의 대표단을 보냈고, 제네바 교외의 '호화로운 별장'을 본부로 사용했다.

했다. 6월 15일 폐막일에 북한 대표 남일이 외국군 동시 철수, 10만 명 수준으로의 군축, 남북 평화협정 체결, '한·미상호방위조약' 파기, 남북 교류를 위한 전조선위원회 구성 등의 주장을 발표했지만, 너무 늦은 시점이었다.

중국의 회담 전략은 1954년 4월 28일 저우언라이가 마오쩌둥(毛澤東)에게 보낸 편지에 잘 드러나 있다. 이 편지에서 저우언라이는 "조선 문제와 관련, 미국은 해결을 원하지 않고, 프랑스는 상관없다는 입장이며, 영국은 언급하지 않으려 한다"고 상황을 진단하면서 특히 "프랑스가 '인도차이나 문제'를 빨리 논의하고 싶어 한다"고 썼다(Zhang 2007, 515-516).

중국의 입장에서 '코리아 문제'와 '인도차이나 문제'의 비중은 달랐다. 중국은 미국이 개입하여 인도차이나에서 새로운 전쟁이 일어나는 것을 막아야 할 절박한 필요가 있었다. '코리아 문제'를 논의하는 기간 중에도 중국은 '인도차이나 문제'를 해결하기 위한 적극적 외교를 전개했다.

'인도차이나 문제'는 이 기간 중 중대한 전환을 맞이하고 있었다. 1954년 5월 7일 디엔비엔푸의 최후 전투에서 프랑스가 패배한 것이다.[18] 인도의 독립으로 영국이 제국의 황혼으로 접어들었듯, 디엔비엔푸는 프랑스라는 또 다른 제국이 퇴장하는 계기였다. 이 전투의 패배로 프랑스에서 죠셉 라니엘(Joseph Laniel) 내각이 붕괴하고 망데스 프랑스(Pierre Mendés-France) 내각이 출범했다. 프랑스 수상은 7월 20일까지 인도차이나 분쟁을 해결하겠다고 공약을 내걸었고, 그렇게 하지 못할 경우 사임하겠다는 배수진을 쳤다.

저우언라이는 인도차이나의 급격한 상황 전개에 제네바에서 적극적인 중

18_당시 프랑스 군대는 1,500명이 사망했고, 4,000여 명이 부상을 당했으며, 1만 2,000여 명이 포로로 잡혔다. 디엔비엔푸 전투를 둘러싼 프랑스인들의 인식과 기억에 대해서는 이재원(2009)을 참조.

재 외교를 전개했다. 프랑스와 협상해서 그들이 명예롭게 철수할 수 있는 명분을 마련하고, 동시에 하노이가 평화협정을 수용하도록 설득했으며, 영국의 지지를 얻어내기 위해 노력했다. 당시 저우언라이는 영국과 프랑스가 인도차이나 평화협정을 지지하면, 미국도 이를 인정할 수밖에 없을 것이라고 판단했다. 6월 23일 저우언라이와 프랑스 수상은 스위스 베른에서 만났다. 이때 프랑스 수상은 프랑스군의 명예로운 철군을 위한 두 가지 조건을 제시했다. 첫째는 베트남의 잠정적 분할이고, 둘째는 라오스·캄보디아의 자결권과 중립화를 요구했다. 중국은 소련과 협의하여 프랑스의 협상 조건을 수용하기로 했고, 베트남을 적극적으로 설득했다.[19]

저우언라이가 호치민을 설득한 논리는 미국의 전쟁 개입을 방지해야 한다는 것이었다. 저우언라이는 디엔비엔푸에서 사로잡힌 858명의 프랑스군 포로들을 석방시키라고 하노이에 압력을 행사하기도 했다. 북베트남은 타협보다는 무력으로 재통일을 이루고자 했으나, 당시 소련과 중국의 지원이 절실히 필요한 상황이었기 때문에 사회주의 강대국의 주장을 고려하지 않을 수 없었다(김정배 2010, 320).

결국 7월 21일 제네바 회담에서 인도차이나의 즉각 정전, 베트남 북위 17도선을 중심으로 분할, 그리고 라오스·캄보디아의 중립화에 합의했다. 중국은 외교적으로 승리했다. 제네바 회담에서 중국은 '인도차이나 문제'와 관련, 세 가지 차원에서 최종 합의를 이끌어 내는 성과를 거두었다. 첫째는 북베트

19_7월 3일 저우언라이는 광시 성(廣西省) 류저우(柳州)에서 호치민을 만나 전쟁 종식을 위해 국경선 문제를 양보하는 것이 좋을 것이라고 설득했고, 7월 10일에는 소련을 방문하여 프랑스의 프랑스 내각 집권 중에 '인도차이나 문제'를 해결하는 것이 좋을 것이라고 강조했다. 호치민 세력이 프랑스가 수용할 수 없는 요구를 할 경우, 결국 미국이 개입하게 되고 프랑스 내부에서 호전파들이 득세하는 결과를 가져올 것이라고 주장했다(Qiang 1992, 111-112).

남을 설득해 라오스와 캄보디아에서 군대를 철수하게 했고, 둘째, 제네바 평화회담에 호치민 측을 설득하여 참여케 했으며, 셋째, (라오스와 캄보디아 중립화 감시를 위한) 국제적 감독위원회 구성을 제기하여 성사시켰다.

Ⅳ. 제네바 회담과 한·미 관계

1. 제네바 회담 전후의 한·미 갈등

제네바 회담은 전후 강대국 정치의 산물이다. 당사자였던 한국은 참여할 생각조차 없었고, 회담 개최를 결정한 강대국들도 한국의 의사를 그렇게 중요하게 생각하지 않았다. 베를린 외상회담에서 제네바 회담 개최가 결정된 시점은 한국 시간으로 2월 19일 새벽 3시였다. 미국이 회담 결과를 이승만 정부에 통보한 것은 그로부터 10시간이 흐른 오후쯤이었다.

이승만 정부는 제네바 회담을 받아들이기 어려웠다. 변영태 외무장관은 2월 20일, "무력으로 해결 안 된 것을 정치 회의로 해결하겠다는 것은 언어도단"이라며 제네바 회담을 거부했다. 이승만 대통령은 여전히 북진 통일을 주장하고 있었다. 그런 상황에서 협상은 고려 대상이 아니었다.[20]

20_베를린 회담에서 제네바 회담이 결정되고, 이 사실이 한국에 통보되는 과정, 그리고 이승만 정부의 대응에 대해서는 미 국무성 외교문서집 『미국의 대외 관계 1952~1954』(Foreign Relations of the United States) 16권을 바탕으로 당시 상황을 재구성한 남찬순(1983)의 기

회담의 참여 문제를 둘러싸고 한·미 간의 갈등이 증폭되었다. 미국은 제네바 회담 준비 과정을 일체 한국에 알려주지 않았다. 사전에 한국이 알게 되면 깨질 수도 있다고 우려했다.

이승만 대통령의 1954년 3·1절 기념사는 소모적인 정치 회담을 다시 개최하는 '소위 강대국'들에 대한 비판으로 가득 찼다. 이승만 대통령은 당시 제네바 회담보다는 '한·미상호방위조약' 체결 과정에서 한국군의 증강을 미국으로부터 얻어내려 했다. 이승만 대통령은 3월 중순 아이젠하워 대통령에게 미국이 한국의 군사적 방법에 의한 통일을 지원하거나, 아니면 한국군의 증강 수준을 한국이 요구하는 대로 수용한다면 제네바 회담에 참여하겠다는 입장을 밝혔다(차상철 2001, 154).

회담 개최 8일 전까지도 회담을 거부하던 남한은 결국 미국과의 협의 과정에서 남한군 증강에 대한 미국의 원조 약속과 회담 운영에 관한 몇 가지 언질을 받고 참여하기로 했다. 이 대통령은 제네바 회담을 받아들이는 발표문에서도 "만약 회담이 실패할 경우 미국은 공산주의자들과의 협상이 무익하며 위험한 것이라는 점을 깨닫고 남한과 함께 공산주의자들을 한반도에서 내몰 것"을 희망한다고 말했다.

미국의 입장에서 한국의 참여는 반드시 필요했다. 한국이 회담 참가를 거부한다면, 결국 아이젠하워 정부는 '실패할 운명에 처해 있었던 회담'의 결렬 책임을 질 수밖에 없었다. 그래서 미국은 이승만 대통령의 군사력 증강 요구를 들어줄 수밖에 없었다. 그렇게 해야 제네바에서 한국의 협조를 구하고, 장기적으로 한반도에서 남한의 군사력 증강을 통해 미국의 입지를 더욱 공고

사를 참조.

히 할 수 있었기 때문이다(정준갑 2002, 146).

변영태 외무장관은 제네바를 향하면서 "캄캄한 칠야에 선머슴들에게 끌려 나서는 사람의 심경"이라고 착잡함을 드러내며, "가보긴 하지만 수틀리면 다 뿌리치고 오겠다"는 각오로 길을 나섰다(남찬순 1983).

50여 일 동안 제네바에서 어떤 논의가 있었나? 주요 의제는 한반도 통일을 위한 선거의 범위 및 국제 감독, 외국군 철수, 유엔의 권위 문제 등이었다. 회담 초기, 한국은 유엔 감시 아래 북한만의 자유선거를 실시하자고 주장했다. 게다가 선거 전에 중공군의 철수가 완료되어야 한다는 조건까지 달았다. 이에 대해 북한은 '외국군 동시 철수 및 남북한 동시 선거'를 주장했다. 차이가 컸다. 양측의 주장은 38선처럼 건널 수 없는 장벽이었다. 상대방이 수용할 수 없는 제안이었다. 하지만 다른 참여국의 공감을 얻을 필요는 있었다.

이미 연합국 내부의 입장 차이가 서서히 드러나기 시작했다. 영국은 당시 상황에서 한반도 통일 방안 논의가 '현실을 넘어서는 이상'이라고 판단했다. 중요한 것은 차선책이었다. 즉 한반도의 계속적인 분단을 기반으로 평화를 정착시킬 수 있는 방안을 도출하는 것이 중요하다고 생각했다. 오스트레일리아 외상은 한국 문제의 최종 해결을 위해 필요하다면 대한민국 정부가 한국 전체 선거에 찬성할 것을 희망한다고 언급했고, 뉴질랜드 대표 역시 남한의 입장을 이해하지만, 북한과의 차이를 해결하기 위해 남한 정부가 양보해야 한다고 발언했다. 오스트레일리아와 뉴질랜드 등 영연방 국가들은 한술 더 떠 총선거 이전에 중공군이 철수해야 한다는 한국 입장을 외면하고 양군 동시 철수 원칙으로 기울고 있었다. 필리핀 대표[21]의 주장도 눈길을 끌었다.

21_필리핀 대표 가르시아(Garcia)는 남한 측 대표단을 집중적인 질문 공세로 괴롭혔고, 미국은 이런 필리핀 대표를 "자국의 이해와 입장을 대변하기보다 자기에게 16개국의 입장을 조정할

그는 남북 대표로 '헌법제정회의'를 만들어 통일 방안을 연구하도록 하자고 제의했다. 남북한의 통일 방안이 워낙 큰 차이가 있어 조정이 어렵기 때문에, 최소한 지속적인 논의의 틀을 마련하자는 것이었다.[22]

미국은 연합국 측 내부에서 서로 다른 의견들이 표출되자, 회담 종결을 서둘렀다. 미국 정부는 한반도 통일을 위한 세 가지 방안을 갖고 제네바 회담에 참여했다. 흡수통일, 보통선거를 통한 새로운 입법부와 행정부 구성, 그리고 마지막으로 남북 총선거로 국가와 정부를 구성할 제헌의회 대표를 선출하는 방법이었다. 미국이 현실 가능한 것으로 판단한 것은 두 번째 방안이었다.[23]

결국 미국은 변영태 장관과의 협의를 통해 유엔 감시 아래 남북한이 토착 인구 비례에 따라 자유 총선거를 실시한다는 내용이 포함된 14개 항목의 통일 방안을 발표했다. 당시 이승만 대통령의 고문으로 제네바 회담에 참여했던 올리버(Robert Oliver)에 따르면 대통령은 이 방안을 승인하지 않았다. 이 대통령은 총선거 전에 '중공군의 철수' '북괴군의 철수나 항복'이 선행되어야 한다고 계속 주장했다. 그러나 올리버와 변영태 장관이 대통령의 승인을 받지 않고, 이 같은 제안을 발표한 이유는 한국이 국제적으로 고립될 수 있었기 때문이다. 그래서 우선 회의에서 발표하고, 사후에 이승만 대통령을 설득하기로 했다. 그러나 변영태 장관은 제네바 회담이 끝난 후 바로 해임되었다(홍용표 2006, 46).

1954년 7월 28일 이승만 대통령은 미 의회 연설에서 제네바 회담이 실패했기 때문에 휴전의 종결을 선언해야 하고, 한국군과 타이완군 그리고 미국

기회가 주어지지 않은 것에 속이 뒤틀린 것"으로 보인다고 평가했다(라종일 1987, 85).

22_각국의 한반도 통일 방안에 대한 구체적인 제안은 홍용표(2006)와 라종일(1987)을 참조.

23_미국의 세 가지 '코리아 통일 방안'의 자세한 내용에 대해서는 김보영(1997) 참조.

의 해군과 공군력을 동원한 합동 공격으로 중국을 패배시킬 수 있다고 주장했다. 그러나 미국은 협상을 통해 한반도 문제를 해결하고 싶어 했다. 양국의 입장 차이는 빈번한 외교적 갈등으로 나타났다.

제네바 회담이 끝난 후 아이젠하워 행정부는 결국 '한·미상호방위조약'의 체결과 이승만이 요구했던 한국군의 군사력 증강 요구를 받아 들였다. 베트남 공산 세력을 축출하기 위해 개입해야 하는 상황에서, 한반도 방어에 대한 미국의 의무를 경시하지 않았다는 명분이 필요했다. 1954년 제네바에서 코리아 통일 문제와 인도차이나 문제를 동시에 다룬 영향도 있었다. 동남아시아의 위기가 악화될수록 아이젠하워 정부에서 이승만 정부의 위상과 가치가 올라가는 결과를 가져왔다. 즉 동남아에서 새로운 갈등은 한국이 반공의 상징적 거점으로 부상하는 배경을 제공했다(Brands 1987, 84).

한·미 양국의 불신은 '한·미상호방위조약'이 맺어지던 과정에서도 여전했다. 미국은 1953년 10월 1일 '한·미상호방위조약'을 정식으로 조인할 때, 이승만 대통령의 단독 군사행동을 어떻게 막을 수 있을지를 심각하게 고려했다. 10월 22일 미국 국가안전보장회의 결정 167호는 한반도의 휴전이 이승만에 의해 깨어질 경우, 유엔군 철수, 이승만 제거 등 대응책을 고려해야 한다고 제시한 바 있다. 1954년 9월 중순 이후 11월 17일 합의의사록에 한국이 조인할 때까지 양국의 갈등은 가장 심각했다. 이때에도 미국은 보다 강화된 이승만 제거 작전을 고려하고 있었다.[24] 그 내용에는 이승만 제거뿐만

24_미국의 이승만 제거 계획은 1952년 '부산 정치파동' 직후인 1952년 6월 초 콜린스(L.Lawton Collins) 육군참모총장에 의해 검토되었다. 당시 미국은 이승만 정부를 대신할 과도정부 수립 방안을 검토했다. 이후, 휴전협정 직전인 1953년 5월 초 다시 검토되었다. 1953년 5월 4일 미 8군 사령관 테일러(Maxwell D. Taylor)는 민간 지도자를 구금하고 잠정적인 유엔하의 군정을 선포하는 이른바 에버레디 계획(Plan Everready)을 작성했다. 이완범은 이 계획을

아니라, 한국군의 북진을 제압하기 위해 한국군 탄약 보급로의 폭격과 해상 봉쇄도 검토되었다(이혜정 2004).

물론 양국의 상호방위조약에 대한 공통의 이해는 있었다. 아이젠하워 행정부 입장에서 한국전쟁의 정치적 해결을 위해서는 이승만의 협력이 필요했고, 이승만 입장에서도 한국의 안보를 보장받기 위해서는 미국의 법적 구속력이 있는 공식적 약속이 필요했다. 방위조약은 미국의 입장에서 공산주의 세력의 침략 위협을 봉쇄하고 이승만의 북진 통일 의지도 단념케 하는 수단이었다(차상철 2001, 135).

2. 이승만 정부의 인도차이나 파병 제안과 한·미·일 삼각관계

이승만 정부가 제네바 회담에 부정적인 이유에는 한반도 통일 문제에 대한 인식의 차이도 있었지만, 인도차이나를 바라보는 시각의 차이도 작용했다. 이승만 정부는 인도차이나 사태를 동아시아에서 반공 전선의 확대 기회로 인식했다. 그래서 1954년 2월 12일 공보처장은 특별 성명을 통해 한국 정부가 프랑스군을 원조하기 위해 인도차이나에 한국군을 파병할 것을 미국 정부에 요청했다는 외신보도를 공식 확인했다.

이미 이승만 대통령은 1953년 11월 타이완을 방문하여 장제스와 함께 '아

준비될 수 있는 안이었지만, 구체적인 실행과 관련된 지침은 제시되지 않았던 추상적인 안이라고 평가했다(이완범 2007, 203-211). 당시 미국의 고위 관료들은 이승만을 대체할 만한 정치 세력이 존재하지 않는 상황에서 무리하게 실행할 경우 오히려 역효과를 가져올 것이라고 판단했다.

세아 자유국가'의 반공 통일 전선을 조직할 것을 호소한 바 있었다. 한국전쟁 당시 이승만의 북진 통일론과 장제스의 '본토수복론'은 어울릴 수 있었다. '공산 중국'이라는 공동의 적이 존재했고, 서로가 서로를 미국에 대한 협상 수단으로 활용했다. 장제스는 한국의 '북진통일론'을 워싱턴에서 '차이나 로비'를 전개하는 근거로 활용하기도 했다. 이승만의 입장에서 악화되고 있던 인도차이나 사태는 반공 전선을 동남아시아까지 확대할 수 있는 기회였다. 1953년 12월 이승만 정부는 백락준을 단장으로 동남아 친선 사절단을 파견하기도 했다(홍석률 1994, 169). 그리고 이런 외교 활동을 통해 제네바 회담 개최 직전인 1954년 3월 18일 아시아 각국의 민족 대표들로 '아세아민족 반공대회' 예비회담을 개최했다. 그리고 6월 15일 진해에서 본 대회를 열었다. 그날은 제네바 회담이 폐막되는 날이었다. 이승만 정부는 제네바 회담의 '코리아 문제' 협상은 말할 것도 없고, '인도차이나 문제' 해결에 대해서도 강한 반감을 표시했다.

왜 이승만 정부는 이 시기에 인도차이나 파병을 제안했을까? 몇 가지 이유가 있었을 것이다. 첫째는 인도차이나 개입을 검토하던 미국의 아시아 전략 형성에 동참하고자 했다. 이 과정에서 한국의 전략적 지위를 격상할 수 있다고 판단했다. 둘째, 한반도와 인도차이나를 반공 전선으로 연결하고자 했다. 동아시아 반공 전선에서 주도권을 확보하고, 한국군의 군사력 증강을 도모하며, 이 과정에서 자신의 북진 통일의 기반을 확보하고자 했다.

이 제안은 동시에 대일 관계에서 우위를 확보할 명분이 되기도 했다.[25] 이승만 정부는 일본에 대해 강한 반감을 드러냈다. 당시 식민지 지배에서 벗어

25_이런 시각으로 이종원은 이승만의 전략을 '냉전형 내셔널리즘의 국가 전략'이라고 규정한 바 있다. 1950년대 한·미·일 삼각관계의 구조와 특성에 대해서는 이종원(2006) 참조.

난 지 얼마 되지 않았고, 일본과의 식민지 지배 청산도 이뤄지지 않았으며, 외교 관계도 정상화되지 않은 상태였다. 이런 사정으로 동북아 전략에서 일본이 차지하는 비중과 역할에 대해 한·미 양국이 서로 다르게 생각할 수밖에 없었다.

이승만은 기회가 있을 때마다 미국의 편향적 친일 정책의 오류를 비판했고, 나아가 그것의 수정을 요구했다(차상철 2001, 136). '한·미상호방위조약'에 관련한 미국과의 협의 과정에서도 이승만 정부는 공산주의 침략 방지와 더불어 일본이 한국에 대한 야욕을 포기하지 않고 있음을 주장했다. 일본을 바라보는 한·미 양국의 전략적 차이는 1950년대 한·미 관계에서 또 다른 갈등의 변수로 작용했다.[26]

그러면 아이젠하워 행정부는 왜 이승만의 제안을 거부했을까? 당시 미국도 이승만 정부의 '인도차이나 파병 제안'을 검토했다. 그러나 아이젠하워 행정부는 그런 제안이 이승만 정부의 한국군 증강 요구를 위한 명분이라고 판단했고, 당시 시점에서 인도차이나 군사개입에 여전히 소극적이었다. 그래서 미국은 한국에 "미군이 파병되어 있는 한국이 외국에 나간다면, 미군의 한국 주둔 필요성을 어떻게 설득하겠는가?"라는 논리로 거부 의사를 전달했다.

미국은 한·미·일 삼각동맹의 구조에서 한국의 위상과 역할을 평가했다. 미국은 이미 1951년 샌프란시스코 체제를 통해 동북아에서 반공 전선의 축

26_일본은 미·일 안전보장조약의 체결을 통해 일본의 안보를 미국에 의존하면서, 동시에 미국의 재군비 요구가 가져올 수 있는 '냉전의 국내화'를 차단하면서 경제성장을 통해 일본의 독립과 자존을 추구하려는 외교 전략, 이른바 요시다 노선을 선택했다. 이에 아이젠하워 행정부도 일본 내 반미의식의 성장과 더불어 일본이 중립주의를 표방할지 모른다는 우려로 재무장 요구를 기각하고 일본의 정치·경제적 안정을 우선하는 정책으로 전환했다(최희식 2009, 131-132).

으로 일본의 역할을 중시했다. 그러나 이승만 정부는 일본 경계론을 유지했다. 그래서 한·미·일 삼각동맹에 묶이기를 원치 않았다. 1950년대 한일 관계의 긴장 구조는 미국이 구상하는 동북아 전략인 한·미·일 삼각동맹을 불완전하게 만든 변수가 아닐 수 없다.

V. 제네바 회담 이후 동북아 냉전 질서

1954년 제네바 회담은 동아시아 냉전 질서 형성의 전환점이었다. 동북아에서 '코리아의 통일 문제'는 다시는 논의 될 수 있는 기회가 없었다. 또한 동남아에서 '인도차이나 평화협정'은 새로운 열전으로 나아가는 '일시적 정전'의 의미에 불과했다.

제네바 회담을 거치며, 각 국가의 동북아 전략은 더욱 구체화되었다. 중국은 첫 번째 다자 외교 무대에서 인도차이나 분쟁을 조정하는 역할을 하면서, 국제적 위상을 강화했다. 이런 자신감으로 1954년 제네바 회담 이후 중국은 제 3세계 외교에 중요한 행위자로 등장했다. 중국은 1955년 4월 아시아·아프리카 지역 신생 독립국 29개국이 참여한 반둥회의에 참여했고, 평화 5원칙을 발표하는 데 주도적 역할을 했다.

미국은 1954년 제네바 회담 이후 동북아와 동남아에서 냉전 질서를 구체화했다. 동남아는 동남아조약기구(South East Asia Treaty Organization, SEATO)[27]

27_SEATO는 1954년 9월 8일 마닐라에서 협정을 맺고, 1955년 2월 공식 출범했다.

를 통해 집단안보체제를 구축했으며, 동북아는 한·미, 미·일 동맹을 확대 강화하는 쌍무동맹의 발전을 선택했다.

1954년 제네바 회담 이후 동북아의 냉전 질서는 더욱 복잡하게 전개되었다. 가장 중요한 변수는 중소 분쟁이었다. 유럽에서는 미소 양극체제가 구조화되는 경향이 있었으나, 동북아는 진영 내의 균열이 본격화되었다. 중국의 마오쩌둥은 1957년부터 소련의 평화공존 노선을 비판하며, 대외 정책에 투쟁성을 강화하기 위한 '중간지대론'을 주장하기 시작했다. 1956년 흐루시초프가 소련공산당 20차 대회를 계기로 탈스탈린화 노선을 선택하고, 대외적으로 '평화공존론'을 들고 나온 것에 대한 반발이었다.

중국의 외교노선 전환과 동북아에서 미·중 대립의 심화는 특히 양안의 군사적 충돌로 나타나기도 했다. 1954~55년 중국의 진먼도(金門島) 포격으로 시작된 1차 양안 간의 군사적 충돌이 확대되어, 1958년 중국의 2차 대규모 폭격이 이뤄지게 된다.[28] 타이완 해협을 둘러싸고 미·중 양국의 군사적 긴장이 높아졌고, 이 과정에서 북·중·소 삼각동맹은 분열했으며, 북한의 자주 노선이 형성되었다.

제네바 회담은 한국전쟁 이후 구조화되어 가고 있던 한반도의 냉전적 대립을 완화시키지 못했다. 적대감이 최고조에 달했던 전쟁 직후 상황에서 제네바 회담은 성과를 기대하기 어려웠다. 국제적으로도 합의 구조가 만들어지기 어려웠고, 남북 관계에서 대화가 성립하기 어려운 현실이었다. 그런 점

28_1차 양안 위기는 1954년 5월 15일 중국 해군 동해함대의 지원으로 화동군구(華東軍區) 부대가 가오다오(高島), 투먼산(土門山) 등의 도서를 점령하면서 시작되었다. 9월 3일부터는 중국인민해방군이 푸젠성(福建省) 해안에 주둔하여, 국민당이 점령한 진먼도에 대한 공격을 개시했다(이상숙 2009).

에서 한반도 통일 방안을 합의할 상황은 아니었다. 다만 당시의 시점에서 당시 긴장을 관리할 수 있는 몇 가지 방안이라도 합의가 되었다면 어떻게 되었을까 하는 아쉬움이 남는다. 북한 대표 남일의 '6월 15일 제안', 즉 남북 병력 10만 이하 감축과 남북 정부 간 평화협정 체결을 위한 위원회 구성 제안은 외국군 철수를 앞세운 것이기에 진정성이 없었다. 그러나 한반도 최초의 평화 정착 방안이었으며, 북한은 이후 이를 평화 공세의 중요한 근거로 삼았다.

국제 외교 무대에서 한반도 평화 체제에 관련된 논의는 그 후로도 오랫동안 없었다. 20여 년이 흐른 후인 1975년 9월이 되어서야 유엔총회에서 키신저 국무장관이 한반도 평화 체제 논의를 위한 4자회담을 제안했다. 이마저 다시 사라졌다가 한반도 평화 체제 제안이 재론된 것은 또 다시 20년이 흐른 후였다. 1996년 한·미정상회담에서 공식 제안되었고, 1997년부터 휴전 이후 처음으로 한반도 평화 체제 논의를 위한 4자회담이 열렸다. 그러나 성과는 없었고 지속되지도 않았다. 또 다시 세월이 흘렀고, 2005년 9·19 공동성명에서 한반도 평화 체제 논의를 위한 '별도 포럼'을 개최하기로 합의했다. 그러나 여전히 실행되지 않고 있다.

제네바 회담에서 합의가 어려운 통일 방안이 아니라, 현실적으로 필요한 평화 정착 방안을 논의했다면 결과는 마찬가지였을까? 미래에 대한 희망은 과거의 상처를 아물게 한다. 평화를 위한 논의는 전쟁이 남긴 적대 의식을 조금이라도 완화시켰을 것이다. 그랬다면 베트남 전쟁을 포함하는 동아시아 30년 전쟁의 역사에서 한반도는 일촉즉발의 전방 초소에서 비켜날 수도 있었을 것이다. 설령 합의에 이르지 않아도 괜찮다. 대화의 흔적은 언제나 이후의 협상에 근거가 된다. 1950년대에 평화 정착 방안에 대한 논의를 했다면, 1970년대 초 7·4 남북공동성명 국면에서 좀 더 구체적인 신뢰 구축 방안에 합의할 수 있었을 것이다.

통일 방안도 마찬가지다. 1990년대 초 남북기본합의서를 채택하기 전까지 남북 관계의 유일한 현안은 통일 방안이었다. 7·4 남북공동성명도 통일의 원칙에 관한 합의이고, 1980년대 중반 전두환 정부에서 남북 정상회담을 논의할 때 통일 방안 문제를 어느 수준에서 합의할 것인지가 쟁점이었다. 휴전 직후부터 서로의 입장 차이와 통일 방안의 차이가 크다는 것을 인정하면서 공통점을 찾아가는 노력을 게을리 하지 않았다면 어떻게 되었을까? 최소한 통일 문제가 시대의 과제임을 잊지는 않았을 것이다.

8장

냉전기 중국의 대북 정책과 북·중 동맹 관계의 동학

이정남

I. 서론

냉전기의 정치적 산물로 간주되고 있는 동맹 관계는 동북아와 한반도에 있어 탈냉전기인 현재에도 지역 평화의 제도화를 위한 중요한 틀일뿐만 아니라, 지역 갈등의 중요한 제도적인 요인으로 작용하고 있다. 개혁·개방 이후 중국은 독립 자주와 비동맹 정책을 실시하기 시작했고, 탈냉전과 함께 동반자관계 외교를 적극적으로 추진하면서(이정남 2009, 103-106; 金正昆 2000, 45), 동맹 정책을 냉전 시대의 낡은 산물이며 냉전적인 대립과 갈등을 부추기

• 이 글은 『평화연구』 9-1호(고려대 평화와민주주의연구소, 2011)에 실린 논문을 수정 보완한 것이다.

는 요인이라고 비판해 왔다.[1] 바로 이런 관점에서 동북아에 여전히 존재하고 있는 한·미 동맹이나 미·일 동맹은 동북아의 안정과 평화를 해치는 요인이라고 주장하고 있다.

이런 중국의 시각을 반영하듯 1992년 한·중 수교 이래 중국이 유일하게 동맹 관계를 유지하고 있는 북·중 동맹 관계에 대해서, 중국뿐만 아니라 한국 및 서방의 학자들은 비록 공식적으로 폐기되지는 않았지만 양국 관계는 적어도 과거의 동맹 관계를 벗어나서 통상적인 국가 관계로 전환되고 있다는 주장들을 제기해 왔다(李敦球 2005, 26-28; 李南周 2005, 53-58; 조영남 2009, 76; Scobell 2003; Hart 2001, 247, 256; Ji 2001, 388). 특히 중국 인민대학의 스인훙(時殷弘) 교수나 사회과학원의 선지루(沈驥如) 교수는 2003년 북한의 붕괴가 장기적으로 중국에 유리할 수 있다는 주장을 제기하면서, 북·중 조약을 개정하여 중국의 자동 개입 조항을 삭제해야 한다는 견해를 제시하기도 했다(서진영 2006, 358-359). 그리고 이런 주장은 북·중 간에 갈등이 표면화되면서 설득력을 얻는 듯이 보였다. 2003년 1월 북한이 핵확산금지조약의 탈퇴를 선언한 이후, 중국은 북한을 협상 무대로 끌어내기 위하여 다칭(大慶)에서 북한으로 이르는 송유관 일부를 폐쇄했으며, 2006년 10월 북한의 핵실험 이후에는 전례 없이 강한 어조로 북한을 비판하면서, 유엔의 대북제재결의안에 찬성했다.

그러나 천안함 사건을 둘러싸고 전개되고 있는 현재의 일련의 상황은 한·미 동맹에 기초하여 한국과 미국이 협력적인 공조를 취하고, 북·중 동맹에 기초하여 중국이 북한과 공조를 취하면서 한·미 동맹과 북·중 동맹이 대립

1_2008년 5월 이명박 대통령 중국 방문 당일 오전 친강(秦剛) 중국 외교부 대변인의 기자회견문을 보면 이러한 시각이 잘 나타나고 있다.

하는 양상을 띠고 있다. 특히 천안함 사건 이후 3개월 만에 김정일이 두 차례의 중국 방문을 통해 과시하고 있는 북·중 간의 우의는 북·중 관계가 여타 국가들과의 관계와는 다른 특수한 혈맹 관계임을 다시 한 번 나타내주는 것이 아닌가 하는 의구심을 자아내고 있다.

바로 이런 사실들은 거의 정치적 의미가 없거나 혹은 영향력이 없는 것으로 간주되어 온 북·중 동맹이 여전히 동북아와 한반도 평화에 중요한 영향을 미치는 요인으로 작용하고 있음을 의미한다. 즉 중국은 개혁·개방정책과 함께 비동맹 외교를 전면적으로 천명하면서도, 북한과의 관계의 특수성을 강조하면서 북·중 동맹을 공식적으로 폐기하지 않고 유지해 오고 있다. 다른 한편 이런 사실들은 1961년 7월 북·중 동맹조약이 체결된 이래 북·중 동맹 관계가 내부적으로 아무런 갈등이 없이 우호적인 협력 관계만을 유지하고 있는 것이 아니라, 갈등과 협력이 연속되는 과정에 있었음을 말해 준다.

1960년 3월 북한 및 베트남과 동맹 체결을 고려했던 중국은 1961년 7월 북한과만 동맹조약을 체결했다. 이런 중·조(혹은 북한) 동맹조약은 중국이 상대적인 강대국이었던 소련과 체결한 동맹조약을 제외하면 약소국과 체결한 유일한 동맹조약이라는 점에서 주목을 받고 있다. 북·중 동맹에 대한 기존의 학계의 연구들은 주로 북·중 동맹 형성의 배경과 과정에 대한 연구에 집중되어 왔다(이종석 2000; Lee 1996; 정진위 1987; 최명해 2008, 315-338). 특히 북·중 동맹을 북한의 내부적인 요인, 중·소 분쟁이라는 체제적인 요인, 김일성의 외교적 능력이라는 개인적 요인 등 세 가지 차원에서 분석한 최명해의 논문은 북·중 동맹의 체결 배경 및 과정에 대한 중요한 연구 성과로 자리매김하고 있다.

그러나 북·중 동맹이 항상 협력적인 관계로 존재해 온 것은 아니며, 시기별로 갈등과 우호적 관계를 오가면서 변화해 왔다. 따라서 북·중 동맹 관계의 특수성과 그것이 냉전기 동북아 평화의 제도화에 지닌 의의를 살펴보기 위해서는, 북·중 동맹 내부의 변화와 발전 과정에 대한 심도 있는 이해가 필수적으로 요구된다. 이런 점에서 '대외 안보'와 '(국내) 정치체제 안정'이라는 북·중의 두 가지 지정학적인 이익이 상호 합치될 때에만 우호적인 관계를 유지했고 그렇지 못할 경우 언제든지 갈등과 대립관계로 나아갔다는 박창희의 연구나(박창희 2007, 27-55), 냉전기 북·중 관계의 수많은 굴곡과 갈등을 비대칭적인 관계의 특성에서 기인한 상호 인식으로 설명하고자 한 이상숙의 연구는 의미 있는 성과라고 볼 수 있다(이상숙 2002, 339-456). 그러나 이들 연구는 북·중 동맹 관계 강화의 동인으로 대외 안보나 국내 정치 안정화에 대한 상호 이익이나 쌍방 간의 상호 인식 요인에 초점을 맞추고 있어, 북·중 동맹 관계가 강화되는 데 있어 중국의 주변 강대국과의 관계에 대한 전략적인 동기가 덜 부각되고 있다.

따라서 이 논문은 냉전기 중국이 북한과 동맹 관계를 발전시키고자 선제적인 대응정책을 펼친 것은 미국, 소련 등의 주변 강대국과 전략적인 관계의 변화를 꾀할 때임을 주장하고자 한다. 중국의 대외 정책의 중심은 미국이나 러시아, 일본, 유럽연합 등 강대국으로, 북한의 위기가 발생한다고 하더라도 중국은 실제로 강대국과의 관계나 세계 전략에 집중하여 북한을 사고한다. 이는 마오쩌둥이 중국의 한국전 참전을 고려할 때, 동일한 사회주의 진영이라는 요인보다는 지정학적인 요인이 결정적인 요인이었다는 점을 통해서도 알 수 있다(叶自成 2001, 272).

그러므로 이 논문은 중국과 구소련, 미국 등 주변 강대국과의 관계가 북·중 동맹 관계에 대한 중국의 대응에 어떤 영향을 미치고 있는가를 분석하고자 한다. 이 같은 중국의 냉전기 대북 동맹 강화 정책의 전략적인 동기를 밝혀주는 연구는, 냉전기 북·중 관계 특성이 탈냉전기에도 본질적인 변화 없이 지속되고 있기 때문에, 탈냉전기 동북아 평화의 제도화를 위한 미·중 관계와 한·중 관계, 한·미 관계, 그리고 남북 관계의 전개 방향을 탐색하는 데 중요한 의의가 있다. 동시에 한국의 주변 강대국 정책 및 대북 정책의 방향을 모색하는 데에도 중요한 의미가 있다.

II. 북·중 관계의 특수성과 동맹 관계 강화 요인

국제정치 질서 속에서 각 단위들은 외부의 역량을 이용하여 위협을 관리하고 통제하기 위하여 동맹을 체결한다. 특히 대외적으로 상대적 지위가 취약한 약소국이 국가 안보를 확보하는 가장 좋은 방법은 강대국으로 하여금 자국이 군사적인 공격을 받을 때에 확실하고 명확한 지원을 약속하게 하는 공식적인 방위 동맹을 체결하는 것이다(Handel 1995, 138). 이런 점에 있어서 북·중 동맹도 예외는 아니다.

북한은 6·25 전쟁 이전부터 중국 및 소련과 군사동맹조약의 체결을 강구했다(최명해 2009, 14). 한편 중국은 주변의 상대적 약소국들과 공식적 군사동맹 관계를 체결하는 데에는 소극적인 입장을 견지해 왔다. 사실 마오쩌둥은 신중국의 성립 이전부터 아시아 주변국과의 군사동맹 체결이 미국을 자극할 수 있다는 우려를 했다(최명해 2009, 19). 따라서 중국은 북베트남, 파키스탄, 캄보디아, 타이 등과 안보 협력 관계를 유지하고 일정한 공약을 제공한 바가 있었지만, 이는 공식적인 동맹조약이 아니라 비공식적인 제휴의 형태를 띠었다(Chambers 2005, 35-75). 중국이 강대국이었던 소련과 우호동맹조약을 체결한 것을 제외하고, 상대적 약소국과 공식적 동맹조약을 체결한 사례는 북한이 유일하다. 일반적으로, 공식적 동맹은 상대적 강대국의 정책적인 유연성을 감소시킨다는 점을 고려해 볼 때 중국이 북한과의 관계에서 이런 가능성을 감수하면서도 동맹을 체결했다는 점은 주목할 가치가 있다. 동맹조약을 체결한다거나, 더구나 조약 규정상 공약 내용을 명료화한다는 것은 그 만큼 정책적인 유연성을 상실하게 한다(叶自成 2001, 153). 이로 인해 약소국의 보호를 위한 동맹 공약에는 공식적 군사 지원이나 자동적 군사개입을 명문화하는 규정을 포함시키지 않으며, 가능한 한 공약을 모호하게 남기고자 하는 것이 일반적이다(Handel 1995, 135). 그러나 1961년 7월 11일에 체결된 조·중 간 동맹조약은 자동적인 군사개입 조항으로 해석될 정도로 명료한 안보 공약이 명문화되었다.[2] 그리고 조·중 조약에 명시된 외적인 위협은 소련의 수정주의, 미 제국주의, 일본군국주의, 남한의 파시스트로 언급되고 있다.

이처럼 북한과 중국이 특수한 관계를 형성한 데에는 북한(더 넓게는 한반도) 지역이 중국에 지닌 전략적인 중요성을 지적할 수 있다. 북한(한반도) 지역의 전략적인 중요성은 역대 중국 지도부들의 특이성이나 국내정치적인 상황에 관계없이 지정학적이고 역사적인 문제로 자리해 왔다. 예를 들어 청일전쟁, 한국전쟁, 그리고 1993년 1차 북핵 위기와 같은 역대 한반도 위기 시에 중국 지도부들은 공통적으로 순망치한(脣亡齒寒)의 논리로 한반도의 전략적인 중요성을 강조했던 것이다(박홍서 2006, 105-107).

중국의 학자들뿐만 아니라 주요 정치 지도자들도 주변의 그 어떤 지역보

2_북·중 동맹조약 1조, 2조는 "체약국은 앞으로도 …… 평화와 안전의 보장을 목적으로 …… 전쟁 상태에 처하게 되었을 경우, 체약 상대방은 지체 없이 자기가 보유하고 있는 온갖 수단을 다하여 군사 및 기타 원조를 제공 한다"고 명기하고 있다. '조선민주주의인민공화국과 중화인민공화국 간의 우호·협조 및 호상 원조에 관한 조약'(1961년 7월 11일)(최명해 2009, 부록 441-442 참조).

다 중국의 동북 지역에 위치한 한반도를 전략적으로 중요한 지역으로 간주해 왔다. 중국의 일부 학자들은 중국의 동북 지역은 광활한 육지와 해안선을 접하고 있으며, 소련, 몽고, 일본, 한반도, 그리고 미국 등의 주요 국가들과 전략적으로 접하고 있어 남방 지역이나 서쪽 지역보다 중국에 전략적으로 더 중요하다고 주장한다(陸俊元 1996, 29-32; 徐用 2007, 33-41; 劉衛 2006, 88-89). 특히 한반도와 중국의 동북 및 화북 지역의 전략적인 요충지는 서로 직접 맞닿고 있어 한반도를 어떤 강대국이 통제해도 중국의 안전에 위협이 된다는 것이다(李天英 2004, 40-42). 마오쩌둥 역시 1950년대 후반 중국의 지정학적인 중점 지역은 동쪽 지역이며, 중국의 주요한 주의력은 중국의 동방 지역에 집중시켜야 하며 중국의 서남방 지역에 집중시킬 필요가 없다고 주장하면서, 중국에 대한 주요한 위협은 미국과 일본으로 규정했다(中華人民共和國外交部·中共中央文獻硏究室 1994, 165, 302-303). 저우언라이 또한 미국과 일본이 중국을 침략하기 위해서는 동북 지역을 우선적으로 점령하려 할 것이고, 이를 위해서는 한반도를 우선적으로 장악하려 할 것이라 주장하면서 동북 지역과 한반도의 전략적인 중요성을 강조하고 있다(中共中央文獻硏究室·中國人民解放軍軍事科學院編 1999, 73).

이처럼 중국의 전략적인 핵심 지역과 접하고 있는 북한은 중국에게 전략적으로 핵심적인 요충지로 간주되고 있다. 따라서 이런 점은 북·중 관계의 강화 혹은 소원이 북한의 전략적 가치의 변화 때문이라고 보기 어렵다는 것을 의미한다. 그러나 북·중 관계는 냉전 시기 동안 항상 동일한 수준의 확고한 관계를 형성한 것은 아니다. 양국 관계는 끊임없는 긴장과 갈등을 겪어 왔으며, 우호적이고 긴밀한 관계를 유지했던 시기는 오히려 예외적인 경우였다.

사실 냉전기 중국과 북한의 관계가 우호적이었던 때는 두 시기뿐이다.

표 1 | 냉전기 북·중 동맹 관계의 변화: 갈등과 협력 관계의 순환

- 내적 갈등과 표면적 우호 관계 (1949년~동맹 형성 이전 시기)
- 중·소 갈등의 심화와 북·중 우호적 공조기 (1961년 동맹 형성~1965년 베트남전 확전)
- 사회주의 이데올로기적 갈등의 표출과 북·중 갈등의 전면화 (1965~1969년)
- 중·미 데탕트와 북·중 우호 관계의 재등장 (1969~1977년)
- 중국의 개혁·개방정책 노선의 등장과 북·중 갈등의 심화 (1978~1992년)

1961년 북·중 동맹 형성기를 전후로 한 시기나, 1970년 중·미관계 정상화 시기를 제외하고는, 내부적으로 대립과 갈등의 관계를 지속했다. 냉전 시기 북·중 동맹 관계는 〈표 1〉에서와 같이 5단계에 걸쳐서, 협력이 주요하게 작용한 시기와 갈등이 주요하게 작용한 시기가 반복적으로 나타났다.

〈표 1〉에서 보듯 냉전 시기 중국과 북한은 1960년대 중·소 갈등이 본격화되면서 북한이 소련으로 편승하는 것을 막고자하는 동기에서 시작된 북·중 동맹 형성기와, 1970년대 초반 소련에 대항하기 위한 미국과 관계 개선에 있어 북한의 지지를 얻고자 한 시기에만 협력적인 공조 관계를 취했다. 그러나 이 두시기를 제외한 나머지 시기 양국 관계는 우호적인 협력 관계라기보다 갈등 관계가 주요하게 표출되었다.

1949년 사회주의혁명의 성공 이후, 중국의 한국전 참전에도 불구하고 중국의 대북한 연결 통로인 연안파와 김일성과의 갈등으로, 북·중은 표면적으로는 우호적인 관계였지만 내부적으로 심각한 갈등이 표출되었다. 다음으로 1960년대 중반에도 흐루시초프 실각을 둘러싼 미묘한 의견차와 베트남전 확대에 따른 북베트남 지원 문제를 둘러싸고 양국 간의 이념 갈등이 부각되면서 양국은 심각한 갈등 관계로 전환되었다. 마지막으로 1970년대 중반 이후 대미 관계와 한반도 안정에 대한 중국과 북한의 시각차와 1970년대 후반부터 시작하여 1980년대 본격적으로 추진된 중국의 개혁·개방 노선을 둘러싸고 일련의 갈등이 발생했다. 특히 1992년부터 본격화된 탈냉전으로 국제정세가 완화되고, 강대국과의 경쟁을 위한 북한의 전략적인 중요성도 낮아졌다. 바로 이런 요인들은 북·중 관계에 미묘한 영향을 미쳤고, 특히 1992년 한·중 수교는 북·중 관계를 더욱더 악화시키는 계기가 되었다.

앞서 상술한 두 시기에 중국이 북한과의 동맹 관계에서 우호적인 정책을 추진한 주된 이유는 미국과 소련 등 주변 강대국과 관계가 조정되는 시기에 북한이 경쟁 관계에 있는 강대국에 편승하는 것을 방지하고 중국에 대한 북한의 지지가 필요했기 때문이다. 즉 중국이 1961년 북·중 동맹조약의 체결을 통하여 우호 협력 관계를 강화시키고자 한 것은, 1950년대 중반부터 심화되는 중·소 갈등으로 소련의 위협에 직접적으로 노출된 상황에서, 전략적으로 북한의 지지가 필요했기 때문이다. 또한 1970년 소련의 위협에 대응하고자 추진된 중·미 데탕트 정책은 미국과 연대하여 주적인 소련을 제어하는 전략의 선택으로, 이같이 소련을 주적으로 한 전략의 재조정은 주변 사회주의 국가인 북한이나 베트남에 그 정당함을 반드시 납득시켜야 했기 때문이다.

이런 북·중 관계의 동학을 살펴볼 때, 북·중 동맹 관계를 하나의 상수로 간주하고 동맹 관계의 긴장과 갈등의 역사를 이해하지 못한다면, 현재의 북·중 관계를 이해하는 데에도 한계가 있다. 중국은 강대국들과의 관계를 전개하는 데 있어 북한의 지지가 필요할 때 대북 관계를 우호적으로 전개하고자 하는 태도를 보여 주었던 것이다. 반면 갈등기에 중국은 세계혁명 전략, 발전노선, 내부 권력투쟁 등을 둘러싸고 북한과 긴장 관계를 표출했다. 그러나 이런 긴장은 주변의 주요 강대국과의 관계에서 주요한 문제가 부상될 경우에는 북·중 관계를 긴장시키는 요인으로 영향력을 크게 발휘하지 못했다. 이는 결국 주변 강대국과의 전략적인 이해관계가 중국의 대북 동맹 강화 정책을 결정짓는 가장 주요한 변수임을 말해 준다.

이런 사실은 냉전기 북·중 동맹이 외적인 위협에 대한 공동의 안보 협력이라는 전통적 동맹 관계에서 벗어나, 동맹의 외적인 기능과 그 이외의 내적인 기능을 동시에 나타내고 있다는 주장에 적실성을 제공해 주고 있다. 이 주장에 따르면 한 국가의 동맹 행위는 공동 위협에 대한 안보 협력이라는 관점으로 이해할 수 있는 측면과 아울러, 상호 이해 갈등의 관리를 목적으로 한 수단으로도 조망해야 한다고 주장한다(최명해 2008, 319-320). 이런 관점에서 1961년 북·중 동맹의 형성은 중국의 관점에서 보면 미국의 반공 봉쇄정책에 대항하려는 목적에 못지않게, 중국과 소련 사이에서 북한이 취할 행보를 조약이라는 형식을 통하여 예방적으로 결박시키고자 했다고 주장하고 있다(최명해 2008, 331-335).

이런 주장은 1961년 북·중 동맹의 형성뿐만 아니라, 냉전기 중국의 대북 정책과 이에 따른 북·중 동맹의 동학을 이해하는 데에도 유의미한 이론적인 틀로 작용할 수 있다. 그 이유는 냉전기 중국이 북한과 우호적인 동맹 관계를 유지한 시기는 구소련이나 미국과의 강대국 외교에서 결정적인 변화가 나타났을 때로, 주변국 북한의 경쟁국으로의 편승을 저지하고 중국에 대한 전략적인 지지를 얻고자 하는 필요성에서 나왔다고 볼 수 있기 때문이다.

III. 중·소 갈등과 북·중 동맹 관계의 형성 및 균열

냉전기 북·중 동맹이 우호적인 협력 관계를 유지한 첫 번째 시기는 1961년 조(북)·중 동맹 형성을 전후로 한 시기이다. 1949년 신중국이 건설된 이래

1950년대 후반까지 중국과 북한은 주로 대립과 갈등의 관계 속에 있었다. 1949년 10월 출범한 중국은 소련과 전략적 동맹 관계를 맺고, 베트남과 북한을 옹호하는 스탈린의 구상에 따라 중국이 아시아 혁명의 리더로서의 지위를 확보했다(시모노토마이 노부오 2006, 61-63).

우선 중국은 소련과의 동맹에 기초한 대소 일변도 정책을 통하여 경제 및 군사적 발전을 이끌어내고 타이완 문제를 해결하면서 중국에 대한 미국의 봉쇄를 견제하고자 했다. 그러나 아시아 혁명의 리더로서, 1961년 북·중 조약이 체결되기 전까지 북한 정권에는 그다지 큰 영향력을 행사하지 못하는 상황이었다. 당시 북한에 대한 중국의 주요한 연결 통로가 북한 내의 연안파였지만, 연안파와 김일성이 갈등하에 있었다는 것이 주요인이었다. 한국전쟁 기간 동안 김일성은 자신의 권력을 공고화하기 위하여 무정, 허가위, 박헌영 등 정치적인 경쟁자들을 숙청하고, 박일우 등의 친중 인사들을 권력의 핵심에서 배제했다. 특히 1956년 8월 종파 사건은 북·중 관계를 악화시키는 결정적인 계기로 작용했다. 이 사건은 1958년 북한에 주둔하고 있던 중국군을 철수시키는 결정적인 계기가 되었다(박창희 2007, 31).

그러나 1950년대 중반부터 서서히 시작된 중·소 분쟁은 양국 관계의 악화를 막아 주는 중요한 요소로 작용했다. 1956년 2월에 개최된 소련 제20차 당대회에서 제국주의와의 전쟁불가피론을 견지하던 소련이 핵시대에 제국주의와 평화공존을 주장하기 시작하면서, 중국과 소련의 갈등이 시작되었다. 그 후 1958년 8월 중국이 미군의 타이완 철수를 주장하면서 진먼도(金門島)와 마주 도에 대한 포격을 실시했고, 소련이 이를 비난하면서 1957년 소형 핵무기 모형을 제공하기로 한 약속을 철회했다. 1959년 10월 중·소 양당 간 이념 논쟁은 양국 간 관계에 영향을 미쳐 1960년 4월 공개적인 논쟁으로 발전되었고, 1960년 7월 16일 소련 정부는 중국으로부터 모든 소비에트 전문가를 철수시키겠다고 통보해 버린다(서진영 1997, 389-403).

이제 중국은 미국으로부터의 위협에 더해 언제 있을지 모르는 소련의 위협에 대비한 일종의 울타리 정비 차원에서, 1954년부터 평화공존 5원칙을 통해 추진해 온 주변 3세계 국가들에 대한 포용 정책을 국경 조약과 우호조약을 통하여 적극적으로 전개한다. 특히 마오쩌둥은 동아시아에서 미국의 위협에 직접적으로 노출된 베트남과 북한에 대해서는 군사동맹조약을 체결을 모색한다(周恩來 1997, 295).

이런 상황에서 중국에게 북한의 전략적인 가치가 새롭게 부각되면서, 중국은 북한에 대해 불만을 가지고 있던 상황임에도 불구하고 1958년 저우언라이 방북을 통하여 북한과의 관계 복원에 나서게 된다(최명해 2008, 324). 그리고 1960년 3월이 되면 북한에 대한 여전한 불만에도 불구하고 종전의 입장에서 선회하여, 북한과의 조약 체결을 내부적으로 검토하기 시작한다. 그리고 1961년 7월 북한과 동맹조약을 통하여 관계 개선을 추진한다.

이처럼 1961년 7월 북한과의 불편했던 관계에도 불구하고 북·중 동맹 관계를 추진하고자 했던 중국의 전략은, 당시 분쟁이 심화되고 있던 소련을 견제하고 미국의 군사적 위협에 대한 완충지대가 필요했기 때문이다. 특히 1961년의 상황에서, 미국과 소련 중 소련이라는 요인이 북·중 동맹조약을 이끌어내는 데 더 중요한 역할을 했다고 볼 수 있다. 이는 1961년 7월 발표된 양국의 공동성명에서 북·중·소 간 당제 관계의 내용이 대부분을 차지하고 미국의 위협에 대한 강조는 간략하게 처리된 점을 통해서 알 수 있다. 다시 말하면 중국은 이 조약을 통해 미국의 반공 봉쇄정책에 대응하려는 의도 못지않게, 중국과 소련 사이에서 북한이 취할 행보를 조약이라는 형식을 통해 예방적으로 결박시키고자 하는 의도가 있었다고 볼 수 있다(최명해 2009, 333).

따라서 1961년 북·중 동맹을 통해 북한과 우호적인 관계를 형성하고자 했던 중국의 전략적인 이해관계는 구체적으로 다음과 같이 정리할 수 있다. 첫째, 소련과의 분쟁이 심화되는 상황에서 북한이 소련의 영향권에 편입되는 것을 막고자 하는 목적이다. 즉 소련이 단독으로 북한을 통제하여 극동 지역을 장악하지 못하도록 막고, 북한에 대한 중국의 영향력을 강화하고자 한 것이다. 둘째, 미국의 군사적 위협에 대응하기 위한 완충지대로서 북한의 필요성이 여전히 존재했기 때문이다. 미국은 1954년 〈타이완방위조약〉을 체결한 이후 타이완과의 군사력을 증강하고 있었고, 한·미 동맹, 1960년 미·일 안보조약 등 동북아 지역에서 군사동맹이 가속화되고 있던 상황에 중국은 여전히 불안감을 느끼고 있었다.[3]

바로 이런 이유에서, 북한을 포섭하려는 중국의 노력은 더욱더 적극적이 되었다. 이는 1962년 북·중 간 국경선 확정 문제를 해결하는 중국의 태도에서도 알 수 있다. 1962년 3월부터 중국 내부적으로 논의를 하다가 10월에 저우언라이와 천이(陳毅) 외교부장이 북한을 직접 방문하여 국경 조약을 체결했는데, 중국 내에서는 이 국경 조약이 명·청 이래 중국 정부가 진행한 국경 교섭 중 타국에 가장 유리하게 일방적으로 양보한 사례로 간주되고 있다(최명해 2009, 202). 또한 1962년 10월 저우언라이는 중국이 주도적인 자세로 모든 수단을 동원하여 대북 무역 및 원조를 제공해 줄 것을 지시했다(周恩來 1997, 501). 그리하여 11월 5일 중국과 북한이 체결한 1963~64년 '주요물자

3_1959년 5월 30일 마오의 다음과 같은 언급은 당시 중국이 미국에 대하여 느끼고 있는 불안감을 잘 나타내 주고 있다. "중국 인민의 적은 동방에 있다. 미 제국주의자는 타이완, 남한, 일본, 필리핀에 모두 많은 군사적 기지를 가지고 있으며, 이들은 모두 중국에 대항하고 있다. 중국의 주요한 주의력과 투쟁 방침은 동방에 있고, 서태평양 지역에 있다. 흉폭하고 침략적인 미 제국주의에 있고, 인도나 동남아 및 남아시아 모든 국가에 있지 않다. 우리의 주요한 적은 미 제국주의다"(中華人民共和國外交部·中共中央文獻研究室 1994, 376).

상호공급협정'에서 중국은 북한의 인민경제 발전 7개년 계획에 필요한 일체의 주요 물자를 제공하기로 했다(최명해 2009, 207).

또한 북·중 우호조약의 체결 이후 양국의 지도자들이 상호 방문을 통하여 국제 문제에 대한 공통 관심사에 상호 지지를 표명했다. 구체적으로 1961년 10월 소련 공산당 22차 대회는 소련의 노선을 따르지 않는 알바니아 지도자들에 대한 비판에 중국과 북한이 동참할 것을 요구했지만, 저우언라이와 김일성은 소련의 입장을 함께 거부하는 태도를 취했다(이종석 2000, 223). 그리고 1962년 11월부터 개최된 동구 각국의 공산당 대회에서도 북한은 유럽 공산당의 공격을 받는 중국공산당을 옹호하며, 중국과 공조를 취했다. 그 결과 소련은 1962년부터 북한에 대한 경제적 군사적 지원을 중단했고, 소련의 영향력하에 있는 동구권 국가들도 대북 원조를 중단했다(이상우 외 1990, 396).

뿐만 아니라 중국은 북한의 자주평화통일 정책을 지지하고, 북한이 제기한 유엔의 한국통일부흥위원회(United Nations Commission for the Unification and Rehabilitation of Korea, UNCURK)의 해산을 지지했다. 북한은 1962년 6월 진먼도 공격 시에 중국에 대한 지지를 표명했고, 1962년 중국과 인도 사이의 국경 분쟁에서도 중국을 지지하는 성명을 발표했다(龐朕·楊鑫宇 2008, 84).

이 시기 동안 북한이 소련보다 중국과의 관계가 더 긴밀했다는 점은 <표 2>를 통해서도 알 수 있다. 1945년부터 1957년까지 소련에 의하여 북한에 장갑차, 항공기, 해군 함정이 집중적으로 지원되었다면, 1958년부터 1964년 사이에는 중국이 북한에 대해 항공기와 해군 함정을 집중적으로 지원하고 있어, 당시의 중국과 북한과의 관계를 가늠할 수 있게 해준다.

그러나 1960년대 중반 북한과 중국의 관계는 급속히 악화되기 시작했다. 그 이유는 우선, 흐루시초프 실각을 둘러싼 미묘한 의견차와 베트남전 확대

표 2 | 중·소의 대 북한 무기지원 실태 (1945~1982년, 대수)

구분	전차/장갑차	항공기	해군함정	대공무기 (소련만 지원)
1945~1957(소련 지원)	600	400	60	-
1958~1961(중국 지원)	-	460	30	-
1962~1964(중국 지원)	-	-	11	-
1965~1972(소련 지원)	770	170	40	SA-2:360 SA-7:200 Frog-5 SSM:43
1973~1982(중·소 지원)	T-61:60(소련) T-59:520(중국)	113(중국)	9(중국)	Styx;132 Frog-7:20

자료: 최명해(2009, 240).

에 따른 북베트남 지원문제를 들 수 있으며, 이 문제로 인한 갈등은 양국의 대사를 상호 소환하는 상황까지 치닫게 되었다. 다음으로, 중국의 내부적인 요인 즉 문화대혁명과 함께 중국 사회 전반에 팽배한 이데올로기적 좌경화가 중요한 영향을 발휘했기 때문이라고 볼 수 있다.

1964년 10월 브레즈네프가 소련 공산당 서기장으로 등장하자, 중국은 소련의 신지도부가 변함없이 기존의 수정주의 노선을 고집하고 있다고 비판했고, 브레즈네프 노선을 흐루시초프 없는 흐루시초프주의라고 비난했다(Qiang 1995/1996, 240). 그러나 김일성은 중국의 고위급 지도자들을 만나는 공식석상에서는 중국 측과 시각의 공감을 표하면서도, 흐루시초프가 실각한 이상 이념의 문제가 다시는 걸림돌이 되지 않을 것으로 판단하고, 소련으로부터 경제 및 군사적 원조와 관련한 실리적 차원의 접근을 원했다(박창희 2007, 38).

이런 미묘한 긴장감은 베트남전에 대한 대응을 둘러싸고 폭발했다. 1965년 베트남전이 확대되자 소련은 북베트남, 중국 등 사회주의국가 지도자들이 만나 공동의 대응 방안을 모색할 것을 제의했다. 그러나 중국 지도부는 평화공존을 추진하는 수정주의자 소련이 미국과 싸우기보다 북베트남을 미국에 팔아넘기려 하는 것이라고 비난하면서 이를 거부했다(Qiang 1995/1996, 240-241). 그러나 북한은 미국이 개입하고 있는 베트남전이 유사시 한반도에서 자신들의 처지가 될 수 있다는 인식과 함께, 한국이 베트남에 군대를 파병한 이상 공산권 국가들도 북베트남에 적극적인 지원을 해야 한다고 주장했다(송영주 1993, 67). 이런 과정에서 중국의 소극적인 태도에 실망한 북한은 소련과의 관계를 개선해 갔으며, 그 과정에서 북·중 간에는 공개적인 비난이 전개되었고, 급기야 1967년 상호 현지 대사를 소환하기에 이르렀다.

또한 1960년대 중반부터 중국 사회는 본격적으로 문화대혁명이 개시되었고, 그 결과 대외 정책에서도 문혁의 여파로 좌익적 이데올로기의 영향이 강하게 나타나면서 주변 국가와의 관계가 악화되는 현상이 초래되었다. 문혁이 시작된 이후 1년 사이에 중국과 외교 관계가 있는 40여 개의 국가 중 30여 개 국가와 외교적인 갈등이 발생했다. 이는 북한과의 관계에서도 나타났다. 1966년 7월 13일 북한의 노동신문에 정달은이 "마르크스레닌주의는 좌우익 기회주의자와 투쟁과정 중에 발전했다"라는 문장을 발표해, 당시 중국을 우익 기회주의로 비판하고 있는 소련뿐만 아니라 좌익 기회주의도 비판했다. 중국의 홍위병들 역시 북한의 지도자를 비판하는 대자보를 작성했다. 1967년 2월 베이징에는 김일성을 수정주의자 흐루시초프의 제자가 되었다고 주장했고, 이는 북한으로부터 격렬한 반응을 불러일으켰다. 1967년 2월 28일 주인도 북한 총영사관 기자회견에서 북한은 중국인들이 대자보를 통해 날조된 허위 선전 자료를 유포하여 북한과 형제 국가 간의 관계를 이간질하고 있다고 비판했다(龐朕·楊鑫宇 2008, 85).

Ⅳ. 중·미 화해와 북·중 동맹 관계의 재강화 및 균열

문화대혁명기 좌파의 조반외교[4]는 중국의 국제적 고립을 자초한 나머지 중국의 자주 독립을 오히려 위협하는 결과를 초래했다. 더욱이 문화대혁명으로 파괴되었던 경제 발전 문제가 다시 강조되기 시작하면서 고립주의 정책을 벗어나 정상적인 대외 관계를 회복해야 한다는 견해가 대두되었다(서진영 1997, 381). 이런 흐름 속에서 1968년부터 마오쩌둥과 저우언라이는 문혁 과정에서 나타난 대외 관계의 좌경 노선을 수정하기 시작했고, 이는 북·중 관계가 발전되는 데 중요한 조건으로 작용했다.

그러나 무엇보다 북·중 관계의 변화에 중요한 영향을 미친 사건은 미국과의 관계 개선이다. 1968년 소련의 체코 군사개입 및 브레즈네프 선언과 1969년 중·소 국경 무력 충돌로 소련과의 관계에서 위기의식이 심화되면서, 중국은 소련의 위협에 근본적으로 대처하고자 1970년부터 미국과의 화해를 적극적으로 모색하기 시작했다. 미국과 관계 개선을 추진하면서, 중국은 주변 국가로부터 지지를 확보하기 위하여 북한과의 관계 개선을 추진하지 않을 수 없었다.

중국이 미국과 화해한 근본적인 이유는 소련의 위협을 억제하는 데 있었다. 따라서 미국과의 연대가 소련, 북한, 베트남의의 연대를 초래하여 소련의 위협을 강화할 가능성을 차단해야만 했다. 이는 미국과 화해를 추구하는 본연의 목적과는 근본적으로 배치되기 때문이다. 따라서 마오쩌둥은 미국과

4_소련 집권층 중심의 '현대' 수정주의에 대해 반대하는, 대외 정책의 지도원칙으로서 프롤레타리아 국제주의 견지, 미 제국주의와 그 추종세력에 대한 전 세계 인민의 혁명투쟁에 대한 지지 등을 주요 내용으로 한 외교 노선을 말한다.

화해의 시도 과정에서 베트남이나 북한의 입장을 그만큼 민감하게 고려하지 않을 수가 없었다. 그리하여 북한이 동맹을 이탈하여 소련으로 편승하는 것을 막기 위해 중국은 사전 통보 및 협의를 통해 상대방의 불확실한 미래 행보를 선제적으로 관리함으로써 북한의 동맹 이탈을 방지하고자 했다. 이에 중국은 북한에 대한 군사적 지원 등 실질적인 교류를 확대하여 북한에 대한 진정한 동맹 외교를 펼치고 있다는 이미지를 평양에 보여 줄 필요가 있었다(최명해 2009, 279-283).

북한에 대한 중국의 적극적인 공세로 알바니아와 베트남이 중국의 대미 접근을 비판한 것과는 달리, 중국은 북한의 지지를 이끌어내는 데 성공했다(이상숙 2002, 448). 1960년대 후반부터 1970년도에 양국 관계가 급속히 진전되어 중국이 북한의 지지를 이끌어낸 과정을 살펴보면 다음과 같다. 우선 중국은 1960년대 후반 단절되었던 대북 원조를 재개하여 1970년 북한에 무상 군사원조를 제공하는 협정을, 10월에는 경제 및 기술 원조를 제공하는 내용의 협정을 체결했다(박규태 2003, 57). 구체적으로 1969년 10월 최용건은 북한의 당정 고위 대표단을 이끌고 중국 건국 20주년 행사에 참여함으로써, 양국 관계가 회복되고 있음을 나타내었다. 또한 1969년 12월 29일부터 1970년 1월 29일 사이 '북·중 압록강과 두만강 항운합작위원회' 제9차 회의가 선양(沈陽)에서 개최되었고, 항운 협정을 체결하여 양국 사이의 분쟁의 실마리를 해소했다. 이런 분위기 속에서 1970년 2~3월 양국은 각자 다시 대사를 파견하고 상호 임명했다. 뿐만 아니라 1970년 3월 2일 중국과 북한은 평양에서 '구상무역의정서'에 서명했다. 그 후 4월 1일부터 북한은 중국의 경제 건설 성과에 대하여 소식을 보도하기 시작했다(龐朕·楊鑫宇 2008, 85). 이런 양국 관계의 진전을 기초로, 1970년도에 중국은 북한에 무상 군사원조를 제공하는 협정과 경제 및 기술원조를 제공하는 협정을 체결하기에 이른 것이다.

그 외에도 양국 지도자 간 상호 방문이 빈번하게 이뤄졌다. 구체적으로 1970년 4월 5~7일 김일성의 초청으로 저우언라이가 북한을 우호 방문했고, 이는 1953년 류샤오치(劉少奇)의 방문 이래 중국 최고위급의 북한 방문이었다. 같은 해 10월에 중국과 북한이 각각 중국의 한국전 참전 20주년 기념식에 상호 참여했다. 이 같은 1970년도의 양국 관계의 긴밀한 발전은 1970년 공개적인 언론 보도에서 북한과 중국 관계에 대한 문건이 무려 45건에 달하고 있는 점을 통해서도 알 수 있다(龐脵·楊鑫宇 2008, 85). 또한 이런 긴밀한 북·중 관계의 발전은 1972년 중국의 유엔 가입에 대한 북한의 지지에서도 나타난다. 북한은 미국이 중국을 고립시키고 봉쇄하는 정책을 써왔으나 중국의 유엔 가입으로 중국의 국제적 위신이 오히려 더 높아졌다고 설명하면서, 이를 중국 인민이 거둔 커다란 승리라고 평가함으로써 중국에 대한 지지를 표명했다(조선중앙통신사 1973, 42).

그러나 1970년대 중반부터 중국과 북한 간에는 서서히 갈등과 균열의 조짐들이 나타나기 시작했다. 그 이유는 대미 관계와 한반도 안정에 대한 중국과 북한의 시각차와 1970년대 후반부터 시작하여 1980년대에 본격적으로 추진된 중국의 개혁·개방정책에 대한 양국의 시각차가 중요한 요인으로 작용했다.

미국과의 화해와 함께 1972년 중국이 유엔에 가입하면서 중국의 국제적인 지위가 제고되었고 그리하여 중국은 스스로를 지역 강대국으로 인식해 주변 지역 문제에 영향력을 회복하려고 했다(이상숙 2002, 448). 이런 과정에서 중국과 북한은 한반도 통일에 대한 시각차와 주한미군 문제에 대한 시각차로 갈등 관계가 서서히 표면화되었다. 우선 한반도 통일에 있어, 북한의 적극적인 통일 정책의 추진에 대한 중국의 반대가 가져온 갈등을 들 수 있다. 1975년 베트남의 통일 이후 북한은 적극적으로 통일을 추진했으나, 중국은 동북아에서 무력 충돌은 소련의 영향력 확대를 의미하는 것이기 때문에 한반도에서 통일을 위해 북한이 어떤 무력을 사용하는 것도 허용하지 않았다(Choudhury 1982, 219).

다음으로 주한미군의 전면적 철수라는 북한의 주장에 대한 중국의 반대로 야기된 갈등이다. 비록 중국의 공식적인 입장은 한반도에서 주한미군의 즉각적인 철수를 주장했지만, 1974년부터 중국은 주한미군의 존재를 강하게 반대하지 않았고, 한반도에서 미군의 한국 주둔이 필요하다는 입장을 취하기 시작했다. 특히 1976년 8월 판문점에서 미군 두 명이 사망한 사건 직후 중국은 미군이 북한의 무력 도발을 억제한다는 점을 인식하고, 주한 미군의 존재를 용인하는 입장을 취했다(이상숙 2002, 452). 그 후 1980년 3월 도쿄를 방문한 중국의 외교부 부부장은 중국이 한반도의 분단과 주한미군의 존재를 수용할 수 있음을 확인했다(Choudhury 1982, 221). 이처럼 중국은 주한 미군 철수 문제에 대하여 북한과 공조하기는 했지만, 한반도의 안정과 미국과의 협상이 중요하기 때문에 즉각적인 철수에 동의하지 않았다.

이런 중국의 태도는 북한에게 의구심을 증가시켰고, 중국과의 협력이 제한적임을 인식시켜 주는 계기가 되었다. 동시에 중국과 미국의 협력은 중국에 대한 북한의 우려를 확대시켰다. 그리하여 1970년대 말 북한은 제6차 당대회 보고에서 "제국주의와 무원칙하게 타협하지 말아야 한다"는 말로 중·미관계 정상화에 대하여 우회적으로 비난을 했다(이상숙 2002, 453). 이것은 1970년대 초 중·미 간 접근 시에 우호적인 반응을 나타냈던 것과는 대별되는 것으로, 한반도 안정과 대미 관계를 둘러싼 북·중 간의 갈등은 1980년대에도 그대로 지속된다.

1980년대에 들어서면서 북·중 관계의 갈등을 부추기는 또 다른 요인은 중국이 개혁·개방정책을 실시하면서 북·중 간에 나타난, 사회주의 이념을 둘러싼 갈등이다. 1978년 이른바 중국공산당 11기 3중전회의에서 개혁·개방 노선이 공식적으로 천명되면서 중국은 대외 정책에 일련의 변화를 꾀한다. 우선 1980년대 초 미소 간 협력 추구로 국제 정세가 완화되면서, 덩샤오핑은 전쟁과 혁명의 시대에서 평화와 발전의 시대가 되었음을 강조하고, 경제 발전 문제를 중국이 추구해야 할 핵심 문제로 인식하게 된다(叶自成 2001, 93-97). 이런 인식에 기초하여 외교정책의 방향에 대한 조정이 이뤄졌다. 즉 소련에 대항하기 위해 미국과 전략적 관계를 유지한다는 1970년대의 입장을 수정하여, 어떤 국가와도 동맹을 맺지 않으며 어떤 국가와도 연합하여 다른 국가를 반대하지 않고, 평화 공조 5원칙에 근거해 국가들과의 관계를 결정한다는 독립·자주 외교정책을 결정했다. 그리고 국제 문제를 처리할 때 이데올로기나 사회제도에 기초하여 친소 관계를 결정하지 않고, 하나하나의 시기나 하나하나의 사건에 좌우되지 않고 사건의 본질에 대한 각도로부터 자기의 정책을 결정할 것을 명확히 했다(陶常梅·朱广斌·林國亮 2008, 132-133).

이런 중국의 대외 정책 변화와 함께 중국은 국내 경제 발전을 추진하기 위하여 필요한 자금, 기술, 선진적인 관리 경험 등을 받아들이기 위하여 서방국가와의 관계 개선을 추진하고 보다 현실적이고 실용적인 정책을 펼쳤다. 그 결과 북한과 중국은 개혁·개방정책을 둘러싸고 미묘한 갈등 관계를 형성하게 된다. 특히 중국의 개혁·개방과 시장화 개혁의 추진이 가속화되면서 자본주의 시장 원리에 입각한 실용주의가 차츰 중국 사회를 지배하게 되었고, 그 과정에서 종전의 북한에 대한 무상 원조 등 경제적 혜택이 눈에 띠게 줄어들기 시작했다. 이렇게 되자 북한은 중국의 개혁·개방정책을 부정적인 시각으로 보고, 수정주의로 인식하고 비판하기 시작했다(이춘호 2007, 19-20).

그러나 이런 갈등은 1980년대까지만 하더라도 양국이 표면화되지 않도록 자제함에 따라 공개적인 갈등으로 부각되지 않았다. 그러나 1990년도에 들어서면서 어떻게 사회주의의 길을 갈 것인가를 둘러싸고 양국 사이에 일련의 갈등이 표면으로 부상하기 시작했다. 특히 1992년부터 본격화된 탈냉전으로 국제 정세가 완화되고, 강대국과의 경쟁을 위한 북한의 전략적인 중요성이 낮아지면서, 이는 북·중 관계에도 미묘한 영향을 미치게 된다.[5]

북·중 간의 갈등은 1992년 4월 1일 양상쿤(楊商昆)이 중국 당정대표단을 이끌고 평양을 방문했을 때, 북한은 중국에게 "사회주의 사업을 유지하고 발전시키기 위한 선언"을 함께 발표할 것을 요구했고, 중국 대표단이 이를 거절하면서 공개화되고 표면화되었다(龐睽·楊鑫宇 2008, 86). 특히 1992년 한·중 수교에 극도로 실망한 북한은 '북한 정전위원회'의 중국 대표단을 철수할 것을 요구했고, 게다가 중국을 버리고 단독으로 미국과 협상하여 소위 말하는 "새로운 평화 보장 기제"를 건립했다(張英 2003, 24). 이것으로 북·중 관계는 급속하게 냉각되었고, 쌍방 간의 정치적 교류는 눈에 띄게 감소했다.

1990년대 초부터 양국 간의 경제적 관계도 급속히 감소하게 되었다. 1990년대 초 중국은 개혁·개방의 속도를 내어 시장경제체제로의 전환을 가속화했다. 그 일환으로 중국은 북한과 새로운 무역협정을 체결할 것을 제기했고, 1950년부터 1991년까지 지속되어 온 물물교환을 화폐 무역으로 전환

5_천지천(錢其琛)은 1992년 7월 장쩌민 총서기의 지시로 평양을 방문하여 장쩌민의 구두 서신과 한·중 수교 결정 입장을 김정일에게 전달했다. 다른 때와는 달리 비행장의 환영 인파도 없이 김영남 외상만이 마중을 나왔으며, 김일성의 별장으로 이동하여 한·중 수교 결정을 전달하고 지지와 이해를 구했을 때, "중국은 독립·자주·평등의 외교정책을 스스로 결정할 수 있으며, 우리는 모든 곤란을 극복하고, 자주적으로 사회주의를 계속하여 견지하고, 건설할 것이다"라고 말한 후 중국의 지도자들에게 간단한 인사말을 전달한 후 바로 자리를 떴다. 이는 역대 중국 지도자와의 만남에서 시간상으로 가장 짧았으며, 만찬도 없는 만남이었다고 천지천은 회고하면서 당시의 한·중 수교에 대한 북한의 불만을 잘 나타내 주는 것이라고 말했다(錢其琛 2010, 54-55).

하고, 양국 기업에 정부의 간섭을 최대한 제한할 것을 제안했다(『인민일보』(人民日報) 해외판, 1992/01/29). 이는 중앙집권적인 계획경제체제를 유지하고, 물물교환에 습관이 되어 외화가 많지 않은 북한과의 무역 축소를 초래했다. 동시에 중국과 북한의 경제협력도 중국의 북한에 대한 물자 무상 원조 방식에서 상호 호혜와 이익을 주는 방식으로 전환되었다. 그리하여 북·중 간의 경제적 관계도 급속하게 감소하게 되었다.

종합하면 1970년 소련의 위협에 대응해 이른바 연미제소 전략의 일환으로 중국은 중·미 화해를 이뤄냈고, 이에 대한 북한의 지지를 얻기 위해 적극적인 대북 정책을 통해 협력적인 북·중 관계를 이끌어냈다. 그러나 1970년대 중반부터 중국과 북한 사이에 주한미군 철수와 한반도 통일 문제로 갈등이 확대되기 시작했고, 또한 1978년 중국이 개혁·개방정책을 추진하면서 개혁·개방 노선을 둘러싼 이데올로기적 갈등이 심화되었다. 그 과정에서 나타난 중국의 대외 정책의 변화는 북·중 관계를 악화시키는 결정적인 계기가 되었다고 볼 수 있다.

V. 결론

냉전기 북·중 동맹 관계는 하나의 고정된 형태로 존재한 것이 아니라, 시기별로 갈등과 우호적 관계를 오가면서 변화해 왔다. 앞에서 살펴본 바와 같이 중국과 북한이 우호적인 동맹 관계를 형성한 시기는 두 시기뿐이며, 이 두 시기에 중국이 동맹 강화를 추진한 주된 이유는 미국과 소련 등 강대국과의 관계 변화로 이에 대한 북한의 지지가 필요했기 때문이다. 즉 중국은 1961년 북·중 동맹조약의 체결 시기, 심화되는 중·소 갈등으로 소련의 위협에 직접적으로 노출된 상황에서, 중국에 대한 북한의 전략적인 지지가 필요했다. 또한 1970년 소련의 위협에 대응하고자 추진된 중·미 데탕트 정책은 주변 사회국가들로부터 지지가 절실히 필요한 상황이었고, 이에 따라 북한과의 관계 개선에 적극적으로 임했던 것이다.

이런 점들은 냉전기 중국이 북·중 동맹의 강화를 이끌어가고자 한 결정적인 동기가 주변 강대국과의 관계 변화에 대한 북한의 지지의 절실한 필요성에 기반하고 있음을 말해 준다. 반면에 북·중 갈등기 중국과 북한 사이에 세계혁명 전략, 발전 노선, 내부 권력투쟁, 한반도 문제 등을 둘러싸고 긴장 관계가 주요한 쟁점으로 부각되었다. 그러나 이런 긴장 관계는 주변의 주요 강대국과 중국의 관계가 주요한 문제로 부상될 경우에는 양국 관계를 긴장시키는 요인으로 영향력을 크게 발휘하지 못했다. 이는 결국 주변 강대국과의 전략적인 이해관계가 중국의 대북 동맹 강화 정책을 결정짓는 주요한 변수로 작용했음을 말해준다.

이런 과정을 통해서 볼 때, 중국에게 북한의 전략적 이익은 행위자 수준의 문제가 아니라 지정학적인 구조의 문제이지만, 냉전기 동안 항상 북한과의 확고한 동맹 관계를 형성했던 것은 아님을 알 수 있다. 동맹 관계를 파기하지는 않았지만, 중국과 경쟁 국가의 관계가 상대적으로 원만하고 위협을 느끼지 않을 때는 북한을 중국 쪽으로 끌어들여 확고한 관계를 형성하려는 의지가 상대적으로 약했음을 의미한다. 그 결과 국내적 이데올로기 요소나 다른 요인들이 양국 관계를 규정짓는 중요한 요인으로 부각되면서 양국 관계는 갈등 관계로 나타났다.

이런 양상은 탈냉전기에도 그대로 나타나고 있다. 즉 1992년 한·중 수교가 되고 중·미 간의 관계가 비교적 안정적인 시기에 중국에게 북한은 덜 주목을 받았다. 그 결과 한국이나 중국의 학자들 사이에서는 양국 관계가 특수한 동맹 관계에서 정상 국가 간의 일반적인 동반자 관계로 전환되었다는 주장이 나오기도 했다. 그러나 2008년 글로벌 금융 위기 이후, 국력 성장에 기반을 두어 세계적 강대국으로 부상한 중국과 미국 사이의 경쟁이 점차 가시화되고, 특히 2010년 천안함 사건을 거치면서 중국과 미국 관계가 경색되고, 한·미·일 동맹 강화가 가시화되는 듯이 보이자 중국과 북한과의 관계도 마치 전통적인 혈맹 관계를 유지하는 것 같은 양상을 나타내고 있다.

이런 북·중 동맹의 동학을 이해하는 것은, 한국의 대중 정책의 방향 설정에 중요한 함의를 제공해 주고 있다. 즉 중국과 미국 간의 관계가 원만하게 전개되고, 남북 관계가 우호적으로 전환되는 시점에 북·중 동맹 관계도 전통적인 혈맹이 아니라 일상적인 국가 간의 관계로 나타날 수 있다. 반대로 중국과 미국이 대립되고 남북 관계가 심각한 갈등 관계를 나타낼 때, 중국은 북한과 강고한 동맹 관계를 복원하는 대북 정책을 추진할 가능성이 높으며, 그 결과 북·중 동맹과 한·미 동맹이 대립하는 형태로 갈 수 있다. 그리고 이런 상황은 동북아 지역의 평화의 정착에 최악의 상황임을 의미할 뿐만 아니라, 남북한의 주변 강대국에 대한 대외적 의존성의 심화를 초래할 것이다.

따라서 한국은 중·미가 최악의 대립 상황으로 가는 것을 막고 남북한의 대화와 협력을 통하여 동북아의 평화적인 조건을 유지하면서 외교적 자립성을 높여 감으로써 양호한 안보 및 통일 환경이 조성될 수 있도록 해야 할 것이다.

9장

동북아시아의 초국가적 정체성과 질서

길버트 로즈만

I. 서론

국제 질서는 이해의 공유에 달려 있다. 2003년부터 열린 6자회담은 나머지 다섯 국가들이 수용 가능한 동북아시아의 질서에 대한 비전을 북한이 공유하도록 설득할 수 있는지를 시험하는 무대이기도 했지만 동시에 나머지 다섯 국가들이 각자의 입장을 좁힐 수 있는지를 검토하는 장이기도 했다. 언젠가는 "동아시아 공동체"가 형성될 것이라는 암묵적 동의에도 불구하고 지역 정체성의 기치를 높이 치켜드는 것은 훗날 가능할지 모르는 일에 대한 기준을 과도하게 높게 잡는 것처럼 보인다. 보편적 가치들을 중심으로 규범과

• 이 글은 『아세아연구』 142호(고려대 아세아문제연구소, 2010)에 실린 글을 재수록한 것이다.

원칙을 요구하는 일 또한 중국과 러시아가 동아시아 공동체라는 개념을 자신들의 정치체제나 문명을 약화시키는 불길한 계획으로 여기면서 어려운 도전에 직면해 있다. 보다 온건한 수준에서 국가적 정체성에 대한 실용적 해석에 근거해 지역 질서에 대한 공유된 인식을 늘려 나가는 것이 지역 협력을 지속해 나갈 수 있는 임계점이라고 여길 수 있겠다. 이런 점에서 중국, 일본, 한국, 미국 그리고 러시아의 국가적 정체성이 동북아에서 벌어지고 있는 최근의 도전에 대응해 나가는 방식을 평가하는 것은 앞으로의 새로운 지역 질서 구축 가능성을 전망하는 데 도움이 될 것이다. 지역주의와 지구화를 결합한 다층적 틀로서 실현 가능한 지역 질서는 다음의 세 부분으로 구성된다고 가정해 본다. 첫째, 동아시아 공동체 형성을 추구하는 중국, 일본, 한국으로 구성된 중핵이다. 둘째, 나머지 5개국이 북한의 도전에 직면하고 있으면서도 북한을 포함해서 광범위한 집단화를 시도해야 하는, 6자회담 내에 존재하는 이중성이다. 셋째, 최근 오스트레일리아가 제시한 바 있고 미국의 조지 부시와 버락 오바마 행정부가 추진해 온 아시아태평양공동체(APC) 제안에 부합하는 이미지이다. 본 논문에서는 이런 주제들을 국가적 정체성이라는 렌즈를 통해 고찰해 보려고 한다.

국가 지도자들과 제도들로부터 지지받는 초국가적 정체성은 냉전 종식 이후 국가적 정체성을 강조하는 환경 때문에 동북아에서 정체되어 왔다. 미, 일, 중, 러 네 개의 국가는 강대국의 정체성을 자랑할 수 있는 지구상의 몇 안 되는 국가들 가운데 하나들로, 미래의 지구적 발전을 위한 방향을 설정하는 데 있어 특별한 발언권을 지니는 나라들이다. 그러나 지구화의 신호는 각 나라 내부에서 반작용을 불러일으켰다. 중국은 '보편적' 가치가 아닌 '애국적' 가치들을 고수하면서 미국의 헤게모니를 비판하고 있고, 러시아는 '러시아적 사고'를 추구하면서 '범대서양주의'를 격렬히 거부하고 있다. 또한 일본은 경제적 침체가 자국의 고유한 특성의 상실로 이어지지 않을지 두려워하여 애국주의로 후퇴하고 있으며, 미국은 다문화주의뿐만 아니라 국제 제도들에 대한 보수적 행보를 취하고 있다. 한, 중, 일 3국은 오랜 전통의 유교적 문명을 계승해 오는 가운데, 그들의 발전이 "경제적 기적"으로 여겨지던 시기 이후 버릴 수 없었던 자국의 고유한 근대화된 정체성 속에서 새로운 자신감을 가져 왔다. 아시아 금융 위기의 그늘 속에서 한국인들은 구심적 역할을 해온 아시아적 가치를 대신해 햇볕정책에 매달렸고, 일본인들은 자신들이 "아시아로 재진입하고 있는" 증거로 ASEAN+3에서 지역주의를 재촉했다. 또한 중국인들은 자신이 일본인보다 배타적인 지역주의의 열렬한 후원자가 되자 다극화에 대해 보다 더 적극적인 입장을 취하고 있다(Rozman 2006a; 2008; 2010a). 또한 중국과 러시아는 공산주의적 국가 정체성이라는 독특한 유산을 지니고 있다 — 이는 북한에도 적용 가능하다 — 는 점에 대해서도 인식할 필요가 있다(Rozman 2006; 2009a; 2010b). 2005년까지 미국 주도의 질서에 대한 거센 반대는 분명했다. 개별 국가의 정체성들을 초국가적 정체성으로 통합하려는 시도를 단순히 오늘의 현실을 설명하지 못하는 이상적인 과정으로 치부해서는 안 된다. 지금까지 말한 세 가지 틀은, 이런 시도들을 비록 한계는 있지만 새로운 지역 질서로 나아가기 위한 약속을 담고 있는 일련의 조심스러운 진전으로 평가하게 할 것이다(Rozman 2006b).

II. 가치의 보편성과 특수성

최근 여러 지역의 식견 있는 사람들은 모든 세계인에게 보편적인 것으로 인정받을 수 있는 가치들이 존재함을 인정하고 있다. 그러나 이런 가치들의 범위는 정확히 어디까지이고, 이런 가치들과 여타 보편적 특성이 덜한 가치들과는 어떻게 연관되며, 다양한 가치들을 추구하는 과정에서 우선순위는 어떻게 형성되고, 개인·공동체·국가의 이익과 보편적 가치는 어떻게 연계될 것인지 등을 둘러싼 이견들은 줄어들지 않고 있다. 반드시 주목해야 할 "신이 주신 가치들"이라는 단순화된 주장으로는 무엇이 국가의 이익에 부합하는가라는 실용적 관심과 보편적 가치를 개념화하는 갈등 과정에서 생기는 분분한 주장에 스며 있는 저항을 극복할 수 없을 것이다. 미국인들은 가치의 보편성을 강력하게 지지하지만 이것이 곧 동북아와 같은 중요한 지역에서 보편적 가치를 어떻게 추구하고, 다양한 시각들에 어떻게 대응할 것인지에 대해서도 합의했다는 의미는 아니다.[1] 미국 의회가 잘 보여 주듯 이런 문제를 둘러싼 미국 내의 의견 차이는 세계적 리더십을 복잡하게 만들고 있다. 그러나 과거와 현재의 전망들과는 달리 공유되는 이상은 여전히 남아 있다.

우리는 국제관계에 지속적으로 영향을 미쳐 왔지만 최근 미국의 이상과는 다른 최소한 네 가지의 광범위한 가치 지향들을 구분할 수 있다. 첫째, 근본주의적이고 인종주의적인 가치들이다. 이것은 자신의 집단이 가진 우월성에 대한 배타적인 사고를 반영하며, 호의적인 상호 이해를 바탕으로 다른 사람에게서 배움을 얻거나 그들과의 상호 공존을 받아들일 수 있는 가능성을 제약한다. 또 이런 가치들은 문명화에 대한 사명을 가지고 세계로 나아가는 것

1_일부 학자들은 고유한 미국적 가치들과 서구의 민주적 동맹의 결속력을 분명하고 확고하게 강조한다(Huntington 1996; Nau 2002 참조). 반면, 다른 학자들은 민주주의를 우선시하지 않으면서도 공통분모가 될 수 있는 공유된 가치를 추구함으로써 중국, 러시아를 비롯한 다른 나라들을 끌어들일 수 있는 미국의 리더십을 선호한다(Ikenberry 2002; Ikenberry & Moon 2008; Soderberg 2005 참조).

을 독려한다. 둘째, 공산주의 가치들은 사회의 엘리트 계급과 사해동포주의적 집단들을 제거하려는 생각으로, 견제 받지 않는 국가가 동원하는 선택된 집단들을 지지하면서 계급투쟁을 주창한다. 따라서 자연스럽게 그 결과는 혁명적인 운동이 될 수밖에 없다. 셋째, 국가가 잠재적으로 간섭을 받지 않고 영향력을 행사할 수 있는 엄격한 경계를 나타내는 주권적 가치들이다. 이때 외부 집단들은 주로 자신의 국가이익을 확장하려는 욕구를 가지고 행동한다고 볼 수 있다. 따라서 이런 가치는 권력 증진 어젠다를 형성하게 된다. 넷째, 조화를 주창하는 국가의 뒷받침 속에서 가족과 공동체의 연대를 선호하고 개인주의를 경시하는 아시아적 가치들이다. 그 결과 국가 간 관계에서 체면을 우선시하고, 존중을 중시한다. 때로는 이런 가치들이 뒤섞여서 미국이 주장하는 가치들에 반대하는 역할을 하기도 한다. 중국은 미국적 가치에 저항하는 전면에 주권에 대한 강조를 내세우면서 유교와 공산주의 그리고 "경제적 기적"이 촉발한 아시아적 가치를 결합시켰다.

국가 주권과 아시아적 가치를 강력히 주창하는 이들도 다른 가치에 관해서는 미국과 공통의 기반을 발견할 수 있다. 자유시장적 가치가 이 경우에 속한다. 자유시장적 가치는 국가의 경계 내에서 그리고 경계를 넘어 국가들이 상호작용하는 데 필요한 규칙을 세우며, 이는 무역 접근을 용이하게 하고 기본적인 재산권 보호를 확립한다. 이런 가치들은 더 큰 이윤을 위해 새로운 판로를 여는 상업적 지향성이 강하지만, 그렇다고 해서 다른 영역에서의 자유에 도움이 안 되는 가치들을 반드시 약화시키지는 않는다. 자유시장적 가치 또한 좁은 의미에서의 보편적 가치를 발생시킬 수 있는 것이다. 자유시장적 가치는 인권과 완전한 민주주의의 이름으로 개인에 대한 인간적 존중에 초점을 맞춘 계몽주의의 원칙들을 체계적으로 규정하고 있지는 않지만, 어떤 형태의 사회적 참여 또는 정치적 참여도 지지한다. 마지막으로 지구 공동체의 가치들은 지구 살리기의 중요성을 인식하고, 국경을 넘어 복리를 위협하고 있는 새로운 문제들을 극복하며, 대량살상 무기가 확산되고 있는 시기에 질서 구축을 위한 새로운 메커니즘을 찾는 동력이 되고 있다. 세계정부 문제가 미국 대중을 분열시키고 있고, 지역주의 문제가 동북아의 많은 사람들에게 표면적으로는 매력적으로 받아들여지고 있지만 실제로는 너무 협소하게 해석되어서 국가 주권이나 아시아적 가치에 아무런 영향도 주지 못하고 있는 상황에서, 지구 공동체적 가치는 세계정부와 지역주의의 요소를 찾도록 국가들을 자극하고 있다.[2] 미국은 분명 공산주의와 아시아적 가치뿐만 아니라 근본주의적이고 인종주의적인 가치들을 거부한다. 그러나 자유시장적 가치를 지지하면서도 이와 모순되는 주권적 가치를 고수하는 양가적인 태도를 보이며, 오직 피상적으로만 지구 공동체 가치에 지지를 보낸다. 이런 점에서 미국이 선호하는 추상적인 보편적 가치들이나 자유는 슬로건으로서 충분하지 않은 실정이다.

미국은 특히 1990년대 이후로 동북아시아의 두 동맹국인 한국과 일본이 자신이 오랫동안 주장해 온 것과 동일한 보편적 가치들을 수용하고 있다고 여겨 왔다. 한국이 마침내 민주화되었던 1980년대에 일본은 보다 완전하게 미국의 방위 궤도 안에 포함되었다. 미국인들은 강력한 국가 보호주의를 인정하면서도, 자신들의 국가가 민주주의와 인권, 그리고 책임 있는 국제사회에 대한 위협을 막는 투쟁을 위한 가치들에 헌신해 왔다는 점에 대해서는 의

2_최근에 출간된 일련의 책들은 새롭게 등장하고 있는 지역의 역동성을 포착해 왔지만, 이런 변화가 너무 빠르고 경제통합에 관심이 너무 치중되어 있어서 대부분 일부분, 특히 보편적 가치에 대한 합의의 부재만을 다루어 왔다. Lincoln(2004); Pempel(2005); Frost(2008); Green & Gill(2009) 참조.

문을 품지 않았다. 바로 이런 견지에서, 1990년대 전반기 동안의 무역 갈등과 동떨어져 있던 미국인들은 역사적 이슈와 지속된 국가 중심적 사고에 뿌리내리고 있는 중요한 특정 사고와 가치의 차이를 간과해 왔다. 심지어 최근의 미국 정부 당국자들은 일본의 현실주의적 사고에 너무 매료된 나머지, 이런 변화를 추동하고 있는 역사 기반의 민족주의적 가치들을 무시하는 경향을 보이기도 했다(Rozman 2010c). 또한 한국의 진보 세력을 단순히 냉전 시기 일본에서 등장한 평화주의자들 정도로 치부한 반면, 보수 세력은 미국적 가치를 공유하고 현실주의적 사고에 따라 움직이는 것으로 여긴 것은 동맹국에 깊이 뿌리박은 가치들에 대한 오해를 지속시켰다. 우리는 이처럼 각 국가들이 지닌 가치들을 보다 면밀히 살펴볼 필요가 있으며, 이제껏 경시해 온 것을 무시하기보다는 자유주의적 가치들을 전면에 놓고, 역사적 기억 속에서 공통의 기반을 찾아야 한다. 한국의 진보적 흐름을 거부하는 이명박 대통령과 자민당의 수정주의를 거부하는 민주당 출신의 하토야마 총리가 등장하면서 두 동맹국 사이에 존재하는 갈등적 이슈를 둘러싼 시각 차이는 다소 줄어들었지만, 아시아태평양공동체의 핵심으로서 삼각동맹이 공고화되기에는 어려움이 존재한다.

다음에 얘기할 네 가지 가치 이슈들은 근래에 들어 동아시아에 관한 통찰의 대부분을 차지해 왔다. 이는 이 지역 국가들이 평화로운 경쟁과 화해를 위한 의제 설정에 합의하기 위해 노력을 기울이는 과정에서, 그 중요성이 점차 커지고 있는 네 가지의 다른 이슈들을 인식하지 못하게 하는 장애물이 되고 있다. 긴 시간 간과되어 온 이와 같은 문제들로 우리의 관심을 옮기지 않고서는 이 지역에 등장하고 있는 도전 과제들을 올바르게 이해할 수 없을 뿐만 아니라 미국이 여기에 어떻게 대응해 나가야 하는지에 대해서도 올바른 판단을 내릴 수 없다. 충분히 인식되어 온 문제이기 때문에 다음의 사항들을 가치

충돌의 목록에 넣는 것에 대해 동의하지 않을 사람은 거의 없어 보인다. 첫째, 민주주의와 인권 문제를 둘러싼 미국과 중국의 분열이다. 이런 균열은 중국공산당이 1949년 권력을 획득한 이후 계속해서 존재해 왔고 1970년대 관계 정상화에도 불구하고 현재에는 세계 체제에 통합된 국가들 가운데 가장 그 골이 크다고 볼 수 있다. 둘째, 역사에 대한 해석을 둘러싼 일본과 중국의 분열이다. 이 문제는 1951년 일본이 주권을 되찾던 당시 그리고 1970년대 양국 관계가 정상화된 시기에는 제기되지 않았지만 2001년 이후에 지역주의에 대한 전망을 약화시키면서 고조되었다(Hasegawa & Togo 2008; Rozman 2009b). 셋째, 한반도 통치의 정당성을 둘러싼 한국과 북한 간의 분열이다. 1987년 이후 민주화된 한국과 1990년부터 1992년 사이에 공산주의 동맹국들로부터 무조건적 원조를 상실한 북한은 핵무기 위협의 부침과 통일을 위한 정상 간의 만남 속에서 6자회담에 참여하는 다른 국가들을 불안정하게 만들어왔다. 넷째, 중국과 사실상의 국가인[공식적인 국가가 아니기 때문이다–옮긴이] 타이완 사이의 분열이다. 1949년부터 1992년 사이에는 중국의 통치를 놓고 양측이 대립했다면, 보다 최근에는 민주적 권리를 확보한 점증하는 타이완 인민의 정체성이 타이완 독립의 정당한 근거가 될 수 있는지, 잃어버린 영토의 회복을 주장하는 중국의 부상이 통일의 시간을 앞당길 것인지의 문제를 중심으로 갈등이 일어나고 있다.

동아시아에 대한 많은 논의들은 이 지역에서 가치들을 둘러싼 갈등의 중심에 놓인 위의 네 가지 이슈들을 언급하는 데 그치고 있다. 한편에서는 미국이 옹호하는 가치와 미국이 노골적으로 반대하는 가치 간의 충돌로 이 지역이 분열되고 있다는 이미 익숙한 서술들을 내놓고 있다. 이것은 1945년에 일본의 침략을 두고 심각한 충돌이 있었다는 점을 고려하지 않고 중국과 일본 사이의 갈등을 협소한 시각에서 바라보는 것이다. 또 다른 한편에서는 과거

수십 년 간의 새로운 상호작용이 기대되는 결과를 가져오지 못했다는 점이 분명함에도 불구하고 급속도로 확장되고 있는 경제적 통합과 문화적 결합이 가치의 수렴을 가져오고 있기 때문에 가치의 차이는 존재하지만 인내심을 갖고 신뢰를 형성하는 게 중요하다는 점을 강조한다. 그러나 어느 쪽도 가치의 수렴을 가져올 것인가의 여부를 둘러싼 논쟁에 새로운 시사점을 줄 수 있는 다른 가치들의 차이에 대해서는 큰 관심을 기울이지 않는다. 계속적으로 가치가 분기되고 있다고 주장하는 사람들은 미국이 가치 외교의 배후에 굳건히 자리 잡아야 한다고 촉구하는 반면, 가치가 점차 수렴되고 있다고 주장하는 사람들은 미국이 다양한 가치들에 대한 인내심을 보여 주면서 합의의 기반을 확장하는 데 집중하라고 조언한다. 가치들이 담고 있는 광범위한 맥락에 세심한 주의를 기울이면서, 지역주의와 세계화를 연결시키는 긴 시간의 틀을 지지하는 미국이 지닌 하나의 광범위한 가치 묶음의 맥락 속에서 민주주의, 인권, 역사를 다루는 제3의 전략을 제안하는 것이다.

주목할 대상으로 새롭게 떠오르고 있는 네 가지 가치 이슈들은 다음과 같다. 첫째, 20세기 전반기 역사를 둘러싼 미국과 일본 간의 갈등이다. 20세기의 후반기 동안 모호한 상태로 있던 이 이슈는 북핵 위기와 같은 새로운 지역 내의 문제들을 양국 간의 동맹이 얼마나 성공적으로 다룰 수 있는지를 놓고 의견이 갈라지면서 2007년 일본 내에서 큰 관심의 대상이 되었다. 둘째, 역시 20세기 전반기 역사를 둘러싼 일본과 한국 간의 갈등이다. 1965년 양국이 관계 정상화를 선언한 이후 수십 년간 많은 충돌이 있어 왔다. 그러나 어떻게 지역 내의 과거사 문제를 해소하고 화해를 추구할 것인지의 문제를 둘러싸고 이견을 보인 2005년은 질적으로 새로운 심각성이 드러난 해라고 할 수 있다. 새로 취임한 이명박 대통령이 좋은 의도를 가지고 있었고 자민당의 후쿠다 야스오 총리가 물러나게 되었음에도 불구하고 2008년 중반 역사와 영토 문제를 두고 다시금 양국 간에 갈등이 불거지게 되었다. 셋째, 지난 세기 역사의 중요한 순간들에 대한 미국과 한국의 시각 차이이다. 이 문제는 2003년 노무현이 대통령에 당선되기 전까지는 전혀 주목을 끌지 못했다. 이명박 대통령은 이를 중요하게 여기지 않지만 미국산 쇠고기 수입 협정에 보인 한국 대중의 과민 반응이나 북한을 다루는 방식에 있어 잠재적으로 이견이 있을 수 있다는 점을 고려하면, 이 문제는 잘 다뤄지지 않으면 언제든 다시 등장할 수 있는 사안이라고 하겠다. 넷째, 2004년 고구려 문제를 둘러싸고 예기치 않게 생긴 중국과 한국 간의 갈등이다. 이 문제는 1992년 관계 정상화 이후 10년간 가치의 차이에 전혀 주목하지 않았던 양국 간의 차이가 점차 커지고 있음을 보여 준다. 불명확한 역사 해석을 넘어 충분히 명확히 할 수 있음에도 양국 간의 격차를 확실히 드러내는 것을 서로 주저하고 있지만 말이다(Togo 2010a; Togo 2010b; Park 2010; Linbo 2010; Snyder 2010). 이와 같은 네 가지 가치 이슈들은 민주주의나 인권의 문제와는 거의 관련이 없고, 1930년대부터 1945년까지 일본이 아시아 전역에서 자행한 폭력으로 인해서만 생긴 것도 아니다. 이 이슈들은 가속화된 통합과 더딘 지역주의를 특징으로 하는 현 시기에 무엇이 이 지역 내에서 불안을 추동하고 있는지를 해명하는 데 도움을 준다. 한편으로 이 이슈들은 가치 어젠다를 형성하고, 6자회담의 전환, 동아시아 공동체의 잠재력, 아시아태평양공동체의 가능성에 영향을 주는 데 미국의 역할이 중요하다는 점을 지적한다. 다른 한편으로 고구려 논쟁은, 6자회담의 의장국으로 확고히 자리 잡았으며 동아시아 공동체를 추동하는 힘이 되고 있는, 아시아태평양공동체의 가장 큰 관심사인 중국의 독단성을 경고하고 있다. 중국과 미국의 가치의 차이가 전면에 등장하고 있는 것이다.

미국은 어떤 가치의 차이에 대해서는 오랫동안 주목해 온 반면, 다른 가치의 차이에 대해서는 관심 두기를 꺼려 왔다. 이런 전략은 소련이 일본과 한국 그리고 중국에게도 공통의 위협으로 여겨졌던 냉전 시기 동안 사용되었다. "자유세계"와 "전체주의" 사이의 대립은, 1980년대 중반 내내 한국과 타이완에서 독재가 유지되었고, 1976년 중국에서는 정치적 개혁을 주저하며 억압적인 문화대혁명이 일어났다는 불편한 사실들을 가리는 역할을 했으며, 양극화된 세계 질서는 다른 가치 이슈들을 주변화해 버렸다. 또한 1990년대 동안 미국이 주도한 세계화는 중국, 일본, 한국이 세계화의 압력을 줄이기 위해 서로 다투고 있을 때, 즉 톈안먼 사건 이후의 제재 조치, 거품경제 붕괴와 아시아 금융 위기 이후 강경해진 무역 협상 시 주목을 받았다. 가치 이슈들이 초기의 강박관념에서 벗어나 자유로워진 것은 바로 2000년 이후부터였다. 김대중 대통령의 햇볕정책, 고이즈미 총리의 야스쿠니 신사 참배, 중국의 "평화로운 부상"에 대한 후진타오 주석의 입장 변화, 부시 대통령의 북한에 대한 "악의 축" 발언에서 알 수 있는 것처럼 가치문제를 억눌러 왔던 빗장들이 사라지게 된 것이다. 그렇지만 남한과 북한의 통일, 일본의 수정주의, 지역 내에서의 권력과 타이완에 대한 중국의 요구, 북한에 대한 미국의 적대감과 같은 현존하는 어젠다들이 새롭게 주목을 끌게 된 시점에도 다른 가치 이슈들은 수면 아래 잠복해 있었다. 오랫동안 끌어온 이슈들에 대한 전략을 점차 조정해 나가면서, 미국은 이제 한동안 가려져 왔던 또 다른 이슈들의 중요성을 파악해야 한다. 한국의 반미주의, 일본과 한국 간 우호 관계의 붕괴, 한국과 중국 간의 감정을 경색시킨 고구려 문제, 마지막으로 역사 문제에 대한 언급이 늘어나는 미국에 대한 일본의 불안감 등은 예기치 않게 급격히 표면화된 바 있다. 오래 끌어온 가치 이슈들을 중심으로 즉각적인 정책 우선순위를 조율하고 있기는 하지만 전략가들은 그런 가치 이슈들이 새로운 이슈들과 연결된 장기간의 도전 과제들과 어떻게 얽혀있는지 아직 인식하고 있지 못하고 있는 듯하다.

동북아시아 안정의 기반인 상호 이해를 추구하면서 미국의 지도자들은 공통의 가치 기반을 마련하기 위해 힘쓰고 있다. 이를 위해서는 인권과 같은 기본적인 기준의 극심한 침해에 대한 공유점이 필요하다. 결국 미국의 가치들은 소중한 권리와 이상을 공동으로 승인할 뿐만 아니라 인간성의 기본적인 기준의 심각한 위반에 대해 함께 규탄한다. 동북아에서 미국이 떠날 수 없게 한 가장 불쾌한 사건들은 분명 다음과 같은 것이다. 중국을 정복하려는 잔악한 전쟁 중에 일어난 일본의 부당한 진주만 습격, 소련 인민에 대한 스탈린의 대량 학살과 무자비한 행위, 이와 비슷한 중국인에 대한 마오쩌둥의 전체주의적 폭력, 자신의 인민들의 정신을 완전히 통제하려는 김정일과 한국전쟁 당시의 잔악한 행위들이 그것이다. 가치에 대한 합의가 이뤄진다면 이런 끔찍한 일들을 막는 데 분명한 합의가 시작될 것으로 기대할 수 있다. 특히나 위와 같은 부정적 상징들이 과도하게 표출되어 온 동북아시아의 경우, 과거에 자행된 인권유린에 대한 합의를 이끌어내지 못한다면 가치에 대한 명확한 협력을 약화시킬 가능성이 농후하다. 아베 신조와 주변 정치인들은 진주만 습격에 대한 평결과 도쿄재판의 내용을 거부하면서 일본이 아시아에서의 전쟁을 통해 얻고자 한 목적을 옹호한 바 있다. 블라디미르 푸틴 체제의 러시아도 역사상 스탈린은 주로 긍정적인 역할을 했다는 시각을 다수의 대중들에게 전달할 수 있는 지도자를 물색하고 있다. 후진타오 주석 역시 마오가 역사 속에서 행한 전반적인 역할을 계속해서 미화해 오고 있으며, 이를 보다 자신 있게 말하기 위해 중국의 지속적인 부상을 내세우고 있다. 만약 노무현 대통령이 북한체제에서 자행되고 있는 인권유린에 대해 어떤 형태로든 인정하는 것을 거부했다면, 인권에 대한 그의 침묵은 이것이 가져올 비극적 결과들을 경시하는 진보파들의 시각을 반영한다고 하겠다.

2009년 가을, 지구화의 윤곽은 좀 더 선명해졌고 더욱 격렬한 논쟁을 불러일으키고 있다. 같은 해 9월 유엔에 참석한 각국 정상들은 핵무기 감축에 관한 특별 회의 등에서 자신들의 입장을 명확히 했다. 이후 세계경제 위기가 안정세에 접어들고 있던 시점에 피츠버그에서 열린 G20 정상회의는 일회성의 긴급 조치를 넘어 새로운 경제구조를 세우는 데 각국이 협력할 수 있는지 진지하게 시험하는 최초의 자리였다. 11월 아시아 순방에 나선 버락 오바마 대통령은 지구화와 지역주의 사이의 연계를 구체화하는 선상에 미국의 리더십을 위치시켰다. 뒤이어 12월에 오슬로에서 있었던 노벨 평화상 수상식에서 오바마는 안보 증진을 위한 전쟁과 지속가능한 평화 사이의 균형을 분명히 하면서도, 미국의 이런 리더십을 보다 확고히 천명했다. 이로부터 일주일 후에 코펜하겐에서 만난 세계 정상들은 기후 변화의 위험성에 대해 논의했다. 이와 같은 일련의 회담들을 거치면서 세계의 눈은 미국의 이니셔티브뿐만 아니라 중국 지도자들의 행동에 대해서도 주목했다. 오늘날 이 두 국가들 간의 상호작용은 지구화의 조건뿐만 아니라 동북아에서 진행되는 지역주의의 조건들도 설정하고 있는 실정이다.

지구화를 둘러싸고 논쟁이 커지면서 새롭게 지역주의를 추구하는 문제는 상대적으로 관심이 덜 집중되고 있다. 2009년 9월 신임 일본 총리가 된 하토야마 유키오는 아시아주의와 동아시아 공동체 실현을 정책의 우선순위에 두었다. 10월에 있었던 한·중·일 정상들의 만남과 이어진 ASEAN+3, 그리고 2012년에 후진타오의 뒤를 이를 후임자로 예상되는 시진핑의 12월 순방과 동아시아 정상회의는 중국이 지역주의에 큰 관심을 가지고 있다는 사실을 보여 주었다. 이명박 정부가 오바마 정부와 가까워지고 있다는 비판을 받았을 때 뒤처지지 않기 위해 서둘렀다면, 미국과의 동맹과 중국을 중심으로 상정한 지역 협력 사이의 균형에 초점을 맞췄을 것이다. 어떤 학자는 이런 불확실성을 세력균형이라는 측면에서 기술하고, 또 다른 학자는 지역적, 지구적 비전이 국가적 정체성을 약화시키는 초국가적 질서에 대한 탐색으로 바라보았다.

동북아시아의 모든 국가에게 지구화의 흐름은 불편함을 안겨 주고 있다. 이들 나라에는 그들의 고유한 국가를 지키기 위해 역사 속에서 정체성을 찾는 강력한 집단들이 존재하며, 각 나라는 이들과 함께 다원화된 문명 환경에 대응하고 있다(Katzenstein 2010, 1-41). 이런 상황에서는 지역공동체의 모색이 좁은 한계 내에서 진행될 수밖에 없어 보인다.

III. 동아시아 공동체와 세 가지 핵심적인 동아시아 정체성

외교정책에 대한 심도 있는 논쟁을 미뤄 버린 일본의 편협한 요시다 독트린, 한국의 지나친 반공주의, 소련과의 관계 정상화 없이 마오 사후의 권력 공백을 채우려는 중국의 어려움과 같은 국가적 정체성들이 분화되면서, 일정 정도는 초국가적 정체성에 대한 미국의 압도적인 영향력을 무너뜨리려는 열망들이 지역주의를 추동해 왔다. 1980년대 후반 3국 중 가장 지역주의에 관심을 가지고 있던 일본은 전전(戰前)과 전쟁 당시에 있었던 주제들을 다시금 불러내면서 아시아 지역주의에 대한 초기의 탐구를 주도했다. 이런 주제들은 냉전의 분위기에도 불구하고 진보파들에게 관심의 상위에 있는 어젠다였으며, 점차 보수파들도 거부할 수 없는 주제가 되었다. 1990년대 일본이 허둥대고 있고 중국이 확실한 기반을 다지고 있을 때, 북방정책을 펼치기 시작한 한국은 외교적 다각화에 대한 관심이 정점에 이르면서 지역주의에 관심을 갖게 되었다. 마침내 2000년 이후 중국은 스스로를 아시아 지역의 중심으로 자처할 만큼 충분한 자신감을 갖게 된다. 각 국가들은 아시아에서의 지역공동체 부상이 권력뿐만 아니라 정체성 측면에서도 미국과의 균형을 가져올 것이며, 그것이 적극적인 리더십 역할을 할 것이라고 가정했다. 일본의 슬로건은 아시아로의 재진입이었지만, 실제로는 그 이상을 추구했다. 한국의 햇볕정책은 북한을 지역적 집단 내로 끌어들이기 위한 협력을 전면에 내세웠다. 다자주의를 주장하는 중국의 이면에는 아시아의 하위 지역에서 상하이협력기구와 같이, 중국 중심주의를 부활시켜 새로운 균형을 이루려는 움직임이 형태를 갖춰감에 따라 미국을 배제하려는 의도가 중심에 있었다. 경제적 우위에 기초한 문화 외교가 일본의 접근 방식이었다면, 중국은 이와 유사했지만 여기에 미국의 권력에 보다 더 직접적으로 대항하는 정치적이고 군사적 영향력의 증가가 수반되었다.

일본 자민당의 지도부는 1980년대 후반부터 지역주의의 깃발을 높이 들었고 1999년 오부치 케이조는 일본이 주도적 역할을 해나갈 수 있느냐는 의구심이 늘어가는 와중에도 ASEAN+3을 진행시켜 나갔다. 한국의 보수적 지도자들은 1990년대에 외교 다각화를 추구했지만, 동아시아 공동체를 추구하는 ASEAN+3 비전그룹을 이끈 것은 진보파인 김대중이었다. 2000~01년에 중국은 ASEAN+3을 통해 동아시아 공동체에 대해 가장 의욕적인 목소리를 냈다. 2008년 시작된 3국 간 개별 정상회의는 새로운 전기를 알리는 신호였다. 금융 위기 속에서 세 국가는 점차 서로에게 의지했고, 정권을 잡은 일본 민주당은 동아시아 공동체 형성을 위한 노력을 강화해 나가겠다고 선언했다. 그러나 2005년 동아시아 정상회의가 확립될 당시 이 기구의 기능과 범위를 두고 벌어졌던 불협화음에서 알 수 있듯이, 동아시아 공동체에 대한 각국의 상이한 개념은 각 나라의 국가 정체성과 이것이 지역주의와 연관되는 방법이 상충하는 입장의 차이에 기인하고 있다(Rozman 2004; 2006c; 2006d).

동아시아 공동체에 대한 일본의 관심은 현실주의적 또는 경제적 이유에 근거하지 않는다. 이보다는 자신의 고유한 국가 정체성을 분명히 하면서 비정상적인 전후 의존시기를 극복하고 미국과의 관계에서 균형을 추구하려는, 오랫동안 좌절되어 온 욕구에 기인한다. 이것은 서구 제국주의에서 벗어나 아시아의 부상을 추구하려는, 전전과 전후에 등장한 주장을 다시 확인하는 것이다. 또한 서구가 주창하는 민주주의·인권과, 일본과 최소한 그 주변국들에 뿌리내리고 있는 조화를 강조하는 공동체 지향적 가치들을 연결할 가치들을 주장한다. 일본의 진보파들이 동아시아 공동체 추구에 오랫동안 큰 관심을 가져왔다는 점을 고려하면, 민주당이 동아시아 공동체를 보다 적극적으로 추진하고 있다는 사실에 놀랄 필요가 없을 것이다. 지금은 일본인과 자민당의 다수가 중국이 동아시아 지역 내에서 지배력을 갖지 않을까 두려워하고 있지만 말이다.

일본의 국가적 정체성을 좀 더 가까이 살펴보면 동아시아 공동체에 대한 일본의 전망에 의구심을 품게 된다. 이데올로기적 차원에서 보면, 대부분 탈냉전 시대의 이니셔티브가 일본의 열렬한 보수주의자들의 수중에 있었음을 보여 준다. 특히 이들이 취한 수정주의 노선은 1945년 침략의 모든 희생자들로부터 일본을 멀어지게 만들었다. 진보주의자들은 1980년대 이후로 그들이 상실한 것을 회복하지 못하고 있으며 그 어떤 이데올로기적 대안에 대한 명료함도 결여된 상태이다. 양 진영의 격차를 줄이는 교량 역할을 하는 중도주의자들은 계속해서 약화되고 있고 그 어떤 기반에서도 연합을 이뤄내지 못하고 있다. 분야별 차원에서 보자면 경제적, 문화적, 정치적 차원의 국가 정체성이 견고하게 중첩되어 최고조에 달했던 1980년대는 이제 지나간 일이 되어 버렸다. 이 지역에는 일본인론(Nihonjinron)이나 문화적 특이성에 대한 여타 논지들이 너무나 깊이 배태되어 있어, 특히나 의심의 여지없이 중국의 정체성에 지배를 받을 공유된 동아시아 문화에 대한 동의를 인정할 수는 없다. 심지어 동아시아에서 경제적 통합이 계속됨에 따라, 강력한 국가 지도는 그 어떤 공유된 정체성도 무색하게 만들어 버린 반면 개별 정치적 정체성들이 약화되었다는 징후는 전혀 찾아 볼 수 없다.

반면 유럽에서 수직적 차원의 국가 정체성은 수백 년 동안 지속된 문화의 상호 교류의 토대 위에서, 제2차 세계대전 이후 확대된 국가를 넘어선 네트워크에로의 커다란 변화를 보였다. 이에 비해 동아시아 핵심 국가들에서 국제적 NGO들의 역량은 훨씬 미약하며 급격한 근대화에도 불구하고 국가가 여전히 정체성의 압도적인 중심에 놓여 있다. 국가의 주도로 추구된 지역주의는 국가 정체성의 강화를 주장하거나 기꺼이 국가의 특권을 버리고 지역적 차원의 신뢰와 제도를 지지하는 상반된 입장을 야기했다. 수평적 차원에서 보자면 한·중·일 3국은 지금까지도 미국에 집착해 왔다. 이들이 자신들은 미국에 영향을 받는 불안한 존재라는 생각을 없앨 수 없다면, 국제적 책임성에 대한 이해의 공유는 물론 아시아 지역주의와 균형을 이루는 방식에 대해 동의할 기회는 거의 없게 된다. 일본과 한국이 지역적 헤게모니를 행사할 수 있는 중국의 잠재력을 견제하기 위해 국제주의는 물론이고 미국의 지배권과 가치에 의존하고 있는 동안, 미국의 동맹국들을 약화시키고 배타적인 지역적 집단을 형성하고자 하는 중국의 목표는 미국의 지배력과 가치 그리고 국제주의 원칙들에 반대하는 데 맞춰져 있다. 이런 상황에서 공통의 기반이란 거의 존재하지 않는다고 봐야 한다.

시기적 차원에서, 동아시아 국가들이 지역 형성을 위한 공유된 정체성을 추구하기 위해 과거를 되돌아보면 역사는 더욱 분열적으로 보인다. 일본과 한국은 근대 이전의 시기가 중국 중심적이었다고 비판하지만 중국은 오히려 이 시기가 새로운 질서의 모델이 될 수 있다고 생각한다. 중국과 한국은 19세기 후반에서 1940년까지의 변천을 일본의 군사주의와 제국주의의 착수가 이뤄진 시기라며 비난한 반면 일본은 자신들의 사과에 정당성을 부여하며 오해가 있었던 자신들의 의도를 자랑스럽게 주장한다. 일본과 한국에게 냉전은 공산주의의 팽창주의에 대비하여, 중국이 한국전쟁에서 북한을 지지하고 미국의 제국주의에 반대한 근본적 이유에 대항하는 투쟁이 필요하다는 기억을 남기게 한다. 일본의 공격이 절정에 달한 때가 시기적으로 가장 분열이 심했다고 가정한 수십 년 후, 관찰자들은 근대 이전의 시기가 중국과 한국 간 불신의 중심에 놓여 있고 2010년 중국과 일본의 공동 역사 교과서는 1945년까지가 아닌 냉전 시기까지의 총체적 난국을 다루고 있다는 점을 알게 된다. 지금까지 탈냉전 시기를 지역주의를 이루려는 공동전선의 구축 시기라고 가정하며 조명하려는 노력은 거의 없었다. 그러나 장차 중국에 의해서 이 시기는 지역주의를 포함하려는 노력들을 극복하고자 투쟁한 시기로 보거나 다른 국가들에 의해 중국 중심주의가 부활하는 과정의 일부로 간주될 가능성이 크다.

국가 정체성에서 보이는 이와 같은 격차들로 중국은 동아시아 핵심 국가들 사이에서 가교 역할을 할 수 없다. 이유는 일본 침략에 초점이 맞춰진 오래된 기억 때문이 아니라 국제주의에 반대해 지역주의에 맞불을 놓거나 중국 중심주의에 기반을 둔 지역주의로 이웃 국가들을 안심할 수 없게 만들며 중국의 정체성을 강화하고 있기 때문이다. 2006년부터 중-일 관계의 최악의 순간은 4국 정상들이 역사에 대한 공통 기반을 찾기 위한 움직임을 보이면서 이겨냈지만 가치 격차만은 좁혀지지 않았다. 2009~10년에는 이명박 대통령의 선출로 중국-한국 관계에 형성된 초기 불신이 조정되었지만 여전히 가치 격차는 줄어들지 않았다. 하토야마 정부가 중국에 의욕적으로 대응하면서 동아시아 공동체에 보이는 열의는 점차 다가오는 중국의 접근에 기회를 주었다. 그러나 동아시아 공동체는 지역주의의 기반이 되는 초국가적 가치들의 중요성에 합의하는 데 실패함으로써 비경제적 이슈들에 대한 내용은 없는 허울에 불과한 채 남아 있게 된다. 한국인들이 노무현의 중국 친선외교에 대한 답례가 충분하지 않은 이후에 중국을 못마땅하게 생각하는 것과 마찬가지로 훨씬 더 중국에 회의적인 일본인들은 최근 독단적인 중국의 태도가 하토야마의 제안에 보답하려는 노력으로 완화되지 않는다면 동아시아 공동체로부터의 방향 전환을 모색할 것이다.

IV. 6자회담과 4대 열강의 국가 정체성

미국, 중국, 러시아, 일본은 동북아시아에서 리더십을 발휘할 수 있는 자격이 있다는 엄밀한 의미에서 열강에 해당한다. 위협을 저지하고 보편적 가치들을 공유하는 데 기초를 둔 지역적 질서로 동맹국들을 유도하는 데 익숙하며, 미국은 일본, 한국과의 동맹을 강화하고, 공유 가능한 규범과 원칙에 근거한 지역적 틀 내로 6자회담을 이끌며, 제한적인 경제적 어젠다 이상의 그 어떤 배타적 지역주의를 거부하고자 한다. 미국의 국가 정체성은 전체주의와 군국주의에 대한 투쟁의 역사에 근거한다. 뿐만 아니라 인권침해와 반민주적 힘에 직면해서는 자유를 추구하는 데 중점을 두고 있다. 그렇기 때문에 북한의 핵무기 협박이나 중국 헤게모니의 야망에 굴종하는 것은, 이 지역에서 미국이 수행하는 역할로 보나 그들이 추구하는 지구적 차원의 이상과 이익 그리고 자부심으로 보나 악몽과도 같다고 할 수 있다. 1990년대 냉전을 승리로 마무리 했다는 자신만만함과 지난 10년 세계적 리더십을 주장하며 조지 부시 정권 하에서 보인 뻔뻔스러움은 미국의 미래에 대한 기대치를 낮춰 왔다. 그럼에도 불구하고 반세계화주의자들이 주장하는 국가 정체성을 지지하는, 보수주의자들의 압력은 라이벌인 중국과 악마화된 북한과의 완만한 타협을 어렵게 만들었다. 일군은 오바마가 미국에 걸맞지 않은 자세를 취하고 잘못이나 사과하며 미국의 가치들을 변호하는 데 실패했다는 이유를 들어 비방함에 따라 미국이 취할 수 있는 작전은 점점 더 제한될 수밖에 없어 보인다.

오바마는 국가 정체성이 감정주의로 흘러 국내와 국제관계의 한 요인이 되는 것을 줄이려 할 뿐만 아니라 자신이 혼혈인의 한 사람으로서 정체성의 경계들을 교섭할 수 있는 리더의 전형임을 내세우고 있다. 그는 비록 성공하지는 못했지만 여야를 넘어서는 새로운 초당파적 정신을 추구해 오고 있으며, 한국을 제외한 동북아시아의 모든 나라들에 검증받은 지구적 도덕을 강조하는 화법을 만들고 있다.

무엇보다도 지역주의로의 포괄적 접근뿐만 아니라 지구화의 앞길을 방해하는 것은 미국과 상충하는 화법의 중국이다. 오바마는 세력균형보다는 다극적 파트너십에 기초한 세계 공동체를 향한 자신의 그림이 좀 더 분명해질수록, 주권에 집착하는 중국과 강국들 간의 경쟁으로부터의 강한 저항에 직면하게 될 것이다. 심각한 문제들은 여전히 계속 남아 있고 이것이 중국의 야만성 때문이라는 점에서 라이벌 중국에게 책임을 묻는 미국 국가 정체성의 강력한 부흥을 예측해 볼 수 있다.

2006~08년에 걸친 6자회담은 강대국들 사이의 입장 차이, 특히 지역 안보와 한반도의 미래를 둘러싼 중국과 미국 간의 입장 차이를 줄일 수 있는 최

고의 가능성을 가지고 있었다. 1994년 제네바 합의에도 불구하고 1993~98년에는 관여하는 것을 꺼려 오다가 2003~06년 사이의 6자회담에서는 너무 강경한 입장을 고수한다고 비난한 중국을 상대로, 워싱턴은 제2차 핵 위기에 대한 단계적 해법을 통해 회유적인 접근을 추구했다. 2007년 2월 공동합의로 구성된 5개의 실무협의단을 통해 광범위한 어젠다를 논의하도록 한 것도 여기에 포함된다. 미국이 다른 4개국 그중에서도 베이징과 의견 조율을 해가며 평양과의 협조를 위해 열심히 애쓰고 있는 와중에, 2009년 오바마는 베이징이 북핵 문제를 고민하는 것은 다른 우선순위에 비해 뒷전이라는 사실을 알게 되었다. 비록 베이징은 빗발치는 새로운 미사일 공세와 2차 핵실험에 대응해 유엔안전보장이사회의 제재에 찬성표를 던졌지만 이런 방식의 해결책을 노골적으로 말하기 보다는 다소 희석시키며 다른 국가들과의 연대를 약화시키는 방식으로 북한에 대한 경제적 원조를 계속해 나갔다. 또한 북한에 필적할 만한 도전인 이란의 핵무기 프로그램에 대해서도, 베이징은 북한에 부드러운 태도를 취한 것과 마찬가지로 마지못해 이란에 압력을 행사하는 모습을 보였다. 이런 베이징의 태도는 최근 모스크바의 협조적인 태도와는 사뭇 대조된다.

이처럼 핵 확산에 대한 양가적 입장을 보이는 중국은 6자회담에 기반을 둔 새로운 지역안보체제 형성에 대한 희망을 꺾어 버렸다. 중국은 북한이 진지한 협상에 복귀할 때까지 협력을 증진시키기 위해 5자회담을 활성화하자는 제안들을 거부해 왔다. 오바마 정부가 이전 정부들과 마찬가지로 타이완에 신식 무기를 판매하기로 공표했을 때, 중국은 군사 교류를 유보했다. 개입과 다자주의를 추구하는 오바마 정부와 관계를 진전시키기 위해 노력하기보다는 자국의 군사력 증강에 박차를 가하는 보다 더 독단적인 입장을 취해 나간 것이다. 한반도를 안정시키고, 핵무기 확산을 방지해야 한다는 국가 정체성을 공유했음에도 불구하고, 중국은 지역적 신뢰를 증진시킬 수 있는 최상의 기회가 지나가는 것을 그냥 지켜봐 왔다. 이런 태도가 미국의 일방주의나 중국에 대한 압력 때문이었다고 보기는 어렵다. 오히려 중국의 경제적 영향력, 군사적 힘, 외교적 범위에 대한 새로운 자신감이 중국이 타이완의 재통합에 대해 발언할 수 있고, 세계 질서를 재편할 수 있는 권리를 가지고 있다는 오만한 태도를 표면화시킨 탓이라 하겠다. 이런 태도는 장기간에 걸친 전략적 사고 속에서도 찾아볼 수 있고, 국가 정체성이 의존하고 있는 각 차원에서 국가 정체성의 강도가 커졌기 때문이기도 하다.

안보는 국가 간 신뢰 형성에 있어 경제나 문화에 비해 훨씬 중요하다. 중국은 일련의 안보 이슈에 대해 좀 더 공격적인 자세를 취함으로써, 적어도 타이완이 재통합 문제에 대한 강경한 노선을 포기하는 문제와 미국의 동맹국들을 약화시키는 문제와 같은 특정 목표들을 달성할 때까지는 분열된 초국가적 질서를 선호한다는 신호를 보낼 것이다. 중국은 북한의 호전성을 다루기 위한 안보 공동체의 진척을 거부하기 위해, 공동체 건설을 향한 길목에 지역적, 국제적으로 큰 장벽을 두어 왔다. 2010년 초 미국 지도자들은 중국이 이란에 대한 제재 레짐에 최소한의 동의를 할 수 있게끔 모든 기회를 계속해서 주었고 북한의 6자회담 복귀 여부와는 무관하게 북한에 대한 제재를 계속해 나갔음에도, 안보에 대한 중국의 입장은 미국 지도자들을 멀어지게 만들었다. 이뿐만 아니라 중국의 이와 같은 태도는 나머지 국가들의 6자회담 활동까지 소원하게 할 가능성을 안고 있다.

한편 동북아시아에서 러시아의 역할을 쉽게 간과하고 있지만 러시아가 중국과 맺고 있는 관계는 지역적 협력의 미래 전망에 상당한 관계가 있으며 특히 북한에 관해서는 더욱 그러하다. 서울은 모스크바의 존재를 의식하면서 공동으로 장기적 에너지 프로젝트를 진행하자고 반복해서 요청해 왔다. 반면 도쿄가 모스크바에 관심을 덜 갖게 된 데에는 외국 투자를 대하는 거만한 방식이 상당한 역할을 한 것은 사실이지만, 러시아가 지역 형성 제안에 집중하지 못하도록 영토 문제를 주장해 왔기 때문이다. 그럼에도 불구하고 6자회담은 모스크바가 가장 주의 깊게 워싱턴과 베이징의 목소리에 주목하고 있음을 분명히 보여 주었다. 러시아는 미국 편에 서서 북한이 합리적인 타협안을 제시하지 못한다며 비판하기도 했으며, 중국의 후광이 러시아의 강대국 열망에 도움이 된다는 점을 인지하고 있었다. 2007년 부시 정권은 북한에 대해 좀 더 회유적인 접근으로 방향을 틀었고 2009년 들어 오바마가 미-러 관계를 재설정하기 시작한 이후로 러시아는 미국 심지어 동북아시아와의 협력이 주는 보다 많은 장점을 생각할 수 있게 되었다.

2008~10년에 걸친 세계 질서의 갑작스러운 변화는 러시아가 미국의 정책에 반대해 왔던 다른 곳들처럼 동북아시아를 새롭게 보도록 자극했다. 에너지와 천연자원 가격의 하락은 러시아의 기대치를 저하시켰지만, 중국의 급격한 부상과 눈에 띄는 독단성 — 이는 러시아의 뒷마당이라고 할 수 있는 중앙아시아에서도 드러났다 — 은 관심을 증가시키는 역할을 했다. 이명박은 에너지 외교 분야와 아시아에서의 광범위한 주도력을 보여 주고 있고, 하토야마 총리는 출범 초기 아시아에서 돌파구를 찾으려는 욕망과 함께, 자민당 선임자들처럼 러시아를 끌어들이는 외교정책과는 다른 새로운 정책을 가졌다는 것을 증명하려고 메드베데프를 표적으로 삼는 모습을 보인다. 예측할 수 없는 행동을 하는 북한과 자신이 지닌 경제력을 통해 북한을 제어하는 것을 주저하는 중국을 상대로 러시아의 역할이야말로 동맹 3국 가운데 지역적 안보를 꾸려나가는 데 있어 더욱 중요해졌다고 볼 수 있다. 만약 중국이 이명박의 "그랜드 바겐"과 일치하는 오바마의 이중 접근을 확실히 지지한다면, 5+1과 같은 형태에 좀 더 협력해야 한다는 압력을 느낄 것이다. 러시아의

국가 정체성은 미국의 국가 정체성을 표적으로 삼아 왔지만 1980년대 이후 중국이 보여 주는 일관성과는 대조적으로 1990년대에 보여 주었듯이 변화를 위한 공간을 가지고 있다.

6자회담은 제한된 목적을 가지고 2003년 시작되었지만 안보 이슈를 다룰 수 있는 필수불가결한 메커니즘으로 자리 잡았다. 이런 점에서 6자회담의 상실은 안보 관련 이슈를 다루는 관련국들의 능력에 심각한 손상을 줄 수 있다. 표면적으로는 보상을 제공하고 북한을 비핵화하는 문제에 초점을 맞춰왔지만, 6자회담은 한반도의 통일과 지역주의와 같은 다양한 이슈들을 다루면서 신뢰를 형성할 수 있는 다양한 협상의 장을 제공하는 보다 포괄적인 중요성을 지녀 왔다. 북한이 함께 분담해야 하는 안보 위협이 될 것인지 지역 경제를 재통합하는 데 공동으로 협력할 것인지의 여부와는 무관하게, 6자회담은 공동체 형성에 있어 없어서는 안 되는 역할을 하고 있다. 지역적 안보 구조를 형성하기 위해 2007년 5개의 실무 협의단을 꾸린 6자회담의 틀을 확장시키지 않고서 지역주의를 계획하는 일은 근시안적 접근에 불과하다. 이때 중국은 동아시아 공동체의 경우처럼 거부권을 행사할 수 있다. 동아시아 공동체의 경우에 중국은 미국을 배제한 경제적 조정을 환영하겠지만, 6자회담의 미래는 미국 동맹국들이 자신들의 중요성을 유지해 나갈 수 있는 안보 틀을 형성하는 데 중국이 미국을 파트너로서 기꺼이 받아들일 것이냐의 여부에 달렸다.

V. 아시아태평양공동체와 미국 주도의 초국가적 정체성

냉전 종식 이후 미국은 공유된 정체성을 형성하기 위해 애써왔지만 만족할만한 성과를 거두지 못하고 있다. 1991~93년 사이 새로운 세계 질서에 대한 열망과 민주화와 인권에 대한 강한 요구는 경제적 기득 이익의 우세 속에서 버둥거리며 조금씩 진전되었다. 이는 미국에서도 그러했다. 1993~97년 아시아태평양경제협력체(APEC)를 특히 금융 규제 완화에 따른 경제적 개방에 중점을 둔 기구로 변모시키려는 기대는, 아시아적 가치와 보호 무역 우선순위에 대한 요구에 발부리가 걸리고 말았다. 1999년에는 인도주의적 개입이라는 주제가 논의의 중심으로 부상했고 이런 입장은 대량 학살이나 내전을 진압하는 데 유엔안전보장이사회보다는 북대서양조약기구(NATO)에 의존한다. 2001~04년 조지 부시의 "자발적 의지를 가지고 있는 국가들의 연합"(coalitions of the willing)은 미국의 일방주의와 선제공격을 지지하는 세계 질서를 형성하기 위해 노력했지만 집권 2기에 들어서 난관에 봉착하게 된다. 2009년으로 접어들면서 다른 국가들은 이런 식의 협력에 대해 거부했고 공화당은 초당파주의에는 어떤 관심도 보이지 않은 채 국내적 "냉전"의 정치를 선택하는 모습에서, 결국 버락 오바마가 주장한 다자주의와 차이들 간의 고무적인 연결이라는 생각이 처음부터 실패작일 수밖에 없었다는 것을 증명해 보인 것이다. 한편 민주당은 내부적 의견 일치를 보지 못하고 상당히 분열했고 중국의 급격한 부상은 중국을 견제하기 위해 수립된 모든 국가들 간 기구의 앞길을 가로막아 버렸다.

상당수 국가들이 중국의 잠재적 헤게모니를 저지하려 하고, 보편적 가치들이나 미국 주도로 불안정한 상황을 조정하는 것에 강력히 맞서는 중국의 움직임에 신경질적으로 반응함에 따라, 우리는 아시아 태평양을 넘어서는 공동체 형성의 단계를 예상해 볼 수 있다. 그 핵심에는 두 개의 오래된 동맹 네트워크가 있다. 하나는 동북아시아에서 미국-중국, 미국-한국의 연계이고 다른 하나는 남태평양과 동남아시아에서 미국의 보조하에 싱가포르, 필리핀, 타이와 연결되는 미국-오스트레일리아 연계이다. 어느 누구도 민주주의 국가들 간의 공식적인 연맹이나 북대서양조약기구처럼 완전히 자리를 잡은 동맹 체계를 기대해서는 안 된다. 아시아태평양경제협력체는 너무 거대해 다루기 힘들고 인도는 점차 강해지는 추세라는 인식은 미국과 연결되어 있다. 또한 미국과 긴밀하게 협력하고 있는 국가들은 지역공동체의 속성에 도달 가능한 또 다른 회합의 장소를 물색하도록 요구한다.

우리는 전직 오스트레일리아 연방 총리였던 케빈 러드가 아시아태평양공동체야말로 자신이 원했던 실체라고 말한 것을 상기해 본다. 이것은 1990년대 무역 긴장과 2000년대 테러리즘의 확장에 대한 우려, 그리고 아시아 국가들과 아시아에서 미국의 역할의 급변에 대처할 새로운 제도의 필요성을 일반적으로 인정하게 되었을 때, 아시아태평양경제협력체 강화를 추구했던 수많은 지지자들의 장기적인 목표였다. 그러나 미국이 1990년대 초반 말레이시아 마하티르 총리가 제안한 동아시아 경제협의체에 반대해 그 지지자들을 방해한 것과 마찬가지로, 일본의 반대는 1990년대 중반 아시아태평양경제협력체 강화를 저지하는 데 상당한 역할을 했다. 미국 지도자들이 다른 중요한 정치적 문제들과 마찬가지로 안보 문제를 다루는 자신들의 역할을 계속해서 뽐내기 위해 노력하고 있을 때, 중국은 타이완의 기능이 간신히 경제적으로 유지되고 있다고 주장하기 위해 타이완의 존재를 지적했다. 따라서 이제 더는 어느 누구도 아시아태평양경제협력체가 공동체 형성의 장이 될 수 있다고 전망하지 않게 되었다.

오바마가 2009년 11월 아시아태평양경제협력체 정상회의를 위해 싱가포르를 방문하면서 일본, 중국, 한국에 들렀을 때, 아시아에서 그의 초기 다자주의적 접근은 한계를 드러냈다. 문제를 안고 시작했던 하토야마 정권과의 관계나 오바마 자신과 자신의 지구적 어젠다를 대하는 중국의 방식에 대한 그의 실망은, 미국의 호의를 통해 성취될 수 있는 것의 한계를 보여 주었다. 이처럼 많은 어려움에 직면한 오바마 정부는 다자주의에 대한 주장을 재편해야 할 것이다. 아마도 이 지역 전체의 가장 큰 걱정거리는 이란-이라크, 아프가니스탄-파키스탄 문제나 서남아시아의 자원 문제가 이목을 분산시켜 오바마 정부의 관심을 다른 곳으로 쏠리게 하는 일일 것이다. 그러나 중국의 군사력 증강과 남중국해부터 인도양에 이르는 급속한 발전으로 봤을 때, 당황해하며 이 지역에서 후퇴하고 있는 미국을 위한 자리는 없어 보인다. 다른 길은 아시아태평양공동체 형성을 추구할 가능성이다. 이런 공동체는 비록 공동으로 공공연한 가치와 엄격한 안보 협력에 대한 헤징 전략을 지향하겠지만 중국을 위한 자리를 마련하고 — 아마도 중국은 거절할 것 같은 조건 속에서 — 다른 국가들은 서로 긴밀히 하나가 되어 중국의 참여를 이끌도록 할 것이다.

아시아태평양공동체 고찰의 기점은 아마도 2010년 3월 오바마의 오스트레일리아와 인도네시아 방문이라고 볼 수 있다. 결국 케빈 러드는 인도양에서 자국의 역할이 커지고 미국과의 관계가 특별히 긴밀하게 굳어지자 최근 들어 이런 생각을 제안한 것이다. 오바마는 자카르타에서 보낸 유년기에 느꼈던 인도네시아의 매력을 다시 회상하며, 이슬람 국가들이 테러리즘과 대량 살상 무기의 확산을 거부하는 한 이들에 대한 개입을 다자주의를 촉진시키고 분할된 지역들을 문명 전체로 연결하려는 가치의 초석으로서 다시 긍정적으로 보는 기회를 갖게 된다. 머지않아 오바마는 증진된 유대를 강화하기 위해 인도를 방문해야 할 것이고 파키스탄에는 미국이 아프가니스탄과 남부 아시아의 긴장 완화를 바라고 있다는 것을 증명해 보여야 한다. 그러나 만약 미국이 동북아시아에서의 동맹 관계에 주의를 기울이지 않는다면 동남아시아와 남부 아시아에 대한 미국의 전략은 성공할 수 없을 것이다. 미국이 1950년대 이후로 일본과 한국을 중심으로 편협하게 맺어 온 동맹 관계를, 동북아시아에서 효과적으로 작동하고 아시아 연해에 접한 국가들 전체를 연결하는 3자 틀 체제로 바꾸려 함에 따라 도전 과제는 여전히 남아 있다.

하토야마 정권과의 불안한 출발 이후 아시아태평양 공동체 형성을 위한 토대는 미-일 관계에 새로운 전기가 마련되어야만 심화될 수 있다. 고이즈미 총리와 부시 대통령 사이의 개인적 신뢰가 있었던 시기에는 이런 토대가 존재했었다고 생각할 수도 있다. 일본 민주당은 자신들은 좀 더 동등한 동맹과 한국과의 긴밀한 유대를 추구한다고 말해 왔다. 이것은 양국 간의 관계를 새롭게 하려는 노력 속에서 정책의 우선순위에 대한 현재의 혼란을 명확히 할 수도 있을 것이다. 양국 관계의 재편은 공유하는 가치를 신뢰하고 상호 협력을 통해 북한에 대응하며 일본을 포함한 삼각관계에 대해 이명박 정부가 확고한 지지를 보내는 방향 전환을 보일 때에만 순조롭게 진행될 수 있기 때문이다. 게다가 하토야마는 과거 일본의 지도자들이 한국의 지도자들에게 보였던 태도보다 열성적으로 이명박을 따르고 있다. 이런 움직임은 역사 문제에 대해서 한국인들을 안심시켜 왔지만, 지역적 정책과 관련해서는 어떻게 동아시아 공동체와 3국 동맹 사이의 균형을 이룰 것인가에 대한 의구심을 갖게 한다. 우선순위에 대한 일본의 혼란이 아시아태평양공동체의 속행을 어렵게 만든 것이다. 그러나 일본 자민당 내 수정주의적 입장이 한국과의 연계에 대한 거부권을 상실해 오고 있다는 사실은 미국과의 관계를 새롭게 사고하는 것은 물론이고 전례 없던 3국 동맹이라는 차원의 문을 열어젖히게 한다.

한편 민주주의 국가 인도는 2005년까지 미국과 일본의 지도자들이 중국을 아시아 재편에 중요한 파트너로 삼았다는 점에서 그들의 부상을 의심의 눈으로 바라보았다. 왜냐하면 인도는 민주주의 국가들의 비난을 받아 온 미국의 미얀마, 이란, 여타 국가들에 대한 정책을 지지하는 것과, 중국이 이들 국가들과 예비교섭을 맺고 확장해 나가는 것을 반대하는 것 사이에서 갈팡질팡해 왔기 때문이다. 아프가니스탄 전쟁에서 미국과 파키스탄의 동맹은 미국에 대한 인도의 신뢰에 한계선을 두게 만들었다. 일본과 중국의 연계가 동요하게 되자 일본의 주저하는 태도 역시도 문제를 복잡하게 만들었다. 2010년 초에 이명박은 자신의 새로운 아시아 발전 구상의 일부인 인도를 방문했다. 아프가니스탄 전쟁이 어떻게 진행될지에 따라 그리고 미-중 관계의 새로운 불확실성에 따라 상황은 유동적이다. 만약 미국, 일본, 한국 그리고 오스트레일리아가 인도에게 긍정의 손짓을 취하는 데 같은 생각을 보인다면 공동체 형성을 독려할 수 있는 전망은 밝아 보인다.

아시아태평양공동체는 강력한 민주화의 어젠다에서 벗어나는 데는 성공했다. 만약 중국의 목소리가 들려온다면 피할 수 없는 것과 마찬가지로 이 공동체는 자신이 지향하는 가치 선호들을 숨기지 않고도 더 잘 이끌 수 있다. 주요 도전 과제는 북한을 재교육시키고, 베이징과 타이베이의 신뢰 형성을 지원하며, 새로운 해군 기지와 긴장에 의한 인도양의 군사화를 막음으로써 신뢰를 형성하여 질서를 유지해 나가는 데 있다. 만약 연례 정상회담의 또 다른 라운드 없이 아시아태평양공동체를 비공식적으로 유지하는 것이 안정성을 보장하고 봉쇄정책이라는 유령이 등장하지 않고도 각국이 쉽게 협력할 수 있게 한다면, 이런 비공식적 운용은 바람직해 보인다. 남아있는 5개국과 이들이 제시한 어젠다에 북한이 동의하기를 바라는 이상적인 6자회담의 경우처럼, 이상적인 아시아태평양공동체는 공유되는 가치들과 안보 목표를 갖고 중국의 합류를 바라는 국가들 간의 핵심 그룹으로 그려 볼 수 있다. 이들 국가들 간의 협력은 중국의 분열과 정복의 기회를 줄이는 데 일조할 것이다. 또한 중국의 상대적 세력이 계속해서 커져 가고 있는 가운데, 쉽게 등장할 수 있는 각 국 입장 사이의 우려할 만한 충돌은 보이지 않는 대신 오히려 국가 간 세력균형이 형성될 가능성이 점점 커져 가고 있다.

VI. 결론

지구적 정체성에 대한 의심을 신속히 극복하기는 쉽지 않은 반면 국가 정체성은 여전히 동북아시아에 강력하게 남아 있다. 공유된 지역적 정체성의 토대는 근대 이전 시기에는 취약했고 20세기 전반기에는 일본의 침략으로 인해 손상되기도 했지만 냉전 종식 이후로는 혼란스러운 다양한 구상들 한 가운데서도 여전히 존재하고 있다. 이런 상황 속에서 단 하나의 초국가적 정체성을 전망할 수는 없다고 본다. 다층적 접근만이 공동체 형성에 대한 이 지역의 과도한 열망을 사로잡을 수 있는 최선의 기회를 가지고 있다고 생각한다. 미-중 관계를 동반하고 이 두 지배 권력 사이에서 다른 국가들이 자신의 위치를 찾을 때 세 가지 층위는 공존할 수 있다. 각 층위는 정체성 함의들을 지니며 그들 사이의 균형은 어떻게 초국가적 정체성을 북돋울 것인가와 어떻게 국가 정체성을 발전시킬 것인가에 달렸다고 볼 수 있다.

2005년 이후 동아시아 공동체는 ASEAN+3으로 총 13개 국가가 참여하는 형태를 목표로 삼아 왔고 2009년에 3국의 목표는 아세안에 있는 것이 아니라 경제적인 주도권에 있었다고 볼 수 있다. 유교적 유산을 공유하는 핵심 그룹인 3국은 아세안에 다양성을 불어넣었고 공동체 형성에 보다 유리했다.

그러나 중국이 중화사상으로 선회하고 나머지 두 국가 사이의 균형 유지가 어려움을 겪으면서 이런 전망에 제약이 가해진다. 만약 대안적 공동체들이 일제히 발전한다면 기회는 많아질 것이고 그 속에서 마침내 중국은 지구적 공동체의 신흥 규범과 원칙을 받아들일 것이다. 이것은 2003년 가속도를 내며 추진된, 북한을 감독하는 과정에 대한 합의에 있어서 러시아가 중국 헤게모니와 미국의 주도권을 수용하기보다는 이 지역의 균형을 추구하고자 함에 따라, 무엇보다도 6자회담을 최소한 5+1에 기반을 둔 안보 공동체로 만들겠다는 의미이다. 중국에게 모든 공동체 형성을 거부할 권한을 주기보다는, 오히려 보편적 가치의 강화에 합의하는 국가들이 아시아태평양공동체가 계속해서 제안해 온 개별 층위를 통해 공동의 노력을 조직화할 필요가 있게 된 것이다. 이것은 안보 문제와 가치를 공유하는 경향이 있는 동맹국들과 나머지 국가들의 연합으로 시작해서, 중국이 이와 같은 우선순위들을 지지한다고 선언하게끔 개방해 두는 이중의 형태로 나타날 수 있다.

가치는 중요하지 않다고 여기는 극단적인 주장이나 공유되는 가치가 없음에도 가치가 공유되고 있다고 말하는 이상적인 주장에 기반을 두어서는 지역적 질서가 수립될 수 없다. 국가 정체성에 대한 무관심 속에서는 지역적 또는 지구적 정체성에 대한 합의에 도달할 수 없는 것이다. 지금까지 살펴본 세 가지 층위별 맥락 속에서 역내 국가들은 점차 광범위한 정체성에 대한 공통의 비전을 추구해 나가면서, 국가 정체성들 간의 차이를 좁히기 위해 노력할 필요가 있다. 오직 이를 통해서만 우리는 중국이 빠른 속도로 무장하고 타이완 통합을 목표로 하고 있으며, 핵무기가 늘어나고 테러의 위협이 커지고 있는 상황에서 갈등이 위험한 수준으로 치닫는 것을 막을 수 있는 지역적 질서의 확립을 기대할 수 있을 것이다.

번역_정지혜(고려대 정치외교학과 석사과정 수료)

참고문헌

1장

"高宗實錄."『朝鮮王朝實錄』. 國史編纂委員會.

강진아. 2007. "廣東네트워크와 朝鮮華商 同順泰."『史學硏究』 제88호.

______. 2008. "韓末 彩票業과 華商 同順泰號: 20세기 초 동아시아 무역 네트워크와 한국."『중국근현대사연구』 제40집.

高麗大學校亞細亞問題硏究所. 1967.『舊韓國外交文書』8(淸案 1).

高承濟. 1972. "華僑 對韓移民의 社會史的 分析."『백산학보』 제13호.

구선희. 1999.『韓國近代 對淸政策史 硏究』. 혜안.

金正起. 1976. "조선 정부의 청 차관 도입(1882~1894)."『한국사론』 3.

김세민. 2002.『한국 근대사와 萬國公法』. 景仁文化社.

譚永盛. 1976.『朝鮮末期의 淸國商人에 關한 硏究: 1882~1885년까지』. 단국대학교 석사학위 논문.

馬建忠. "東行初錄." 王錫祺.『小方壺齋輿地叢鈔』(朴現圭. 1999.『19世紀 中國에서 본 韓國 資料』. 亞細亞文化史).

박원호·권인용·홍성구·박정현 지음. 2005.『15~19세기 중국인의 조선 인식』. 고구려연구재단.

石田亮太. 2008. "조선 개항 후 중국인 상인의 무역 활동과 네트워크."『역사문제연구』 제20호.

孫禎睦. 1980. "개항기 한성 외국인 거류의 과정과 실태."『향토서울』 38.

孫禎睦. 1994.『韓國 開港期 都市變化過程硏究: 開港場·開市場·租界·居留地』. 一志社.

송병기 역. 2001.『국역 윤치호 일기』 1. 연세대학교 출판부.

崇禮, "奉使朝鮮日記." 王錫祺.『小方壺齋輿地叢鈔』(朴現圭. 1999.『19世紀 中國에서 본 韓國資料』. 亞細亞文化史).

魏源, "征撫朝鮮記." 王錫祺.『小方壺齋輿地叢鈔』(朴現圭. 1999.『19世紀 中國에서 본 韓國 資料』. 亞細亞文化史).

이병천. 1995. "개항기 외국 상인의 內地商圈 침입: 淸商·日商을 중심으로."『경제사학』 9.

李鉉淙. 1967. "구한말 외국인 거류지 내 조직체에 대하여."『역사학보』 34.

전우용. 2003. "한국 근대의 華僑 문제."『韓國史學報』 제15호.

정혜중. 2007. "개항기 인천 華商 네트워크와 華僑 정착의 특징."『중국근현대사연구』 제36집.

秦裕光. 1979년 9월~12월. "華僑."『中央日報』.

叢成義. 2000.『근대 한국 지식인의 대외 인식』. 誠信女子大學校 出版部.
커즌, G. N. 라종일 역. 1996.『100년 전의 여행, 100년 후의 교훈』. 비봉출판사.
韓祐劤. 2003.『韓國開港期의 商業硏究』. 한국학술정보
『漢城旬報』. 東方미디어.

古田和子. 2000.『上海ネットワークと近代東アジア』. 東京大學出版會.
南洋協會 編. 1940.『南洋の華僑』. 南洋協會.
濱田恒一·岡田宗司. 1942.『南方圈の經濟』(『南方年鑑』 1). 南方年鑑刊行會. 東京: 東邦社.
石田亮太. 2007.『開港期漢城における朝鮮人·中國人間の商取引と紛爭 – "駐韓使館檔案"を通じて』.『年報朝鮮學』 第10號.
楊昭全·孫玉梅. 1991.『朝鮮華僑史』. 中國華僑出版公司.
溫廷敬 輯錄. 1910.『茶陽三家文鈔』 卷1. 石印本(中國). 補讀書廬.
劉垣. 1975.『張謇傳記』. 沈雲龍 主編.『近代中國史料叢刊續編』 第13輯 128. 文海出版社.
______. 1991.『張季子九錄』(『政問錄』 卷 3).『民國叢書』 第3編 94. 上海書店.
林明德. 1984.『袁世凱與朝鮮』. 臺灣中央硏究院近代史硏究所.
田村壽. 1942.『南方華僑の現勢』(『南方年鑑』 1). 南方年鑑刊行會. 東京: 東邦社.
『朝鮮檔』. 臺灣 中央硏究院 近代史硏究所 檔案館 所藏.
『淸季駐朝鮮使館檔』. 臺灣中央硏究院 近代史硏究所 所藏.
『淸史稿』 4. 紀. 中華書局.

Larsen, Kirk W. 2008. *Tradition, Treaties, and Trade Qing Imperialism and Choson Korea, 1850~1910*. Harvard University Asia Center.

2장

김경일. 1999. "전시기 일본의 대동아공영권 구상과 체제."『일본역사연구』 10.
______. 2005. "대동아공영권의 '이념'과 아시아의 정체성." 백영서 외.『동아시아의 지역 질서』. 파주: 창비.
김성원 외. 1995.『일제하의 동남아』. 서울: 한국외국어대학교출판부.
김정현. 1994. "일제의 '대동아공영권': 논리와 실체."『역사비평』 26.
나카무라 미츠오·니시타니 게이지 외 지음. 이경훈·송태욱·김영심·김경원 옮김. 2007.『태평양전쟁의 사상』. 서울: 이매진.
문명기. 2000. "중일전쟁 초기 汪精衛파의 화평운동과 화평이론."『동양사학연구』 71.
배경한. 2004. "중일전쟁 시기 중국에서의 동아연맹운동과 汪精衛정권."『중국근현대사연구』 21.

윤건차. 2003. "근대 일본의 이민족 지배." 윤건차 지음. 이지원 옮김. 『한일 근대사상의 교착』. 서울: 문화과학사.
이수열. 2010. "오자키 호츠미(尾崎秀實)의 중국 인식과 上海 경험." 『역사와 경계』 75.
이진경. 2006. "식민지 인민은 말할 수 없는가?: '동아신질서론'과 조선의 지식인." 『사회와 역사』 71.
임성모. 1998. "만주국협화회의 총력전체제 구상 연구." 연세대학교 대학원 사학과 박사학위 논문.
______. 2005. "동아협동체론과 '신질서'의 임계." 백영서 외. 『동아시아의 지역 질서』. 파주: 창비.
임종명. 2005a. "一民主義와 대한민국의 근대 민족국가화." 『한국민족운동사연구』 44.
______. 2005b. "제1공화국 초기 대한민국의 가족국가화와 內破." 『한국사연구』 130.
정종현. 2005. "중일전쟁과 탈식민의 환타지: 1930년대 후반 식민지 조선 근대주의자들의 '전환기' 담론을 중심으로." 동국대학교 한국문학연구소 편. 『전쟁의 기억, 역사와 문학(上)』. 서울: 월인.
한석정. 1999. "대동아공영권과 세계체제론의 적용에 대한 시론." 『한국사회학』 33-4.
함동주. 1996. "중일전쟁과 미키 키요시의 동아협동체론." 『동양사학연구』 56.
______. 2000. "미키 키요시의 동아협동체론과 민족문제." 『인문과학(성대)』 30.
洪宗郁. 2000. "중일전쟁기(1937~41) 조선 사회주의자의 전향과 그 논리." 『한국사론』 44.

滿洲帝國協和會. 1943. 『協和運動』 5권 10호(增刊: 日滿華興亞團體會合 特輯號).
伊原相弼. 1943. "第二回日滿華興亞團體會合に對する所感." 『協和運動』 5권 10호.
趙寬子. 2003a. "日中戰爭期の'朝鮮學'と'古典復興': 植民地の'知'を問う." 『思想』 947.
______. 2003b. "植民地帝國日本と'東亞協同體': 自己防衛的な思想連鎖の中で'世界史'を問う." 『朝鮮史硏究會論文集』 41.
______. 2004. "徐寅植の歷史哲學: 世界史の不可能性と'私の運命'." 『思想』 957.
崔眞碩. 2003. "朴致祐における暴力の豫感: '東亞協同體論の一省察'を中心に." 『現代思想』 31-3.
洪宗郁. 2004. "一九三O年代における植民地朝鮮人の思想的模索: 金明植の現實認識と'轉向'を中心に." 『朝鮮史硏究會論文集』 42.
加田哲二. 1939. 『東亞協同體論』. 東京: 日本靑年外交協會.
______. 1941. "東亞建設理論の再吟味." 『太平洋經濟戰爭論』. 東京: 慶應書房.
高柳光壽·竹內理三 編. 1974. 『日本史辭典(第二版)』. 東京: 角川書店.
高山岩男. 1942a. "歷史の推進力と道義的生命力." 『中央公論』 57권 10호.
______. 1942b. 『世界史の哲學』. 東京: 岩波書店.
______. 1943. 『日本の課題と世界史』. 東京: 弘文堂.
高田保馬. 1939. 『東亞民族論』. 東京: 岩波書店.
______. 1942. 『民族論』. 東京: 岩波書店.
高坂正顯 外 編. 1943. 『世界史的立場と日本』. 東京: 中央公論社.

廣松涉. 1989.『"近代の超克"論』. 東京. 講談社.
橋川文三. 1970. "東亞新秩序の神話."『近代日本政治思想史 II』. 東京: 有斐閣.
宮崎正義. 1938.『東亞聯盟論』. 東京: 改造社.
蠟山政道. 1941a. "大東亞廣域圈論." 太平洋協會 編.『太平洋問題の再檢討』. 東京: 朝日新聞社.
______. 1941b. "東亞協同體と帝國主義."『東亞と世界』. 東京: 改造社.
______. 1941c. "ゲオポリティク." 三木清 編.『社會科學新辭典』. 東京: 河出書房.
______. 1941.『東亞と世界』. 東京: 改造社.
大橋良介. 2001.『京都學派と日本海軍』. 東京: PHP研究所.
______. 2004.『京都學派の思想』. 京都: 人文書院.
大久保達正 外 編. 1992.『昭和社會經濟史料集成 』17. 東京: 大東文化大學東洋研究所.
大日本興亞同盟. 1942.『日滿華興亞團體會合記錄』. 東京: 大日本興亞同盟.
大澤眞幸. 2004.『帝國的ナショナリズム: 日本とアメリカの變容』. 東京: 青土社.
尾崎秀實. 1977. "東亞新秩序論の現在及び將來."『尾崎秀實著作集』2. 東京: 勁草書房.
北島滋. 2002.『高田保馬: 理論と政策の無媒介的結合』. 東京: 東信堂.
森嶋通夫. 2001.『日本にできることは何か: 東アジア共同體を提案する』. 東京: 岩波書店.
三木清. 1941. "謙讓論: 民族協和の哲學的考案."『東亞聯盟』7월호.
______. 1968a. "國民性の改造."『三木清全集』15. 東京: 岩波書店.
______. 1968b. "新日本の思想原理."『三木清全集』17. 東京: 岩波書店.
______. 1968c. "汪兆銘氏に寄す."『三木清全集』15. 東京: 岩波書店.
______. 1968d. "全體と個人."『三木清全集』14. 東京: 岩波書店.
______. 1968e. "政治と文化."『三木清全集』14. 東京: 岩波書店.
石井公成. 2000. "大東亞共榮圈の合理化と華嚴哲學."『佛教學』42.
______. 2002. "大東亞共榮圈に至る華嚴哲學."『思想』943.
石井知章·小林英夫·米谷匡史 編. 2010.『一九三〇年代のアジア社會論: "東亞協同體"論を中心とする言說空間の諸相』. 東京: 社會評論社.
新明正道. 1942.『民族社會學の構想』. 東京: 三笠書房.
安部博純. 1996.『日本ファシズム論』. 東京: 影書房.
鈴木成高. 1942. "'近代の超克'覺書."『文學界』10월호.
源川眞希. 2000. "『大東亞共榮圈』思想の論理とその歸結."『人文學報(東京都立大學)』306.
伊藤隆·廣橋眞光·片島紀男 編. 1990.『東條內閣總理大臣機密記錄』. 東京: 東京大學出版會.
日本外務省 編. 1965a.『日本外交年表竝主要文書』. 東京: 原書房.
______. 1965b.『日本外交年表竝主要文書(下)』. 東京: 原書房
田中直吉. 1943. "大東亞共榮圈の政治構想." 田村德治 編.『大東亞共榮圈建設の基礎理論』. 京都: 立命館出版部.
町口哲生. 2004.『帝國の形而上學: 三木清の歷史哲學』. 東京: 作品社.

佐藤莊一郎. 1944.『ハウスホ-ファ-太平洋地政學解說』. 東京: 六興出版社.
酒井哲哉. 1999. "'東亞協同體論'から'近代化論'へ: 蠟山政道における地域·開發·ナショナリズム論の位相." 日本政治學會 編.『日本外交におけるアジア主義』. 東京: 岩波書店.
周學昌. 1943. "東亞聯盟思想と日華提携."『東亞聯盟』5권 8호.
曾村保信. 1984.『地政學入門: 外交戰略の政治學』. 東京: 中央公論社.
波多野澄雄. 1981. ""東亞新秩序"と地政學." 三輪公忠 編.『日本の一九三O年代』. 東京: 彩流社.
平野義太郎. 1943.『民族政治學の理論』. 東京: 日本評論社.
河西晃祐. 2005. "'帝國'と'獨立': '大東亞共榮圈'における'自主獨立'問題の共振."『年報日本現代史 10: '帝國'と植民地』. 東京: 現代史料出版.
海軍省調査課. 1992. "大東亞共榮圈論." 大久保達正 外 編.『昭和社會經濟史料集成』17. 東京: 大東文化大學東洋研究所.
ハウスホ-ファ-. 1941.『地政學の基礎理論』. 玉城肇 譯. 東京: 科學主義工業社.
______. 1942.『ハウスホ-ファ-太平洋地政學』. 太平洋協會 編譯. 東京: 岩波書店.

Spurr, David. 1993. *The Rhetoric of Empire*. Durham. N.C.: Duke University Press.
Harootunian, Harry. 2000. *Overcome By Modernity: History, Culture and Community in Interwar Japan*. Princeton: Princeton University Press.

3장

高見成. 1938. "조선 농민과 만주국의 산업 개발."『재만조선인통신』51·52. 흥아협회.
김기훈. 2008. "만주의 코리안 디아스포라: 제국 내 이민정책의 유산." 한석정·노기식 엮음.『만주, 동아시아 융합의 공간』. 소명출판.
金東進. 1940. "건국(建國) 십년의 만주국과 조선인 근황(近況), 조선 내 자본(資本)의 진출과 인물(人物)의 집산(集散) 등."『삼천리』12-9. 삼천리사.
김명구. 2008. "중일전쟁기 조선에서 '내선일체론'의 수용과 논리."『한국사학보』33. 고려사학회.
박찬흥. 2005. "만선사관에서의 고구려사 인식 연구."『북방사논총』8. 고구려역사재단.
______. 2007. "만선사관에서의 한국 고대사 인식 연구."『한국사학보』29. 고려사학회.
방기중·전상숙. 2005. "일본 파시즘 인식의 혼돈과 재인식의 방향."『식민지 파시즘의 유산과 극복의 과제』. 혜안.
宋圭振. 2001.『日帝下의 朝鮮貿易 硏究』. 高麗大學校 民族文化硏究院.
송규진. 2005. "일제하 조선과 만주국의 무역에 관한 연구."『중국학보』52. 한국중국학회.
이동진. 2008. "신경의 조선인 – 신경실무학교를 사례로." 한석정 엮음.『만주, 동아시아 융합의 공간』. 소명출판.

임성모. 2006. "팽창하는 경계와 제국의 시선: 근대 일본의 만주여행과 제국의식." 『일본역사연구』 23. 일본사학회.
______. 2007. "해제." 『조선과 만주 총목차·인면색인』. 어문학사.
______. 2009. "중일전쟁 전야 만주국·조선 관계사의 소묘: '日滿一體'와 '鮮滿一如'의 갈등." 『역사학보』 201. 역사학회.
정재정. 1999. 『일제 침략과 한국 철도(1892~1945년)』. 서울대학교출판부.
정창현·한모니카. 2001. "최하종." 한국정신문화연구원 한민족문화연구소 엮음. 『내가 겪은 해방과 분단』. 선인.
최문형. 2004. 『국제관계로 본 러일전쟁과 일본의 한국 병합』. 지식산업사.
카터 에커트 지음. 주익종 옮김. 2008. 『제국의 후예: 고창 김씨가와 한국 자본주의 식민지 기원 1876~1945』. 푸른역사.
프래신짓트 두아라 지음. 한석정 옮김. 2008. 『주권과 순수성: 만주국과 동아시아적 근대』. 나남.
한석정. 2003. "만주국과 조선과의 관계." 『아시아문화』 19. 춘천: 한림대학교 아시아문화연구소.

朝鮮總督府. 1936. 『朝鮮産業經濟調査會會議錄』. 京城: 朝鮮總督府.
______. 1940. 『施政三十年史』. 京城: 朝鮮總督府.
高見成 編. 1941. 『滿鮮拓殖株式會社五年史』. 新京: 鮮滿拓殖株式會社.
中村資良 編. 『朝鮮銀行會社(組合)要錄』. 京城: 東亞經濟時報社.
江上征史. 1941. "鮮滿一如論." 『朝鮮』 313(6月). 朝鮮總督府.
朝鮮貿易協會. 1936. "社團法人朝鮮貿易協會設立趣意書." 『朝鮮貿易協會通報』 創刊號(4月).
______. 1943. 『朝鮮貿易史』. 京城: 朝鮮貿易協會.
殖産局商工課. 1937. "鮮滿一如の經濟的施設に付て." 『朝鮮』 265(6月). 朝鮮總督府.
川合彰武. 1936. "鮮滿一如の道." 『朝鮮貿易協會通報』 8(11月). 朝鮮貿易協會.
______. 1942. "鮮滿一如より大陸一如へ." 『朝鮮行政』 6月.
平井相曦. 1941. "滿洲開拓と鮮滿一如." 『朝鮮』 313(6月). 朝鮮總督府.
朝鮮社會事業協會. 1941. "昭和十六年四月道知事會議に於ける南總督訓示の要旨." 『朝鮮社會事業』 19.
小林英夫·張志强. 2006. 『検閲された手紙が語る滿洲國の實態』. 東京: 小學館.
田中隆一. 2007. 『滿洲國と日本の帝國支配』. 東京: 有志舍
依田憙家. 1976. "滿洲における朝鮮人移民." 『日本帝國主義下の滿洲移民』. 東京. 龍溪書舍.
田中隆一. 1996. "對立と統合の'鮮滿'關係: '內鮮一體'·'五族協和'·'鮮滿一如'の諸相." 『ヒストリア』 152. 大阪: 大阪歷史學會.
『朝鮮日報』, 『每日申報』(『每日新報』), 『朝鮮新聞』, 『釜山日報』, 『國境每日新聞』, 『平壤每日新聞』, 『朝鮮新聞』, 『新京日日新聞』
『朝鮮』, 『朝鮮貿易協會通報』, 『朝鮮總督府官報』, 『公普通』, 『機密』, 『三千里』, 『在滿朝鮮人通信』, 『朝光』, 『朝鮮行政』, 『朝鮮及滿洲』, 『朝鮮社會事業』.

4장

기미야 다다시. 1991. “한국의 내포적 공업화전략의 좌절.” 고려대 박사학위 논문. 서울: 고려대학교.

백두진. 1975. 『백두진 회고록』. 대한건론사

변영학. 2006. “국가 형성, 산업화, 금융자유화.” 『아세아연구』 49권 4호.

이만희. 1993. 『경제기획원은 기적을 낳았는가?』. 해돋이

이윤호. 1999. “자본 구성과 자금조달.” 참여연대. 『한국 5대 재벌백서』. 나남출판사.

전국경제인연합회. 1991. 『전경련 30년사』. 전경련

정운찬. 1995. 『중앙은행론』. 학현사

통계청. 1995. 『통계로 본 한국의 발자취』. 통계청

한국은행. 2000. 『한국은행 오십년사』. 한국은행.

한규훈. 1986. 『실록 한국은행』. 매일경제신문사

Amsden, Alice. 1992. *Asia's Next Giant: South Korea and Late Industrialization*. Oxford University Press.

Balassa, Bela. 1965. “Trade Liberalization and ‘Revealed’ Comparative Advantage.” *The Manchester School*. vol 33. no.2.

Balassa, Bela. 1978. “Exports and Economic Growth: Further Evidence.” *Journal of Development Economics*. Vol 5. no.2.

Bloomfield, Arthur I. and John P. Jensen. 1951. *Banking Reform in South Korea*. New York: Federal Reserve Bank of New York.

Central Bank of China. 1975~2002. *Annual Report of Financial Activities*. Taipei: CBC.

______. 1996. *The Central Bank of China: Purposes and Functions (1961~1991)*. Taipei: Central Bank of China.

______. 2003. *Yearbook of Financial Institutions' Operations*. Taipei: CBC

Chang, Kia-ngau. 1958. *The Inflationary Spiral: The Experience in China, 1939~1950*. Cambridge: MIT Press.

Cheng, Tun-Jen. 1990. “Political Regime and Development Strategies: South Korea and Taiwan.” in Gary Gereffi and Donald L. Wyman. eds. *Manufacturing Miracles: Paths of Industrialization in Latin America and East Asia*. Princeton: Prince University Press.

_____. 1993. "Guarding the Commanding Heights: The State as Banker in Taiwan." in Stephan Haggard, Chung H. Lee, and Sylvia Maxfield eds. *The Politics of Finance in Developing Countries*. Ithaca: Cornell University Press.

Clark, Cal. 1989. *Taiwan's Development: Implications for Contending Political Economy Paradigms*. New York: Greenwood Press.

Cole, David C. 1980. "Foreign Assistance and Korean Development." in David C. Cole, Youngil Lim, and Paul W. Kuznet. eds. *The Korean Economy: Issues of Development*. Berkeley: University of California Press.

Cole, David C. and Princeton N. Lyman. 1971. *Korean Development: Interplay of Politics and Economics*. Cambridge: Harvard University Press.

Cole, David C. and Young Woo Nam. 1969. "The Pattern and Significance of Economic Planning in Korea," in Irma Adelman. ed. *The Practical approaches to Development Planning*. Baltimore: Johns Hopkins University Press.

Cole, David C. and Yung Chul Park. 1983. *Financial Development in Korea, 1945-1978*. Cambridge: Council on East Asian Studies, Harvard University.

Council for International Economic Cooperation and Development of Executive Yuan. various years. *Taiwan Statistical Data Book*. Taipei, Republic of China.

Cumings, Bruce. 1987. "The Origins and Development of the Northeast Asian Political Economy: Industrial Sectors, Product Cycles, and Political Consequences." Frederick Deyo. ed. *The Political Economy of the New Asian Industrialism*. Ithaca: Cornell University Press.

Evans, Peter. 1995. *Embedded Autonomy: States and Industrial Transformation*. Princeton University Press.

Frieden, Jeffry A. 1991. *Debt, Development, and Democracy: Modern Political Economy and Latin America, 1965~1985*. Princeton: Princeton University Press.

Gold, Thomas B. 1986. *State and Society in the Taiwan Miracle*. New York: M. E. Sharpe, Inc.

Haggard, Stephan, Byung-kook Kim, and Chung-in Moon. 1991. "The Transition to Export-led Growth in South Korea: 1954~1966." *The Journal of Asian Studies* 50 (November).

Ho, Samuel. 1987. "Economics, Economic Bureaucracy, and Taiwan's Economic Development." *Pacific Affairs* 60 (2).

Jacoby, Neil H. 1966. *U.S. Aid to Taiwan: A Study of Foreign Aid, Self-Help, and Development*. New York: Frederick A. Praeger.

Johnson, Chalmers. 1982. *MITI and the Japanese Miracle: The Growth of Industrial Policy,*

1925~1975. Stanford University Press.

Kindleberger, Charles P. 1984. *A Financial History of Western Europe*. New York: Oxford University Press.

Krueger, Ann. 1979. *The Developmental Role of the Foreign Sector and Aid*. Cambridge: Harvard University Press.

Lyons, Gene M. 1961. *Military Policy and Economic Aid: The Korean Case, 1950~1953*. Columbus: Ohio State University Press.

Maxfield, Silvia. 1997. *Gatekeepers of Growth: The International Political Economy of Central Banking in Developing Countries*. Princeton: Princeton University Press.

McKinnon, Ronald I. 1973. *Money and Capital in Economic Development*. Washington, D.C.: Brookings Institute.

Mondiale, Banque. 1993. *The East Asian Miracle: Economic Growth and Public Policy*. Washington D.C.: World Bank.

Montgomery, John A. 1962. *The Politics of Foreign Aid: American Experience in Southeast Asia*. New York: Council on Foreign Relations.

Pang, Chien-Kuo. 1992. *The State and Economic Transformation: The Taiwan Case*. New York: Garland Publishing, Inc.

Park, Albert and Bruce Johnston. 1995. "Rural Development and Dynamic Externalities in Taiwan's Structural Transformation." *Economic Development and Cultural Change* (44): Oct.

Park, Chung Hee. 1962. *The Country, the Revolution and I*. Seoul: Hollym Corporation Publishers.

Park, Yung Chul and Dong-won Kim. "Korea: Development and Structural Change of the Banking System." in Hugh T. Patrik and Yung Chul Park. eds. *The Financial Development of Japan, Kroea, and Taiwan: Growth, Repression, and Liberalization*. New York: Oxford University Press.

Park, Yung Chul. 1994. "Korea: Development and Structural Change of the Financial System." in Hugh T. Patrik and Yung Chul Park. eds. *The Financial Development of Japan, Kroea, and Taiwan: Growth, Repression, and Liberalization*. New York: Oxford University Press.

Patrick, Hugh T. 1994. "Comparison, Contrasts, and Implications." in his and Yung Chul Park. eds. *The Financial Development of Japan, Korea, and Taiwan: Growth, Repression, and Liberalization*. New York: Oxford University Press.

Pempel, T. J. 1999a. *The Politics of the Asian Economic Crisis*. Ithaca: Cornell University Press.

Pempel, T. J. 1999b. "The Developmental Regime in a Changing World Economy." Woo-Cumings. ed. *The Developmental State*. Ithaca: Cornell University Press.

Posen, Adam S. 1995. "Declarations Are Not Enough: Financial Sector Sources of Central Bank Independence." *NBER Macroeconomics Annual* 10.

Ralp, Henry A. 1970. "Impediments to Modern Banking in Taiwan." *Industry of Free China* (34): Sept.

Ranis, Gustav. 1977. "Economic Development and Financial Institutions." in Bela Balassa and Richarc Nelson. eds., *Economic Progress, Private Values and Public Policy*. New York: North-Holland Publishing Company.

Republic of China. 1969. 1984. 1990. 1997a. *Taiwan Statistical Data Book*. Taipei: Republic of China.

______. 1970. 1980. 1990. 1991. 1997b. 2003. *Statistical Yearbook of the Republic of China*. Taipei: Republic of China.

Schelling, Thomas C. 1957. "American Aid and Economic Development: Some Critical Issues." in American Assembly. ed. *International Stability and Progress*. New York: The American Assembly.

Shea, Jia-Dong. 1994. "Taiwan: Development and Structural Change of the Financial System." in Hugh T. Patrik and Yung Chul Park. eds. *The Financial Development of Japan, Kroea, and Taiwan: Growth, Repression, and Liberalization*. New York: Oxford University Press.

Simon, Denis Fred. 1988. "External Incorporation and Internal Reform." in Edwin A. Winckler and Susan Greenhalgh. eds. *Contending Approaches to the Political Economy of Taiwan*. New York: An East Gate Book.

Stiglitz, Joseph. 1996. "Some Lessons from the East Asian Miracle." *The World Bank Research Observer*. Vol.11. no.2.

Sun, Yat-sen. 1927. *Sam Min Chu I: The Three Principles of the People*. Translated by Frank W. Price. Shanghai, China: Commercial Press Limited.

Wade, Robert. 1990. *Governing The Market: Economic Theory and the Role of Government in East Asian Industrialization*. Princeton University Press.

Woo, Jung-en. 1991. *Race to the Swift: State and Finance in Korean Industrialization*. New York: Columbia University Press.

Woo-Cumings. ed. 1999. *The Developmental State*. Ithaca: Cornell University Press.

World Bank. 2003. World Development Indicators. CD-ROM.

5장

김기석. 2008. "일본의 동아시아 통합전략: 미국, 아시아-태평양, 그리고 동남아시아." 동아시아공동체연구회 엮음. 『동아시아공동체와 한국의 미래』. 이매진.
김형국·김석근. 2005. "동북아문화공동체 형성을 위한 여건과 전망: 문화적 동질성과 다양성 그리고 정체성." 『세계지역연구논총』 제23권 1호.
김혜승. 2005. "21세기 동아시아공동체 모색과 한일관계." 『日本思想』 제10호.
오자키 호츠미. 1997. "동아협동체의 이념과 그 성립의 객관적 기초." 최원식·백영서 엮음. 『동아시아인의 동양인식: 19~20세기』. 문학과 지성사.
야스마루 요시오 지음. 박진우 옮김. 2006. 『현대 일본사상론』. 논형.

大平正芳回想録刊行会 編. 1983. 『大平正芳回想録』. 東京: 鹿島出版会.
大平正芳記念財団 編. 1990. 『大平正芳: 人と思想』. 東京: 大平正芳記念財団 (http://www.ohira.or.jp/cd/book/hi/index.html. 검색일 2011년 1월10일).
大來佐武郎·小島清 編. 1973. 『アジア太平洋經濟圈』. 東京: 日本國際問題研究所.
環日本海学会. 2008. 『北東アジア事典: 環日本海圏の政治·経済·社会·歴史·文化·環境』. 東京: 国際書院.
小林英夫. 1975. 『"大東亜共栄圏"の形成と崩壊』. 東京: お茶の水書房.
小島清. 1966. "ケネディラウンドと太平洋自由貿易地域構想: 世界貿易の自由化と統合化." 『世界経済評論』 第10권 1호.
______. 1968. 『太平洋經濟圈』. 東京: 日本經濟新聞社.
______. 1969. 『太平洋經濟圈と日本』. 東京: 國元書房.
外務省総理大臣演説(http://www.mofa.go.jp/mofaj/press/enzetsu/index.html. 검색일 2010년 11월 18일)
経済企画庁. 1958. 『特需契約に関する統計』. 東京: 経済企画庁.
経済企画庁 編. 1989. 『世界とともに生きる日本-経済運営5カ年計画-の推進状況と今後の課題"(1988年度 経済審議会 報告)』. 東京: 大蔵省印刷局.
嶋倉民生. 1992. "東北アジア経済圏形成への胎動." 嶋倉民生 編. 『東北アジア経済圏の胎動: 東西接近の新フロンティア』. 東京: アジア経済研究所.
末廣昭. 2005. "アジア有限パートナーシップ論: 日本の東アジア関与の新しいかたち." 渡邉昭夫 編. 『アジア太平洋連帯構想』. pp.135-161. 東京: NTT出版.
関沢洋一. 2008. 『日本のFTA政策: その政治過程の分析』. 東京: 東京大学社会科学研究所.
谷口誠. 2004. 『東アジア共同体: 経済統合のゆくえと日本』. 東京: 岩波書店.
土志田制一 編. 2001. 『経済白書で読む戦後日本経済の歩み』. 東京: 有斐閣.
樊勇民. 1992. "1990年代の太平洋共同体への展望." 峰島旭雄 編. 『ただ一つの太平洋共同体の

建設』. 東京: 早稲田大学社会科学研究所.
内閣官房内閣審議室分室・内閣総理大臣補佐官室 編. 1980.『環太平洋連帯の構想: 環太平洋連帯研究グループ(大平総理の政策研究会報告書 4)』. 東京: 大蔵省印刷局.
防衛庁. 2006.『防衛年鑑2006年版』. 東京: 防衛年鑑刊行会..
増田与. 1980.『太平洋共同体論: 環太平洋連帯の黎明』. 東京: 霞山会.
______. 1991.『太平洋共同体新論』. 東京: 北樹出版.
丸山静雄. 1967. "三木構想に注文する: アジア太平洋圏構想と三木外交."『朝日ジャ-ナル』No. 9(29).
三輪公忠 編. 1981.『再考・太平洋戦争前夜: 日本の1930年代論として』. 東京: 創世記.
三和良一・原朗. 2007.『近現代日本経済史要覧』. 東京: 東京大学出版会.
毛利和子. 2007. "総論: 東アジア共同体を設計する." 毛里和子・山本武彦・天児慧 編.『東アジア共同体の構築 1: 新たな地域形成』. pp. 1-34. 東京: 岩波書店.
森嶋通夫. 1995.『日本の選択: 新しい国造りにむけて』. 東京: 岩波書店.
______. 2001.『日本にできることは何か: 東アジア共同体を提案する』. 東京: 岩波書店.

6장

기획재정부. 2010. "최근 한·중·일의 성장 및 교역 동향과 시사점." 대외경제국.
김익수. 1999. "중국의 WTO 가입이 동아시아와 한국 경제에 미치는 영향." 대외경제정책연구원.『정책연구』1999-09.
김진표. 2003. "평화와 번영을 위한 아시아 경제협력." '보아오 포럼' 기조연설 자료. 11월 2일.
동북아 전문가풀 분과회의. 2004. "동북아 경제 중심 추진의 비전과 추진계획." 5월 6일. 대외경제정책연구원.
정인교 외. 2003.『한·중·일 FTA의 추진당위성과 선행과제』. 대외경제정책연구원 협동 연구 03-20.
정인교·방호경. 2003. "발리 한·중·일 정상회의의 주요 논의사항과 의의: FTA를 중심으로."『KIEP 세계경제』. 11월호.
정인교. 2007. "정치 논리에 빠진 참여정부의 동북아 경제 중심 정책." 자유기업원 정책모니터.

Baldwin, Richard E. 2005. *Asian Regionalism: Promises and Pitfalls*. Graduate Institute of International Economics. Geneva. January.

〈언론, 인터넷 자료〉
"아세안회의 한·중·일 참석 정례화."『매일경제신문』. 1998/12/17.

"이슈 인터뷰: 남덕우 前국무총리." 『중앙일보』. 2003/12/24.
"특집 동아시아시대 7대 전략." 『매일경제신문』. 2011/01/03.
외교통상부 FTA 홈페이지(www.fta.go.kr).

7장

권오신. 2005. "아이젠하워 대외 정책의 기조: 뉴룩(New Look) 정책과 아이젠하워 독트린." 『미국사 연구』 21집.
권용립. 1997. 『미국 대외 정책사』. 민음사.
김명섭. 2005. "서유럽의 통합과 동아시아의 분절: 냉전 초기 미국의 지정 전략을 중심으로." 『국제정치논총』 제45집 2호.
김보영. 1997. "제네바 정치 회담과 남북한 통일 정책의 비교연구." 『국사관 논총』 75집.
김정배. 2010. "베트남 전쟁과 사회주의 진영, 그리고 냉전체제." 『역사와 경계』 76권.
나종일. 1988. 『제네바 정치 회담에 관한 연구』. 연구논문 시리즈 88-06. 일해연구소.
남찬순. 1983. "비화: 제네바정치 회담." 『신동아』 7월호.
데이비드 헬버스탬 지음. 정윤미·이은진 옮김. 2009. 『콜디스트 윈터』. 살림.
라종일. 1997. "제네바 정치 회담: 회담의 정치. 1954.4.26~6.15." 『고황정치학 회보』 1권.
박영실. 2006. "정전이후 중국인민지원군의 대북한 지원과 철수." 『정신문화연구』 제29권 제4호(통권 105호).
박인숙. 2004. "미국 역사가들과 '아이젠하워 수정주의'." 『대구사학』 제77집.
______. 2005. "아이젠하워 행정부와 '평화'의 수사학." 『미국사 연구』 제22집.
박태균. 2006. 『우방과 제국』. 서울: 창비.
______. 2009. "잘못 끼운 첫 단추: 이승만-아이젠하워 정부의 갈등." 『역사비평』 봄호(통권 86호).
백원담. 2008. "냉전기 아시아에서 아시아주의의 형성과 재편 1." 성공회대 동아시아 연구소 엮음. 『냉전아시아의 문화풍경 1: 1940~1950년대』. 현실문화.
서중석. 1995. "이승만과 북진 통일: 1950년대 극우반공독재의 해부." 『역사비평』 통권 31호.
이상숙. 2009. "1958년 북한 주둔 중국인민지원군 철수의 원인과 영향: 북한의 대중국 협력 확대와 대중 동원 경제노선 강화를 중심으로." 『북한연구학회보』 13권 1호.
이신철. 2006. "1954년 제네바 정치 회담시기 남·북의 통일론." 『사림』 제25집.
______. 2008. "남북 정상회담의 전사: 남북협상과 1950년대 통일 논의." 『사림』 제30호.
이완범. 2007. "1950년대 이승만 대통령과 미국의 관계에 관한 연구." 『정신문화연구』 제30권 제2호(통권 107호).
이재원. 2009. "'디엔비엔푸(Dien Bien Phu) 전투'에 대한 프랑스인들의 인식과 기억의 변화."

한국서양사학회. 『서양사론』 102호.

이혜정. 2004. “한미 동맹 기원의 재조명: ‘한미상호방위조약’의 발효는 왜 연기되었는가?” 『한국정치외교사논총』 제26집 1호.

정준갑. 2002. “한국전쟁 직후 미국의 한반도 정책(1953~54): 냉전 외교의 한계.” 『미국사연구』 15집.

차상철. 2001. “아이젠하워, 이승만, 그리고 1950년대 한미 관계.” 『미국사연구』 제13집.

최희식. 2009. “이승만 정부 시기의 한일관계: 한·미·일 냉전 전략의 불협화음과 한일관계의 정체.” 『세계지역연구논총』 제27집 3호.

홍석률. 1994. “이승만 정권의 북진 통일론과 냉전 외교정책.” 『한국사연구』 85집.

______. 1994. “한국전쟁 직후 미국의 이승만 제거 계획.” 『역사비평』 봄호.

홍용표. 2006. “1954년 제네바 회의와 한국전쟁의 정치적 종결 모색.” 『한국정치외교사논총』 제28집 1호.

李鍾元. 1996. 『東アジア 冷戰と韓米日 關係』. 東京: 東京大出版會.

Boquérat, Gilles. 2005. “India's Commitment to Peaceful Coexistence and the Settlement of the Indochina War.” *Cold War History*, vol. 5. no. 2. May.

Brands Henry W. Jr. 1987. “The Dwight D. Eisenhower Administration, Syngman Rhee, and the ‘Other’ Geneva Conference of 1954.” *The Pacific Historical Review*. vol. 56. no. 1. Feb.

Foot, Rosemary. 1996. “The Eisenhower Administration's Fear of Empowering the Chinese.” *Political Science Quarterly* . Volume III(number 3).

Hara, Kimie. 1999. “Rethinking the Cold war in the Asia-Pacific.” *The Pacific Review*. vol. 12. no. 4.

Kennan George F.. 1960. “Peaceful Coexistence; A Western View.” *Foreign Affairs*. vol. 38. no.2. January.

Lowe, Peter. 2004. “Change and Stability in Eastern Asia: Nationalism, Communism, and British Policy, 1948~1955.” *Diplomacy and Statecraft* 15.

Nagai, Yonosuke and Irye Akira (eds). 1977. *The Origins of the Cold War in Asia*. New York: Columbia University Press.

Qiang Zhai. 1992. “China and the Geneva Conference of 1954.” *The China Quarterly*. No. 129. Mar. pp.103-122.

Ra, J. Y. 1999. “The Politics of Conference: The Political Conference on Korea in Geneva, 26 April~15 June 1954.” *Journal of Contemporary History*. vol 34(3).

Shao Kuo-Kang. 1986. “Zhou Enlai's diplomacy and the neutralization of Indo-China,

1954~1955." *The China Quarterly*. No.107. September.

Stueck, William. 2009. "Reassessing U.S. Strategy in the Aftermath of the Korean War." *Orbis*. Fall.

Zhang, Shu Guang, 2007. "Constructing 'Peaceful Coexistence': China's Diplomacy toward the Geneva Bandung Conference, 1954~1955." *Cold War History*. vol 7. no.4. November.

8장

박규태. 2003. "중국의 대북 관계: '전통적 우호 관계'의 특성." 『중국연구』 제22집.

박창희. 2007. "지정학정인 변화와 북·중 동맹 관계: 지원, 발전, 그리고 전망." 『중소연구』 113호(봄호).

박홍서. 2006. "북핵 위기시 중국의 대북 동맹 안보 딜레마 관리 연구: 중·미 관계 변화를 주요 동인으로." 『국제정치논총』 제46집 1호(4월).

서진영. 1997. 『현대 중국정치론』. 나남.

______. 2006. 『21세기 중국의 외교정책』. 폴리테이아.

송영주. 1993. 『한중관계론』. 지영사.

시모노토마이 노부오. 2006. 『북한 정권 탄생의 진실』. 이혁재 옮김. 기파랑.

이정남. 2009. "중국의 전략적 동반자외교에 대한 이해와 한·중 관계." 『평화연구』(고려대 평화연구소) 제17권 2호(가을).

이상우 외. 1990. 『북한 40년』. 을유문화사.

이상숙. 2002. "데탕트 시기 북·중 관계의 비대칭적 갈등과 그 영향." 『국제정치논총』 42집 제3호.

조영남. 2009. "동아시아와 중국의 동맹 정책." 백권호 엮음. 『미래지향적 한·중 관계』. 폴리테이아.

이춘호. 2007. "중조 관계의 변화와 그 전망." 『중소연구』 통권 113호(봄).

이종석. 2000. 『북한-중국 관계: 1945-2000』. 중심.

정진위. 1987. 『북방 3각 관계: 북한의 대중·소 관계를 중심으로』. 법문사.

조선중앙통신사. 1973. 『조선중앙년감』. 평양: 조선중앙통신사.

최명해. 2008. "북·중 동맹조약 체결에 관한 소고." 『한국정치학회보』 제42집(제4호).

______. 2009. 『중국 북한 동맹 관계』. 오름. [부록: "조선민주주의 인민공화국과 중화인민공화국 간의 우호·협조 및 호상 원조에 관한 조약(1961년 7월 11일)."]

Michael Handel 지음, 김진호 옮김. 1995. 『약소국 생존론』. 대왕사.

金正昆. 2000. "伙伴战略:中国外交的理性抉择." 『教学与研究』 第7期.

陶常梅·朱广斌·林国亮. 2008. "独立自主外交政策下的中朝关系." 『山东省农业管理干部学院学

报』第23卷 第2期.
李敦球. 2005. "中朝:从友好邻邦到友好合作伙伴."『世界知识』.第22期.
李天英. 2004. "朝鲜半岛的地缘政治与中国安全."『陕西社会主义学院学报』.第2期.
徐用. 2007. "东北地缘战略因素与抗美援朝战争关系再探讨."『中共党史研究』第6期.
李南周. 2005. "朝鲜的变化与中朝关系-从"传统友好合作关系"到"实利关系."『现代国际关系』. 9期.
周恩来. 1997.『周恩来年谱(中)』. 北京: 中央文献出版社.
中共中央文献研究室. 1999.『周恩来军事文集』(第4卷). 中国人民解放军军事科学院 编. 北京: 人民出版社.
中华人民共和国外交部·中共中央文献研究室. 1994.『毛泽东外交文选』. 北京; 中央文献出版社.
刘卫. 2006. "抗美援朝与援越抗美-论中国在两次战争中不同外交战略选择."『史学研究』7月.
叶自成. 2001.『新中国外交思想: 从毛泽东到邓小平』. 北京: 北京大学出版社.
庞朕·杨鑫宇. 2008. "从同盟到伙伴:中朝关系的历史演变."『重庆社会主义学院学报』第3期.
张英. 2003. "中朝关系与朝鲜半岛和平统一."『东北亚研究』增刊.
钱其琛. 2010. "中韩建交, 金日成冷对中国客人."『FRIEND』제6기.
陆俊元. 1996. "从地缘战略看朝鲜半岛的安全价值."『当代亚太』4期.
『人民日報(해외판)』1992/01/29.

Chambers, Michael R. 2005. "Dealing with a Truculent Ally: A Comparative Perspective on China's Handing of North Korea." *Journal of East Asian Studies*. No.5.
Choudhury, G.W. 1982. *China in World Affairs: The Foreign Policy of the PRC since 1970*. Boulder: Westview Press.
Hart, Tom. 2001. "The PRC-DPRK Rapprochement and China's Dilemma in Korea." *Asian Perspective*. Vol.25. No.3.
Ji, You. 2001. "China and North Korea; A Fragile Relationship of Strategic Convenience." *Journal Of Contemporary China*. Vol.10. No.28(August).
Lee, Jae-Jin. 1996. *China and Korea: Dynamic Relations*. Stanford: Hoover Institution.
Scobell, Andrew. 2003. "China and North Korea; The Limits of Influence." *Current History*. Vol.102. No.665. September.
Zhai, Qiang. 1995/1996. "Beijing and the Vietnam Conglict, 1964-1965: New Chinese Evidence." *The Cold War in Asia*. CWIHP Bulletin. Issues 6-7. Winter.

9장

Frost, Ellen L. 2008. *Asia's New Regionalism*. Boulder: Lynne Rienner.

Gleen, Michael J. and Bates Gill eds. 2009. *Asia's New Multilateralism.* New York: Columbia University Press.

Hasegawa, Tsuyoshi and Kazuhiko Togo eds. 2008. *East Asia's Haunted Present: Historical Memories and the Resurgence of Nationalism.* Westport, CN: Praeger.

Huntington, Samuel P. 1996. *The Clash of Civilizations and the Remaking of World Order.* New York: Simon & Schuster.

______. 2004. *Who Are We? The Challenges to America's National Identity.* New York: Simon & Schuster.

Ikenberry, G. John and Chung-in Moon eds. 2008. *The United States and Northeast Asia: Debates, Issues, and New Order.* Lanham, MD: Rowman & Littlefield.

Ikenberry, G. John. 2002. *America Unrivaled: The Future of the Balance of Power.* Ithaca: Cornell University Press.

Katzenstein, Peter J. 2010. "A World of Plural and Pluralist Civilzations: Multiple Actors, Traditions, and Practices." Peter J. Katzenstein ed. *Civilzations in World Politics: Plural and Pluralist Perspectives.* New York: Routledge.

Linbo, Jin. 2010. "Sino-South Korean Differences over Koguryo and the U.S. Role." Gilbert Rozman ed. *U.S. Leadership, History, and Bilateral Relations in Northeast Asia.* Cambridge: Cambridge University Press.

Lincoln, Edward J. 2004. *East Asian Economics Regionalism.* Washington DC: Brookings Institution Press.

Nau, Henry R. 2002. *At Home Abroad: Identity and Power in American Foreign Policy.* Ithaca: Cornell University Press.

Park, Cheol Hee. 2010. "Getting Away or Getting In: U.S. Strategic Options in the Historical Controversy between Its Allies." Gilbert Rozman ed. *U.S. Leadership, History, and Bilateral Relations in Northeast Asia.* Cambridge: Cambridge University Press.

Pempel, T. J. ed. *Remapping East Asia: The Construction of a Region.* Ithaca: Cornell University Press.

Rozman, Gilbert ed. 2010c. *U.S. Leadership, History, and Bilateral Relations in Northeast Asia.* Cambridge: Cambridge University Press.

Rozman, Gilbert, Kazuhiko Togo, and Joseph P. Ferguson eds. 2006. *Russian Strategic Thought toward Asia.* New York: Palgrave.

Rozman, Gilbert. 2006a. "Regionalism in Northeast Asia: Korea's Return to Center Stage." Charles K. Armstrong, Gilbert Rozman, Samuel S. Kim, and Stephen Kotkin eds. *Korea at the Center: Dynamics of Regionalism in Northeast Asia.* Armonk, NY:

M.E. Sharpe.

______. 2006b. "Cultural Prerequisites of East Asian Regionalism in an Age of Globalization." *Korea Observer* 37. No.1.

______. 2006c. "New Challenges in the Regional Integration of China and Japan in 2005." Satow Toyoshi and Li Enmin eds. *The Possibility of an East Asian Community: Rethinking the Sino-Japanese Relationship*. Tokyo: Ochanomizu Shobo.

______. 2006d. "South Koreans-Japanese Relations as a Factor in Stunted Regionalism." *IRI Review* 11. No.1.

______. 2008. "Internationalism and Asianism in Japanese Strategic Thought from Meiji to Heisei." *Japanese Journal of Political Science* 9. No.2.

______. 2009a. *Chinese Strategic Thought toward Asia*. New York: Palgrave.

______. 2009b. "Narrowing the Values Gap in Sino-Japanese Relations: Lessons from 2006-2008." Gerrit Gong and Victor Teo eds. *Reconceptualising the Divide: Identity, Memory, and Nationalism in Sino-Japanese Relations*. Cambridge: Cambridge Scholars Publishing.

______. 2010a. "Post Cold War Evolution of Chinese Thinking on Regional Institutions in Northeast Asia." *Journal of Contemporary China* 19. No.65.

______. 2010b. "The Sino-Russian Strategic Partnership: How Close? Where To?" James Bellacqua ed. *The Future of China-Russia Relation*. Lexington, KY: University of Kentucky Press.

Shin, Gi-Wook. 2010. "Values and History in U.S.-South Korean Relations." Gilbert Rozman ed. *U.S. Leadership, History, and Bilateral Relations in Northeast Asia*. Cambridge: Cambridge University Press.

Snyder, Scott. 2010. "New Grounds for Contestation: South Korea's Koguryo-Era Historical Dramas and Sino-Korean Relations." Gilbert Rozman ed. *U.S. Leadership, History, and Bilateral Relations in Northeast Asia*. Cambridge: Cambridge University Press.

Soderberg, Nancy. 2005. *The Superpower Myth: The Use and Misuse of American Might*. Hoboken, NJ: John Wiley & Sons.

Togo, Kazuhiko. 2010a. "Japan's Historical Memory toward the United States." Gilbert Rozman ed. *U.S. Leadership, History, and Bilateral Relations in Northeast Asia*. Cambridge: Cambridge University Press.

______. 2010b. "Japan-South Korea Relations and the Role of the United States on History." Gilbert Rozman, ed. *U.S. Leadership, History, and Bilateral Relations in Northeast Asia*. Cambridge: Cambridge University Press.

아연동북아총서 4

동북아 지역질서의 형성과 전개 역사적 성찰과 정치·경제적 쟁점

1판1쇄 | 2011년 7월 29일

엮은이 | 이내영, 이신화
펴낸이 | 이내영
펴낸 곳 | 아연출판부
등록 | 2000년 5월 24일 제6-376호
주소 | 서울시 성북구 안암동 5가 고려대학교 아세아문제연구소(136-701)
전화 | 02-3290-1600 팩스 | 02-923-4661
홈페이지 | www.asiaticresearch.org

값 13,000원

ISBN 978-89-90769-34-3 94300
978-89-90769-29-9 (세트)

이 도서의 국립중앙도서관 출판시도서목록(CIP)은 e-CIP 홈페이지(http://www.nl.go.kr/ecip)에서 이용하실 수 있습니다(CIP제어번호: CIP2011003130).